马克思主义理论研究和建设工程重点

科学社会主义概论

《科学社会主义概论》编写组

人 民 出 版 社

高等教育出版社

图书在版编目(CIP)数据

科学社会主义概论／《科学社会主义概论》编写组编. -北京：人民出版社：高等教育出版社，2011.5（2020.1 重印）

ISBN 978－7－01－009838－8

Ⅰ.①科…　Ⅱ.①科…　Ⅲ.①科学社会主义理论　Ⅳ.①D0－0

中国版本图书馆 CIP 数据核字（2011）第 064103 号

责任编辑　娜　拉　阮宏波　　封面设计　王　雎　　版式设计　赵　阳　王　莹

责任校对　史　伟　　　　　　责任印制　贾　菲

出版发行　**人民出版社**　　　　　　邮购地址　北京市东城区隆福寺街 99 号

社　　址　北京市东城区隆福寺街 99 号　购书热线　（010）84095121

邮政编码　100706　　　　　　　　　　　　　　　（010）84080917

经　　销　新华书店　　　　　　　印　　刷　天津联城印刷有限公司

开　　本　787mm×960mm　1/16　版　　次　2011 年 5 月第 1 版

印　　张　18.75　　　　　　　　印　　次　2020 年 1 月第 14 次印刷

字　　数　288 千字　　　　　　　定　　价　32.00 元

马克思主义理论研究和建设工程重点教材

目　录

导　　论

科学社会主义是马克思、恩格斯创立的科学理论体系。这一科学理论体系从学理上说，有广义和狭义两种理解。按照广义的理解，科学社会主义即共产主义学说，是马克思主义的同义语；按照狭义的理解，科学社会主义是与马克思主义哲学、政治经济学一起被称为马克思主义三个基本组成部分之一的科学理论。本教材论述的科学社会主义是狭义上的科学社会主义。

科学社会主义之所以是"科学"的，是因为它是马克思、恩格斯在科学分析资本主义和人类社会发展规律基础上创立的，是建立在历史唯物主义和剩余价值学说基础之上的。科学社会主义是马克思主义创始人为无产阶级和全人类的解放而创立的科学，是关于人类社会发展前途和理想及其实现途径的科学。科学社会主义创立160多年来，在实践中不断经受检验，不断丰富和发展。中国特色社会主义是科学社会主义基本原则同当代中国实践和时代特征相结合的产物，是扎根于当代中国的科学社会主义。学习科学社会主义这门课程，首先要了解科学社会主义在马克思主义理论体系中的重要地位，了解科学社会主义的研究对象和所要解决的基本问题，了解科学社会主义的特点和学习科学社会主义的意义和方法。

一、科学社会主义在马克思主义理论体系中的地位

马克思主义理论体系内容丰富、博大精深，科学社会主义在这一理论体系中具有极其重要的地位。

1. 科学社会主义在马克思主义三个基本组成部分中的地位

马克思主义理论体系主要包括马克思主义哲学、政治经济学和科学社会主义三个基本组成部分。科学社会主义与马克思主义哲学和政治经济学

紧密结合在一起，既以马克思主义哲学和政治经济学为基础，又是用马克思主义哲学和政治经济学考察资本主义的结果。

马克思主义哲学和政治经济学是科学社会主义的理论基础。特别是唯物史观和剩余价值学说这两大发现，使社会主义从空想变为科学。马克思主义哲学阐明了社会存在决定社会意识，生产力决定生产关系，经济基础决定上层建筑，阶级斗争是阶级社会发展的直接动力，人民群众是历史的创造者等重要原理；揭示了人类社会在社会矛盾运动中由低级向高级，由片面向全面不断发展的客观规律。马克思主义政治经济学研究了资本主义经济运动的规律，揭示了资本剥削劳动的秘密，即资本家无偿占有工人阶级创造的剩余价值，论证了社会化生产与资本主义私人占有之间的矛盾是资本主义的基本矛盾。马克思、恩格斯在这两大发现基础上，揭示了资本主义基本矛盾发展的最终结果，必然是社会化生产冲破资本主义私有制桎梏，建立同社会化生产相适应的生产资料公有制，进一步解放和发展生产力；必然是同社会化生产相联系的无产阶级，通过革命建立无产阶级专政，消灭阶级和阶级差别，在解放全人类中解放自己。这就把社会主义学说奠定在社会发展的客观规律和科学理论的基础之上了。

科学社会主义是马克思、恩格斯运用马克思主义哲学和政治经济学在考察资本主义社会的过程中获得的理论结果。恩格斯指出："现代社会主义，就其内容来说，首先是对现代社会中普遍存在的有财产者和无财产者之间、资本家和雇佣工人之间的阶级对立以及生产中普遍存在的无政府状态这两个方面进行考察的结果。"[①] 这个"结果"，就是从理论上阐明了无产阶级在解决资本主义社会基本矛盾中的历史地位和历史使命，阐明了社会主义取代资本主义的历史必然性，阐明了无产阶级彻底解放的方向和道路。列宁指出，科学社会主义对世界各国社会主义者具有不可遏止的吸引力，是因为这个理论把严格的高度的科学性同革命性结合起来，因而它是社会科学的最新成就。1915 年在俄国《格拉纳特百科词典》出版之前，

---

① 恩格斯：《社会主义从空想到科学的发展》，《马克思恩格斯文集》第 3 卷，人民出版社 2009 年版，第 523 页。

编辑部迫于沙皇当局的压力，把列宁撰写的关于卡尔·马克思这一词条中的社会主义内容全部删去。列宁在给这个编辑部的信中对此表示了极大遗憾，并在信中写道："没有这些马克思就不成其为马克思"① 了。

必须指出，马克思主义是一个系统而完整的理论体系，其三个基本组成部分既有区别又紧密联系，不可机械地分割。而整个马克思主义论述的核心问题，就是资本主义因自身难以克服的基本矛盾，而必然为社会主义所取代。恩格斯在《反杜林论》的序言中明确指出，该书论述社会主义的第三编第二章《理论》部分即专门论述社会主义代替资本主义历史必然性的部分，"是我所主张的观点的一个核心问题的表述"②。

2. 科学社会主义在马克思主义实践中的地位

科学社会主义作为一种学说，不是书斋中形成并单纯依靠学理来论证的理论体系。它植根于社会主义运动又指导社会主义运动，把建立社会主义和共产主义的社会制度作为自己的理想，又指引无产阶级为实现这一理想而不懈奋斗。因此，研究科学社会主义在马克思主义理论体系中的地位，还要研究科学社会主义与社会主义运动、社会主义制度的相互关系。马克思、恩格斯在《德意志意识形态》中说过："我们所称为共产主义的是那种消灭现存状况的现实的运动。"③ 恩格斯在《反杜林论》中还明确地把科学社会主义称为"无产阶级运动的理论表现"④。正因为科学社会主义具有与社会主义运动、社会主义制度密不可分的特点，因而，它不仅与马克思主义理论，而且与马克思主义的实践，都有着重要的意义。

---

① 列宁：《致格拉纳特出版物编辑部秘书（1915 年 1 月 4 日）》，《列宁全集》第 47 卷，人民出版社 1990 年版，第 66 页。

② 恩格斯：《反杜林论》，《马克思恩格斯文集》第 9 卷，人民出版社 2009 年版，第 12 页。

③ 马克思、恩格斯：《德意志意识形态》，《马克思恩格斯文集》第 1 卷，人民出版社 2009 年版，第 539 页。

④ 恩格斯：《反杜林论》，《马克思恩格斯文集》第 9 卷，人民出版社 2009 年版，第 300 页。

科学社会主义同马克思主义实践这种直接相联系的特点，决定了科学社会主义既能够直接指导社会主义运动，指导社会主义制度的建立发展，最终实现全人类的解放，又能够直接从社会主义运动的发展和社会主义制度的建立完善中汲取营养，不断发展自己的理论体系。科学社会主义这种与实践紧密联系的开放性，对于马克思主义的与时俱进和完善发展起到了极大的推动作用。

3. 科学社会主义在马克思主义理论体系中的地位

马克思主义是由一系列社会科学的学科构成的科学理论体系。这是因为，无产阶级和全人类的彻底解放是一项宏大的社会系统工程，需要我们掌握人类社会发展的一般规律和众多关于社会发展的具体规律，它涉及经济、政治、文化、社会、党的建设和对外关系等方面，这就需要许多门类的学科为实现这个伟大的目标服务。科学社会主义是马克思主义理论体系中的一门重要科学。恩格斯曾经指出："社会主义自从成为科学以来，就要求人们把它当做科学来对待，就是说，要求人们去研究它。"① 恩格斯还在《社会主义从空想到科学的发展》一书中提出，现在需要对科学社会主义这门科学的一切细节和联系作进一步的探讨。这既是工人阶级及其政党的历史使命，又是科学社会主义研究的任务。而这种科学的研究和探讨，与哲学、政治经济学的研究和探讨一样，必须在科学研究中深化和系统化。科学社会主义自诞生以来已有 160 多年的历史，在中国传播、应用和发展也已经有近百年的历史。党的十一届三中全会以来所开创的中国特色社会主义事业，以崭新的实践为基础，推进了科学社会主义的理论研究和建设。

需要指出的是，科学社会主义研究具有自身的特殊性，包括在方法论上也有自己的特点。科学社会主义的研究涉及经济、政治、文化、社会、党的建设和对外关系等内容，但并不是将它们分门别类加以研究，而是把

---

① 恩格斯：《德国农民战争》，《马克思恩格斯文集》第 2 卷，人民出版社 2009 年版，第 219 页。

这些领域或学科综合起来进行研究。正是从这个意义上说，科学社会主义是一门独立的综合性很强的科学，在马克思主义理论体系和学科发展中处于重要的地位。

二、科学社会主义的研究对象和基本问题

任何一门学科都有它特定的研究对象，以及要探讨的基本问题。科学社会主义也有自己的研究对象和要探讨的基本问题。

1. 科学社会主义的研究对象

恩格斯最早对科学社会主义研究对象作出界定。1847 年，他在《共产主义原理》中回答什么是共产主义即科学社会主义时指出，"共产主义是关于无产阶级解放的条件的学说"①。同年 10 月，他在《共产主义者和卡尔·海因岑》中指出，"共产主义作为理论，是无产阶级立场在这种斗争中的理论表现，是无产阶级解放的条件的理论概括"②。1848 年，马克思、恩格斯在《共产党宣言》中把科学社会主义的研究对象概括为"无产阶级运动的条件、进程和一般结果"③。1880 年，恩格斯在被马克思称为"科学社会主义的入门"的《社会主义从空想到科学的发展》中，进一步将无产阶级运动的性质作为科学社会主义的研究对象。1885 年，恩格斯又在科学社会主义的研究对象中增加了"一般目的"这 4 个字。他指出："共产主义现在已经不再意味着凭空设想一种尽可能完善的社会理想，而是意味着深入理解无产阶级所进行的斗争的性质、条件以及由此产

---

① 恩格斯：《共产主义原理》，《马克思恩格斯文集》第 1 卷，人民出版社 2009 年版，第 676 页。

② 恩格斯：《共产主义者和卡尔·海因岑》，《马克思恩格斯文集》第 1 卷，人民出版社 2009 年版，第 672 页。

③ 马克思、恩格斯：《共产党宣言》，《马克思恩格斯文集》第 2 卷，人民出版社 2009 年版，第 44 页。

生的一般目的。"①

　　"无产阶级解放的性质",指的是无产阶级的解放和人类的解放从根本上说是一致的,无产阶级只有解放全人类才能最后解放自己;指的是无产阶级的解放是要用共产主义取代资本主义,最终消灭一切阶级和阶级差别,解放全人类;指的是无产阶级解放运动是为大多数人谋利益的运动,是人类历史上最伟大最进步的运动。

　　"无产阶级解放的条件","就是要消灭一切阶级"②。而要消灭一切阶级,就是要通过革命推翻资产阶级的政治统治,争得民主;就是要利用无产阶级的政治统治,有步骤地用公有制取代私有制;就是要在建立公有制的基础上尽快发展社会生产力;就是要在社会生产力充分发展的进程中同私有观念彻底决裂,形成共产主义的思想道德;就是要在经济社会全面发展的基础上消灭阶级差别、工农差别、城乡差别,以及体力劳动和脑力劳动的对立,建设人与人之间事实上平等的和谐社会。"消灭一切阶级"的这些条件,是科学社会主义研究的重点。

　　"无产阶级解放的一般目的",就是建立自由人的联合体,最终实现共产主义。

　　根据马克思、恩格斯关于科学社会主义研究对象的界定和论述,概括起来说,科学社会主义就是研究无产阶级解放运动和全人类解放的过程及其发展规律的科学。

　　实践表明,无产阶级解放运动的全过程,包括社会主义取代资本主义的社会主义革命过程,也包括社会主义革命胜利后建设社会主义并最终实现共产主义的过程。无产阶级解放运动要赢得最后胜利,既要研究社会主义革命的规律,又要研究社会主义建设的规律包括最终实现共产主义的规律。因此,科学社会主义作为研究无产阶级解放的性质、条件和一般目的的科学,作为研究无产阶级解放运动的过程及其发展规律的

---

① 恩格斯:《关于共产主义者同盟的历史》,《马克思恩格斯文集》第4卷,人民出版社2009年版,第233页。

② 马克思:《哲学的贫困》,《马克思恩格斯文集》第1卷,人民出版社2009年版,第655页。

科学，就是研究社会主义革命和社会主义建设的过程及其发展规律的科学。

2. 科学社会主义的基本问题

马克思主义哲学、政治经济学也研究无产阶级解放和人类解放。科学社会主义与之不同的是，它重点研究的是社会主义革命和社会主义建设的过程及其发展规律。联系历史和现实，具体来说，科学社会主义要研究和回答的基本问题是：社会主义为什么必然取代资本主义，社会主义怎样取代资本主义；什么是社会主义，怎样建设社会主义。

社会主义为什么必然取代资本主义？资本主义曾被一些资产阶级思想家比喻为"千年理想王国"。但是，资本主义发展中暴露出来的种种矛盾、冲突和罪恶，说明资本主义制度并非人类的理想社会。马克思、恩格斯创立的唯物史观和剩余价值学说，论述了社会化生产的形成是生产力发展的质变，具有革命性的意义。在此基础上，马克思、恩格斯分析了社会化生产虽然是在资本主义取代封建主义的过程中形成和发展起来的，但按其社会化的要求必然与资本主义占有之间发生矛盾，这一矛盾是资本主义自身解决不了的内在的深刻的基本矛盾。与此同时，马克思、恩格斯揭示了社会化生产的阶级代表是革命的无产阶级，资本主义的基本矛盾在阶级关系上表现为无产阶级与资产阶级的矛盾和斗争，与社会化生产密切联系的无产阶级必定是资本主义的掘墓人。因此，马克思、恩格斯指出，取代资本主义生产关系的必然是也只能是同社会化生产相适应的社会主义生产关系，最终取代资本主义制度的必然是也只能是共产主义制度。这就是《共产党宣言》指出的"资产阶级的灭亡和无产阶级的胜利是同样不可避免的"（简称"两个必然"）科学结论。

当然，必然取代并不等于立即就会被取代。新旧社会形态的更替尤其是社会主义取代资本主义是一个历史过程，是有条件的。这一历史条件，既包括社会化生产的发展水平，也包括与社会化生产密切联系的工人阶级及其政党在理论上和政治上的成熟程度。因此，伴随着这一历史条件的成熟，特别是与社会化生产相联系的工人阶级及其政党的成熟，资本主义最终必将为社会主义所取代。这是社会历史发展不可逆转的总趋势,尽管道路是曲折的。

社会主义怎样取代资本主义?社会主义代替资本主义这种社会更替是历史性的变革,就其实质而言是革命而不是改良。只有通过无产阶级革命夺取政权并建立无产阶级专政,社会主义取代资本主义才具备基本的前提条件。马克思指出,无产阶级夺取政权并不等于社会主义的建立,还要经历一个过渡时期才能到达社会主义。过渡时期的国家就是无产阶级专政的国家。这是马克思主义的重大理论贡献。马克思、恩格斯认为,实现向社会主义过渡的首要条件是无产阶级国家以社会的名义占有一切生产工具,并尽可能快地增加生产力的总量。同时,也还需要有其他重要条件。比如,作为统治阶级的无产阶级要有革命政党的正确领导,要建立起巩固的工农联盟,要正确掌握革命斗争的战略和策略,等等。

在社会主义与资本主义并存的当今世界,社会主义代替资本主义还取决于现实社会主义优越性的充分发挥,及由此产生的强大的吸引力和凝聚力。邓小平指出,社会主义的优越性归根结底要体现在它的生产力比资本主义发展得更快一些、更高一些,并且在发展生产力的基础上不断改善人民的物质文化生活。"社会主义要赢得与资本主义相比较的优势,就必须大胆吸收和借鉴人类社会创造的一切文明成果,吸收和借鉴当今世界各国包括资本主义发达国家的一切反映现代社会化生产规律的先进经营方式、管理方法。"①

什么是社会主义?在创立科学社会主义的时候,马克思、恩格斯已经对取代资本主义社会的未来社会进行了研究,并且从社会发展规律上预见了未来社会是自由人的联合体。马克思、恩格斯认为,最能体现未来社会主义社会质的规定性的是《共产党宣言》里的这段话:"代替那存在着阶级和阶级对立的资产阶级旧社会的,将是这样一个联合体,在那里,每个

---

① 邓小平:《在武昌、深圳、珠海、上海等地的谈话要点》,《邓小平文选》第3卷,人民出版社1993年版,第373页。

人的自由发展是一切人的自由发展的条件"①。

同时，马克思、恩格斯尽量避免对未来社会的特征作主观的或过细的描述。他们从生产力和生产关系的成熟程度上将未来社会划分为共产主义社会的第一阶段和高级阶段，还反复强调社会主义社会不是一个一成不变的社会，等等。因此，这是一个需要在社会主义实践深入发展过程中研究和解决的课题。

邓小平结合中国社会主义初级阶段的实际，总结社会主义发展的历史经验，对我们今天如何认识社会主义作出了初步回答。他指出："社会主义的本质，是解放生产力，发展生产力，消灭剥削，消除两极分化，最终达到共同富裕。"② 不发展生产力，不提高人民的生活水平，是不符合社会主义要求的。我们执行对外开放政策，学习外国的技术，利用外资，是为了搞好社会主义建设，而不能离开社会主义道路。我们发展社会生产力，是为了最终达到共同富裕，所以要防止两极分化。在改革开放过程中始终要注意坚持四项基本原则。

怎样建设社会主义？社会主义从理论变为现实，是进入帝国主义时代后首先在经济文化比较落后的国家通过革命实现的。这就遇到了两个问题：一是在帝国主义时代，一些经济文化比较落后的国家能否先于西方发达国家走上社会主义道路；二是走上社会主义道路的经济文化比较落后的国家，如何建设、巩固和发展社会主义。

对于第一个问题，由列宁领导的俄国布尔什维克在理论和实践上成功地作了回答。十月革命的胜利开创了社会主义运动和人类历史发展的新纪元，它使社会主义由科学的理论转变为现实，为世界无产阶级革命树立了光辉典范，激励了一个又一个国家先后走上社会主义道路，从而对世界历史产生了深远影响。列宁创立了帝国主义时代无产阶级革命的理论，把马克思主义推向新的发展阶段，即列宁主义阶段。以毛泽东为主要代表的中

---

① 马克思、恩格斯：《共产党宣言》，《马克思恩格斯文集》第2卷，人民出版社2009年版，第53页。

② 邓小平：《在武昌、深圳、珠海、上海等地的谈话要点》，《邓小平文选》第3卷，人民出版社1993年版，第373页。

国共产党人在理论和实践上进一步丰富、发展了马克思列宁主义。新民主主义革命胜利从根本上改变了中国社会发展方向，实现了中国历史的伟大转折，并为建设和巩固社会主义创造了政治前提、奠定了制度基础。毛泽东创立的新民主主义理论是科学社会主义基本原理在中国的运用和发展，是马克思主义中国化的重大成果。

对于第二个问题，从列宁到毛泽东，苏联、中国和东欧社会主义国家等都作了艰辛的探索。特别是当代中国共产党人在理论和实践上较为成功地作了回答。在列宁对社会主义建设实践进行最初探索和毛泽东在20世纪50—60年代领导中国共产党和中国人民艰辛探索社会主义道路并取得一系列成果的基础上，以邓小平、江泽民和胡锦涛为主要代表的当代中国共产党人，在和平与发展成为时代主题的历史条件下，在总结我国社会主义建设的历史经验和新鲜经验以及汲取其他社会主义国家兴衰成败的历史经验的基础上，第一次比较系统地初步回答了在中国这样一个经济文化比较落后的国家如何建设、巩固和发展社会主义的一系列基本问题。当然，对这一系列基本问题的理论和实践回答还将深入下去。

综上所述，科学社会主义研究和回答的基本问题，正是科学社会主义研究对象的展开。我们要了解和掌握社会主义革命和社会主义建设的过程及其发展规律，就必须从不断变动的实际出发，不断搞清楚社会主义为什么必然取代资本主义、社会主义怎样取代资本主义，什么是社会主义、怎样建设社会主义这些基本问题。

三、科学社会主义的特点

论述了科学社会主义在马克思主义理论体系中的地位以及它所研究的对象和要解决的基本问题后，科学社会主义在理论上的鲜明特点就可以看得更加清楚了。

1. 科学社会主义是革命性和科学性都很强的学说

革命性是科学社会主义的鲜明特点。科学社会主义的研究对象决定了它是以无产阶级彻底解放和全人类解放为己任的革命学说。无产阶级解放运动不是用一种剥削制度代替另一种剥削制度，而是要用公有制取代资本主义私有制，因而它是人类历史上最为深刻的社会革命。科学社会主义确立的革命任务、革命目标及其性质决定了它具有鲜明的革命性。与此同时，科学社会主义的研究对象是无产阶级解放运动的性质、条件和一般目的，即社会主义革命和社会主义建设的过程及其规律。尤其是，科学社会主义对资本主义的批判和对未来社会的设想决不是建立在抽象的"理性"、"正义"、"良知"等基础上，而是以唯物史观和剩余价值学说两大发现为基石，把对资本主义批判和对未来社会主义社会的展望"置于现实的基础之上"①，从而使这一具有革命彻底性的学说又具有严密的科学性。科学社会主义的使命和立论基石以及研究的特点，决定了它是革命性与科学性相统一的学说。

2. 科学社会主义是理论性与实践性有机结合的学说

科学社会主义是一门理论性很强的学说。在它诞生之前，资本主义生产方式就已经存在。从那时起，"由社会占有全部生产资料，常常作为未来的理想隐隐约约地浮现在个别人物和整个派别的头脑中"②。但是，只有在科学社会主义诞生之后，被压迫的无产阶级才能认识到自己的行动条件和性质，才能认识到未来社会主义社会是一定能够实现的。因此，科学社会主义是无产阶级的"批判的武器"③。同时，科学社会主义绝不是书斋里的学问，恩格斯明确指出，科学社会主义是"活的行动理

---

① 恩格斯：《社会主义从空想到科学的发展》，《马克思恩格斯文集》第 3 卷，人民出版社 2009 年版，第 537 页。

② 恩格斯：《社会主义从空想到科学的发展》，《马克思恩格斯文集》第 3 卷，人民出版社 2009 年版，第 562 页。

③ 马克思：《〈黑格尔法哲学批判〉导言》，《马克思恩格斯文集》第 1 卷，人民出版社 2009 年版，第 11 页。

论"①。它一经掌握群众，就会变成改造旧世界的强大的物质力量。可见，科学社会主义是理论性与实践性高度统一的学说。

3. 科学社会主义是批判性与继承性相统一的学说

科学社会主义是在批判资本主义的现实矛盾中形成和发展起来的，同时又是在批判种种非科学社会主义思想流派的过程中创立的。科学社会主义的这种批判性，是建立在科学分析基础上的。它在对资本主义的批判中，既指出它相对于封建社会的进步性，又指出它剥削、奴役无产阶级的本质；既指出社会主义取代资本主义的必然性，又指出资本主义创造的文明成果是建立和发展社会主义的基础和条件。在对影响工人运动的各种思潮的批判中，既指出小资产阶级和资产阶级的社会主义的阶级实质，又指出科学社会主义是在同它们的批判斗争中发展起来的；既指出空想社会主义的缺陷即其理论基础是唯心史观，又指出它有积极的合理性因素，需要对空想社会主义的积极的合理性因素加以批判地继承，并把它作为科学社会主义的重要思想来源。科学社会主义这种批判与继承相统一的特点，表明了它决不是离开世界文明发展大道而产生的一种故步自封、僵化不变的学说。恰恰相反，科学社会主义总是以开放的姿态借鉴人类文明的有益成果，并回答人类社会发展中提出的种种问题。科学社会主义的批判性是其革命性的反映，继承性是其开放性的有力佐证。

4. 科学社会主义是不断发展的与时俱进的理论

科学社会主义具有与时俱进的理论品质，总是随着实践的发展和认识的深化不断地向前发展。它要求把马克思主义一般原理与各国具体实践结合起来。因为只有这种结合才能改变和推动社会实践，从而也丰富和发展理论本身。马克思、恩格斯在《共产党宣言》1872年德文版序言中指出："这个《宣言》中所阐述的一般原理整个说来直到现在还是完全正确的。"

---

① 恩格斯：《致劳拉·拉法格》，《马克思恩格斯全集》第38卷，人民出版社1972年版，第93页。

"这些原理的实际运用，正如《宣言》中所说的，随时随地都要以当时的历史条件为转移。"① 这就是说科学社会主义在从理论转化为运动和社会制度的过程中，必须与当时的历史条件和各个国家的具体实践相结合，也正是这种结合，使科学社会主义成为不断发展的与时俱进的理论。

正因为具有上述品质，科学社会主义才能成为无产阶级实现自身彻底解放和全人类解放的伟大理论。由此可见，把握了科学社会主义的研究对象、基本问题和特点，也就把握了什么是科学社会主义。

四、学习《科学社会主义概论》的意义和方法

《科学社会主义概论》是我国高等院校的基础理论教材。学习本教材对于系统掌握科学社会主义的基本原理，提高马克思主义理论素养，坚定共产主义和中国特色社会主义理想信念，增强建设中国特色社会主义的实践能力，都具有重要意义。学习本教材必须充分认识学习的意义，掌握科学的方法。

1. 学习《科学社会主义概论》的意义

（1）深刻认识科学社会主义，坚定共产主义和中国特色社会主义理想信念。坚定的理想信念建立在对人类社会发展规律的深刻认识基础上，建立在对科学理论的深刻掌握基础上。理论上清醒坚定，是理想信念上清醒坚定的基础。本教材采用史论结合、论从史出的方法，深刻阐明了社会主义从空想发展为科学，从科学理论转变为宏伟实践，从经济文化比较落后国家率先走上社会主义道路到中国特色社会主义形成和发展波澜壮阔的历史过程，深刻阐明了科学社会主义理论依据、实践依据和对人类历史发展的伟大作用。特别是深刻阐明了科学社会主义的崇高理想、不同历史时

---

① 马克思、恩格斯：《共产党宣言》，《马克思恩格斯文集》第 2 卷，人民出版社 2009 年版，第 5 页。

期的阶段性任务及其实现这些任务的基本原则，深刻阐明了科学社会主义并没有因为世界社会主义运动经历了 20 世纪 80 年代末 90 年代初严重挫折而失去真理的光芒和指引人类社会前进的重要作用。学习本教材，有助于全面深刻地认识科学社会主义的由来和发展，系统掌握科学社会主义基本理论，坚定共产主义信念，坚定走中国特色社会主义道路。

（2）深入掌握基本理论观点，进一步划清重大是非界限。当今世界各种文化相互激荡，社会思潮层出不穷，各种思想理论观点纷纷涌现，影响着人们的思想和社会生活。要认识和把握纷繁复杂的社会思潮，特别是深刻认识深层次重大理论问题，就必须掌握科学社会主义的基本理论，提高自己的理论素养和判别是非的能力。学习本教材，有助于我们深刻把握科学社会主义的理论观点、掌握科学社会主义的基本原则，从而有助于划清科学社会主义与民主社会主义的界限，划清中国特色社会主义民主与西方资本主义民主的界限，划清社会主义思想文化与封建主义、资本主义腐朽思想文化的界限，划清社会主义公有制为主体、多种所有制经济共同发展的基本经济制度与私有化和单一公有制的界限，提高辨别和抵制错误思潮的能力。

（3）深入学习和准确把握基本原则，进一步理解和掌握中国特色社会主义理论体系。科学社会主义是中国共产党人的行动指南，是我们党制定路线、方针、政策的根本依据。作为全党全国各族人民伟大旗帜的中国特色社会主义，是科学社会主义基本原则与时代特征和中国实际相结合的产物。中国特色社会主义理论体系是科学社会主义基本原则中国化的最新成果，是扎根于当代中国的科学社会主义。在当代中国，坚持中国特色社会主义理论体系，就是真正坚持马克思主义；学习和掌握马克思主义，最重要的就是学习和掌握中国特色社会主义理论体系。本教材对中国特色社会主义理论体系的历史地位、实践基础、科学内涵、精神实质、基本要求进行了系统阐述。学习本教材，有助于我们熟悉进而完整准确地把握中国特色社会主义理论体系，更好地把思想和行动统一到中国特色社会主义理论体系上来，不断增强贯彻落实的自觉性和坚定性。这也是本教材的最重要目的。

2. 学习《科学社会主义概论》的方法

（1）学习本教材要与研读马克思主义创始人的经典代表作和中国化马克思主义的代表作相结合。只有读懂读透科学社会主义代表作，才能深刻领会蕴涵于其中的马克思主义立场、观点和方法以及科学社会主义的基本原则。这也是马克思主义创始人对学习马克思主义的基本要求。恩格斯曾明确要求，必须"根据原著来研究这个理论，而不要根据第二手的材料来进行研究"①。列宁1919年7月在斯维尔德洛夫大学讲演时，要求在校大学生和学员"除听讲以外，你们还花些时间，把马克思和恩格斯的主要著作至少读几本"②。同时，我们更要重视学习当代中国化马克思主义代表作，这主要是指《毛泽东选集》、《邓小平文选》、《江泽民文选》以及党的十六大以来的中央重要文献。它们是科学社会主义基本原则与中国社会主义建设实际和时代特征相结合的成果。总之，认真研读科学社会主义代表作特别是马克思主义中国化最新成果的代表作，才能真正深刻领会和掌握科学社会主义基本原则。

（2）学习本教材要与学习科学社会主义发展史相结合。掌握科学社会主义基本理论最好的方法之一就是向历史，特别是向科学社会主义发展史学习。科学社会主义是在同五花八门的思想流派和各种机会主义作斗争，尤其是在批判和继承空想社会主义过程中形成和发展起来的。因此要真正掌握科学社会主义基本理论，必须学习科学社会主义发展史。这种学习，一是可以往前追溯，即学习一点空想社会主义史。有比较才有鉴别。了解空想社会主义是在什么背景下产生的，有哪些基本主张，有哪些缺陷，又如何从兴起到衰败的，从而认识社会主义从空想到科学的发展是历史的必然。二是往后延伸，即了解科学社会主义是怎样从一种学说转变为运动，并进而转变为社会制度的，重点要了解它在经济文化比较落后的国家，尤其在中国运用和发展的历史过程。通过这样的学习，可以认识到：

---

① 恩格斯：《致约瑟夫·布洛赫》，《马克思恩格斯文集》第10卷，人民出版社2009年版，第593页。

② 列宁：《论国家》，《列宁选集》第4卷，人民出版社1995年版，第24页。

社会主义是世界历史发展的客观进程，是任何力量都无法阻挡的，社会主义在发展历程中也会出现挫折，但它必然胜利。

（3）学习本教材要与掌握人类所创造的丰富知识相结合。科学社会主义是一门综合性很强的学科，要真正掌握这门学问即深刻领会它的基本原理，必须有广博的科学知识特别是社会科学方面的知识。恩格斯在《社会主义从空想到科学的发展》一书的1882年德文第一版序言中说，有的读者会觉得奇怪，为什么此书在社会主义发展史的简述中提到康德—拉普拉斯的天体演化学，提到现代自然科学和达尔文，提到德国的古典哲学和黑格尔。这是因为科学社会主义只能产生在古典哲学还生气勃勃地保存着自觉的辩证法传统的国家即德国。[①] 理解科学社会主义产生尚且涉及自然科学、哲学和历史等，那么要掌握它的基本原理就必须要有广博的知识。列宁有句名言也是从这个意义上说的："只有了解人类创造的一切财富以丰富自己的头脑，才能成为共产主义者。"[②] 因此，要把学习科学社会主义与掌握人类所创造的丰富知识结合起来，更加深刻地理解科学社会主义的科学性真理性。

（4）学习本教材要紧密联系中国特色社会主义伟大实践。理论来自于实践，学习理论、理解理论也要联系实践。只有联系实践来学科学社会主义，才能深刻理解科学社会主义的针对性和科学内涵，才能深刻认识科学社会主义的意义。尤其是学习中国化马克思主义的最新成果即中国特色社会主义理论体系，更要强调理论联系实际，紧密联系我国改革开放和现代化建设的实践。这是因为中国特色社会主义理论体系是在我国改革开放和现代化建设过程中提出、形成和发展起来的。紧密联系中国国情和改革开放实践来学习，才能真正学好弄清中国特色社会主义理论体系，才能更好地运用理论指导中国特色社会主义伟大实践。

[①] 参见恩格斯：《社会主义从空想到科学的发展》，《马克思恩格斯文集》第3卷，人民出版社2009年版，第495页。

[②] 列宁：《青年团的任务》，《列宁选集》第4卷，人民出版社1995年版，第285页。

思考题:

1. 怎样认识科学社会主义在马克思主义理论体系中的地位?

2. 科学社会主义的研究对象和基本问题是什么?

3. 科学社会主义有哪些特点?

第一章　社会主义从空想到科学的发展

在社会化生产不断发展，资本主义各种社会矛盾全面展开，无产阶级作为一个独立阶级开始登上历史舞台的背景下，马克思、恩格斯以唯物史观和剩余价值学说这两大科学发现为基石，在19世纪中叶创立了科学社会主义，实现了社会主义从空想到科学的飞跃，为无产阶级和全人类解放事业提供了强大的思想武器。

第一节　人类对未来社会的向往

在科学社会主义诞生之前，人类就一直在追求美好的未来，提出过各种关于理想社会的构想，其中最重要的是空想社会主义对未来社会的设想。这些伟大的思想是人类文明的重要成果，也是科学社会主义的思想源泉，科学社会主义是对这些思想的继承和超越。

一、空想社会主义之前的理想社会构想

人类社会在原始公社解体以后，先后进入了奴隶社会、封建社会和资本主义社会，这些社会比起原始公社尽管是历史的进步，但却是建立在私有制基础上的阶级社会。阶级剥削、阶级统治、阶级压迫、阶级斗争是最基本的社会现象。历史的进步以广大劳动者的痛苦和牺牲为代价，极少数人的富裕、文明、自由建立在大多数人的贫穷、愚昧、被奴役的基础上，整个社会呈现出畸形发展状态，整个社会充满着由剥削和压迫所产生的各种罪恶、苦难和仇恨。面对社会的严重不公和深重苦难，不断有思想家发出抗议和批判的声音，并且憧憬代替这种不合理社会的美好未来。

在我国古代，以孔子（公元前551—前479年）为代表的儒家学派曾提出过"天下为公"的大同世界构想，认为中国的社会发展要经历"据乱世"、"升平世"、"太平世"三个阶段，其中的"升平世"就是小康社

会，这时人们温饱无忧，生活宽裕。到了"太平世"，就实现了"天下为公"的大同世界，达到了人类理想的最高境界。在我国长达 2000 多年的封建社会中，很多人都把天下为公的大同世界视为至善至美的理想未来，并出现了像《桃花源记》这类对小农经济条件下理想社会进行描绘的文学作品。

在古代希腊雅典时期，著名哲学家柏拉图（约公元前 427—前 347 年）曾提出过关于公平正义的"理想国"的构想。按照柏拉图的设想，理想国的公民分为治国者、武士、劳动者，分别代表智慧、勇敢、欲望三种品性。他们各行其是、各司其责，彼此之间和谐相处，而治国者必须是德高望重的哲学家，因为只有他们才具有完美的德行和高超的智慧，明了正义之所在，按照理性的指引公正地治理国家。为了保证社会公正，治国者和武士不能有自己的私产和家庭，因为私产和家庭是一切私心邪念的根源。

在早期资本主义社会，也出现过资产阶级思想家对未来理想社会的构想，其中影响比较大的是英国伟大的思想家培根（1561—1626 年）的设想。他在 1623 年撰写了《新大西岛》一书，以文学的形式描绘出了一个"复兴科学"的乌托邦式的国家——"新大西岛"。培根生活在欧洲文艺复兴的后期，被认为是最早认识到科学的历史意义及其在人类生活中重要地位的人。他所设计的这个国家的政府成员都是科学家，并拥有一个专门进行教学和科研的机构"索罗门宫"。它设备齐全、技术先进、规模庞大，从事各个领域的试验、研究、教学活动，其目的是探索事物的本原和它们运行的秘密，并扩大人类的知识领域，以使一切设想的实现成为可能。

正义、平等的理性王国构想，是 18 世纪以孟德斯鸠（1689—1755 年）、伏尔泰（1694—1778 年）、卢梭（1712—1778 年）为代表的欧洲启蒙运动思想家提出的。他们尖锐地批判愚昧落后的神权统治和封建专制主义，要求建立以"理性"为基础的社会。他们用政治自由对抗专制暴政，用信仰自由对抗宗教压迫，用"天赋人权"反对"君权神授"，用"平等"反对贵族的等级特权，主张建立人民主权的民主共和国，从而为

1789 年的法国大革命奠定了思想基础。

这些思想家提出的关于理想社会的构想，反映了人类对未来美好社会的向往和追求，它的内容归结起来主要有两方面：一是要求生产发达、生活富裕，一是要求社会和谐、公平正义。科学社会主义对未来社会的构想是在吸收、借鉴这些优秀思想成果的基础上发展起来的。但是，历史上这些思想家提出的关于未来社会的构想，其历史的和阶级的局限性也是十分明显的。恩格斯在评论现代社会主义与 18 世纪法国启蒙思想家的关系时，一方面指出现代社会主义，"就其理论形式来说，它起初表现为 18 世纪法国伟大的启蒙学者们所提出的各种原则的进一步的、据称是更彻底的发展"[1]。另一方面指出，这些启蒙学者们所提出的"这个理性的王国不过是资产阶级的理想化的王国"，"18 世纪伟大的思想家们，也同他们的一切先驱者一样，没有能够超出他们自己的时代使他们受到的限制"。[2]

二、空想社会主义的产生和发展

1. 空想社会主义产生的历史条件和发展阶段

空想社会主义产生于 16 世纪初期，到 19 世纪上半叶达到顶峰。这 300 多年正是欧洲从封建主义生产方式向资本主义生产方式的转变时期。

16 世纪和 17 世纪的空想社会主义，是早期的空想社会主义。当时资本主义由简单协作进入工场手工业阶段，资本主义原始积累正在加速进行。新兴的资产者通过拼命压榨手工工场工人、残暴剥夺本国农民土地、野蛮掠夺海外殖民地，千方百计地聚集资本和扩大经营。资本原始积累所造成的社会罪恶，尖锐地暴露出资本主义的内在矛盾和弊端。早期无产者不堪忍受封建主义和资本主义双重压迫，不断地进行反抗和斗争，并和农民一起举行起义。16 世纪德国爆发了闵采尔领导的农民战争，17 世纪英

---

[1] 恩格斯：《社会主义从空想到科学的发展》，《马克思恩格斯文集》第 3 卷，人民出版社 2009 年版，第 523 页。

[2] 恩格斯：《社会主义从空想到科学的发展》，《马克思恩格斯文集》第 3 卷，人民出版社 2009 年版，第 524 页。

国出现了掘地派运动。在这样的历史背景下，产生了反映早期无产者要求摆脱资本主义剥削压迫、追求理想社会愿望的空想社会主义。欧洲最早的空想社会主义者是英国的莫尔（1478—1535 年），他在 1516 年创作的《乌托邦》一书被称做空想社会主义的开山之作。早期空想社会主义的另一位代表人物是意大利的康帕内拉（1568—1639 年），他的代表作《太阳城》也产生了很大的影响。早期空想社会主义在实际斗争方面的代表人物是 1524 年德国农民起义领袖闵采尔（1490—1525 年）和 17 世纪中叶英国掘地派运动领袖温斯坦莱（1609—1660 年）。

中期的空想社会主义形成于 18 世纪的欧洲。当时工场手工业已进入全盛时期，在英国开始向机器大工业过渡。这一时期资本主义生产方式的内在矛盾有了新的发展，问题和弊端进一步暴露出来，无产阶级的生活状况比过去更加恶化。在这种背景下反映早期无产阶级愿望和要求的空想社会主义也发展到了一个新阶段，产生了中期空想社会主义。其在理论方面的主要代表，是法国的摩莱里（约 1700—1780 年）和马布利（1709—1785 年），在实际斗争方面的代表是法国的巴贝夫（1760—1797 年）。早期的空想社会主义只限于对理想社会制度的空想描写，而 18 世纪的空想社会主义已经形成了直接的共产主义理论。也正因为如此，恩格斯称它的主要代表人物摩莱里和马布利是社会主义的"最初代表"。但这个时期的空想社会主义带有强烈的禁欲主义色彩。

晚期的空想社会主义出现于 19 世纪初期。当时英国经过 18 世纪 60年代开始的产业革命，机器大生产逐渐代替了工场手工业，资本主义生产方式进入了大工业阶段，整个社会形成了两大对立阶级：无产阶级和资产阶级。与此同时，1789 年的法国大革命，沉重打击了封建主义势力，为资本主义发展创造了有利条件，无产阶级与资产阶级的对立和斗争日益发展起来。这样的社会历史条件促使空想社会主义者把批判的矛头更明确和更尖锐地指向资产阶级，使他们以更强烈的意愿去构想比资本主义优越的理想社会，于是英国和法国出现了形态最完备的空想社会主义，即以圣西门（1760—1825 年）、傅立叶（1772—1837 年）、欧文（1771—1858 年）为代表的三大空想社会主义。

2. 三大空想社会主义是科学社会主义的直接思想来源

在空想社会主义发展的历史过程中，圣西门、傅立叶、欧文三大空想家最值得重视。他们出现于工业革命兴起之际，反映了现代工人的一些利益和要求。他们在批判资本主义制度的过程中，为科学社会主义的形成提供了许多有益的思想材料。

圣西门深刻地洞察到法国大革命的阶级斗争性质，而且形成了比较丰富的经济思想，"实业制度"是其学说的核心。他提出法国大革命不仅是封建贵族和市民等级之间的政治斗争，而且是封建贵族、市民等级同无产阶级之间的斗争，论述了实业制度必然要代替资本主义制度，并以工人阶级代言人的身份论述了他的最终目的是工人阶级的解放。《新基督教》是他最成熟的著作。

傅立叶以巧妙而诙谐的笔调对旧社会进行了辛辣的揭露和批判，被恩格斯誉为"自古以来最伟大的讽刺家之一"[1]。他在经历第一次经济危机后写出了自己最成熟的著作《新世界》，揭露和批判了资本主义竞争和无政府状态所造成的灾难。他把所追求的和谐制度的基本单位称为"法郎吉"，并对由其所构成的和谐社会进行了详细描述。

欧文空想社会主义的突出特点，是它直接带有试验示范的性质。他在1800 年至 1829 年担任新拉纳克大棉纺厂经理，把这个工厂作为进行社会改革的试验场所，期间发表的《致拉纳克郡报告》阐述了他的空想社会主义思想。为了实践他的思想，欧文于 1824 年到美国购买了 8 万英亩土地，建立了共产主义劳动公社，称为"新和谐村"，有 1000 多人参加。后来，他由于以全部财产在美洲进行的共产主义试验失败而变得一贫如洗，于是就直接到工人阶级中进行活动，前后长达 30 年。他的主要著作是《新社会观》、《人类思想和实践中的革命》。

---

[1]　恩格斯：《社会主义从空想到科学的发展》，《马克思恩格斯文集》第 3 卷，人民出版社 2009 年版，第 531 页。

三、空想社会主义的贡献和缺陷

1. 空想社会主义对资本主义的揭露和批判

空想社会主义对资本主义进行了尖锐的揭露和批判，其主要内容包括：

第一，批判的矛头直指私有制。几乎所有的空想社会主义者，都对资本主义私有制进行了无情的批判，认为它是违反理性和人类道德的，造成了一部分人剥削、压迫另一部分人的状况，是工人贫困、社会不公和各种罪恶产生的根源。例如，欧文说，私有制"是各国的一切阶级之间的纷争的永久根源"[1]，它使穷人失业、贫困、饥饿和无知，使富人成为没有理性的"衣冠禽兽"和贪婪的"两脚兽"。

第二，揭露了资本主义社会的矛盾冲突和阶级对立。傅立叶说，在这个所谓的文明社会里，处处存在着个人利益与大众利益的冲突，"医生希望自己的同胞患寒热病；律师则希望每个家庭都发生诉讼；建筑师需要一场大火把一个城市的四分之一化为灰烬……"[2] 他通过对资本主义社会现象的深刻分析，终于发现"文明制度的机构在一切方面都只是巧妙地掠夺穷人而发财致富的艺术"[3]。他进一步把这一对立归结为阶级对立，并指出在文明制度下有两个阶级：一个是"工厂主阶级"，一个是"一无所有的阶级"。

第三，揭露了资本家对工人的残酷剥削。傅立叶认为资本主义是一种"反社会的工业主义制度"，在这种制度下"贫困在随着生产发展的程度而增长"，"贫困是由富裕产生的"。巴贝夫揭露了资本主义雇佣劳动的剥削性质及其残酷性。欧文在李嘉图（1772—1823 年）的劳动价值论基础上，首次提出"剩余产品"的概念。他说，工人"除了生产出自己的生活资料"之外，还"生产出剩余产品"，这些剩余产品被资本家所占有。

---

[1]　欧文：《人类思想和实践中的革命或将来从无理性到有理性的过渡》，《欧文选集》第 2 卷，商务印书馆 1981 年版，第 146 页。

[2]　傅立叶：《关于普遍命运的几个方面的说明》，《傅立叶选集》第 1 卷，商务印书馆 1979 年版，第 122 页。

[3]　傅立叶：《论商业》，《傅立叶选集》第 3 卷，商务印书馆 1979 年版，第 114 页。

傅立叶和欧文等人都认为，工人的失业、贫困和饥饿，是资本主义制度造成的，对这样的制度不是要改善，而是要消灭。

第四，揭露和批判了生产的无政府状态及其所造成的经济危机。圣西门指出，这种生产无政府状态是"一切灾难中最严重的灾难"，是引起其他灾难的根源，并认为生产无政府状态是经济自由的必然结果，是资本主义本身无法克服的。傅立叶则对无政府状态所导致的经济危机进行了分析，他指出这是由"物质过多的压力造成的危机，是丰富造成了萧条，过剩造成了贫困"。因此他把经济危机称为"多血症的危机"、"生产过剩引起的危机"。

第五，严厉地批判了资本主义的利己主义思想和道德。圣西门指出，在资本主义制度下，"贪婪已变成在每个人身上占有统治地位的感情；利己主义这个人类的坏疽，侵害着一切政治机体，并成为一切社会阶级的通病"[1]。它使人们道德沦丧，精神低下，使整个社会陷于冷酷之中。傅立叶说，在资本主义社会，"文明是欺骗的王国，而道德则是它的工具"[2]。他痛斥资产阶级道德家是一群"无赖骗子"，资产阶级道德学"是一种对阴谋家很合适的科学"，并指出资产阶级道德是为统治阶级和商人服务的，是富人对穷人、雇佣劳动者和妇女实行统治的手段。

2. 空想社会主义对未来社会的天才设想

空想社会主义者精心描绘了未来社会的蓝图，有的还进行了社会改造的试验。他们对未来社会的描绘包含了大量的天才思想，主要有：

第一，主张改变生产资料私有制。大部分空想社会主义者都主张废除私有制、建立公有制，认为只有这样才能消灭人对人的剥削和压迫，实现社会的公平和正义。但是，他们的主张之间又有差别。例如，莫尔和康帕内拉主张全部财产公有，而温斯坦莱和马布利则把生产资料和生活资料加以区分，主张土地等生产资料实行公有，生活消费品属于私人所有。圣西

---

① 圣西门：《论实业制度》，《圣西门选集》下卷，商务印书馆 1962 年版，第 39 页。
② 傅立叶：《经济的和协作的新世界》，《傅立叶选集》第 4 卷，商务印书馆 1964 年版，第 203 页。

门和傅立叶主张未来社会还保留私有制，而欧文则主张实行生产资料公有制，提出在未来社会"纯粹个人日常用品以外的一切东西都变成公有财产"①。

第二，主张改变资本主义分配制度。几乎所有空想社会主义者都强调劳动的意义，主张未来社会实行普遍的义务劳动制度，改变资本主义的分配制度，但他们在分配问题上的主张有一定的差异。如莫尔、康帕内拉、摩莱里、马布利等人提出理想社会应该实行按需分配制度，但他们一般还带有平均主义和禁欲主义的色彩。圣西门和傅立叶克服了早、中期空想社会主义的这种局限，提出进行生产的目的是为了"满足人们的需要"，在理想社会人们的生活是十分美好的，主张按人的才能和贡献大小进行分配。他们提出了按劳分配的思想，同时还主张资本参加分配，主张按劳动、资本、才能进行分配，傅立叶把这种分配称为"按比例分配"。欧文明确地提出未来社会实行各尽所能和按需分配的思想。

第三，主张消灭商品交换和实行计划生产。由于大多数空想社会主义者都主张消灭私有制和实行按需分配，所以他们都认为未来理想社会不存在商品交换和货币关系。莫尔指出，乌托邦的整个生产和消费都是根据需要在全国范围内有组织进行的，其内部不存在商品货币关系。这种关系只存在于对外贸易，因为乌托邦不拥有生产某些产品的资源，需要通过外贸才能获得。巴贝夫发展了莫尔的计划生产思想，提出应计算出社会的需要，并根据这些计算有计划地安排生产，整个社会的经济活动是有计划进行的。

第四，主张消灭城乡差别、脑力劳动与体力劳动差别和阶级差别。在康帕内拉所描绘的太阳城中，已经不存在这些差别。傅立叶把自己所追求的社会描绘为一个没有城乡差别、没有工农差别的社会。欧文设计的共产主义劳动公社也是"一个农、工、商、学结合起来的大家庭"，除了要消灭上述社会差别外，没有军队、警察，也没有法庭和监狱。

---

① 欧文：《〈新道德世界书〉摘译》，《欧文选集》第2卷，商务印书馆1981年版，第13页。

第五，提倡社会和谐，主张把国家变成纯粹的生产管理机构。傅立叶把自己所追求的理想社会制度称为"和谐制度"。欧文也突出了未来社会的和谐特征，把自己在美国印第安那州所创造的社会组织称为"新和谐"公社。而圣西门则注意到由于阶级消灭所引起的国家职能的变化，提出未来社会的政治将是关于生产的科学，对人的管理将代之以对物的管理。这是关于国家消亡思想的萌芽。

此外，空想社会主义者还提出了其他一些天才思想，如傅立叶认为妇女解放的程度是衡量人类普遍解放的天然尺度；欧文主张教育与生产劳动相结合，培养全面发展的人，等等。

3. 空想社会主义的历史局限性

空想社会主义是在资本主义产生过程中无产阶级与资产阶级的斗争还不发展的最初时期出现的。不成熟的理论是和不成熟的资本主义生产状况、不成熟的阶级状况相适应的。16 世纪初到 19 世纪初的社会发展水平，决定了这些人提出的社会主义观点不能不具有空想的性质，存在着重大的历史缺陷。

首先，他们对社会主义的认识是从唯心史观出发的。空想社会主义对于资本主义和社会主义的认识，不是建立在人类社会发展的客观规律基础上，而是以它们是否合乎人类理性为评判标准。他们认为资本主义之所以是罪恶社会，是因为它违背人类理性；社会主义之所以是理想社会，是因为它符合人类理性。而这个符合人类理性的绝对真理是早已存在的，但要靠像他们这样的天才人物去发现，至于什么时候才能发现纯属偶然，可能是在今天，也可能是在 500 年前。

其次，他们虽然对资本主义进行了无情的批判，提出了对未来社会的天才设想，却不可能解决实现这种变革的社会力量和现实道路问题。

空想社会主义者看到了资本主义社会的阶级对立，但由于当时的无产阶级还不够成熟，无力采取独立的政治行动，他们仅仅表现为一个被压迫的受苦受难的等级，因此空想社会主义者看不到无产阶级的历史主动性，看不到无产阶级运动的重要作用，他们不是启发无产阶级自己解放自己，而是从外部或者上面去寻找拯救无产阶级的力量，把无产阶级的解放寄托于出现更多像他们这样的天才人物身上。

他们也憧憬不同于资本主义的新的社会制度，但由于当时资本主义生产方式所产生的冲突还刚刚形成，社会所表现出来的只是弊病，在他们看来，消除这些弊病便成为思维着的理性的任务。于是他们就去探求某种社会科学、社会规律，以便创造这些条件，从头脑中设计出新的社会方案，这就注定了他们关于未来社会的构想成为空想，并且愈是制订得详尽周密，愈是要陷入纯粹的幻想之中。

三大空想家是英国产业革命和法国政治革命的产物。英国虽然经过了产业革命，但机器大工业才刚刚确立，资本主义生产方式的内在矛盾尚未充分展开；法国刚经历了1789年的政治革命，资产阶级的政治统治尚未稳固建立起来，当时社会的主要矛盾还是与封建复辟势力的斗争。这使三大空想社会主义者难以超越历史的局限，迈向科学社会主义。但正如恩格斯所说的："虽然这三个人的学说含有十分虚幻和空想的性质，但他们终究是属于一切时代最伟大的智士之列的，他们天才地预示了我们现在已经科学地证明了其正确性的无数真理。"①

第二节　马克思、恩格斯创立科学社会主义

科学社会主义的创立，是社会主义学说的历史性变革。它标志着社会主义已经建立在对人类社会发展规律和对资本主义生产方式本质的科学认识基础上，已经找到了实现自身目标的物质基础和社会力量，成为争取无产阶级和全人类解放的理论武器。马克思、恩格斯是科学社会主义的创立者，为这一伟大学说的形成和发展作出了历史性的贡献。

---

① 恩格斯：《德国农民战争》，《马克思恩格斯文集》第2卷，人民出版社2009年版，第218页。

一、科学社会主义形成的社会历史条件

科学社会主义在 19 世纪中期形成，随后在世界各国广泛传播并产生巨大影响，成为对人类历史发展进程产生巨大作用的理论。科学社会主义是人类历史尤其是资本主义发展的必然结果，有着深刻的社会历史原因。

1. 社会化大生产的发展

社会化大生产的发展，是科学社会主义形成和发展的重要社会条件。社会化生产，指的是在协作与分工基础上进行社会劳动所形成的组织化、规模化的生产，是相对于中世纪分散的、落后的个体小生产而言的。

社会化生产具有同以往生产不同的特点：

第一，社会化。这是社会化生产的最基本特征。主要表现在三个方面：一是劳动力和生产资料使用社会化。各种生产要素包括资金、技术和人力、物力等都是通过市场交换或计划调拨在整个社会中进行配置的，而且各种生产资料在生产过程中也是由许多人共同使用或者协同使用的。二是生产过程社会化。任何一个产品都是许多人在社会分工的基础上，通过劳动协作来完成的，是许多人共同劳动的结果，谁也不能像过去的个体手工业者那样，产品是由一个人制造出来的。三是产品消费的社会化。企业生产产品不是为了自己消费，而是为了在市场上销售。产品通过各种营销渠道销售到全国各地甚至整个世界，真正成了名副其实的社会消费产品。

第二，机械化。在生产方式这种变化的基础上，原来由作坊发展起来的工场变成了机械化生产的工厂，在这里劳动的工人也由手工业工人变成了产业工人。机器生产使生产规模空前扩大，产品的数量迅速增加，产品的质量不断提高，成十倍、百倍地提高了生产效率，增加了生产的能力。随着科学技术的发展和工人技能的提高，机器不断地得到改进和完善。

第三，科技化。在过去的手工业生产中，劳动生产率主要取决于工人的劳动强度和劳动技能。而在机器大工业生产中，从新材料的开发、机器设备的制造、生产流程的设计，到机器运行的原理与模式等等，都要靠科学技术的运用来解决。这就形成了机器大工业与过去手工劳动的一个根本区别：整个生产过程不是从属于工人的直接技巧，而是表现为科学在工艺上的应用。科学技术对生产所起的作用越来越重要，越来越成为直接的生

产力。

社会化生产是不断向前发展的。产业革命及其形成的机器生产，是社会化生产的第一个形态。后来由于电的发明和广泛应用，机器生产发展到了电气化时代。20世纪中期开始的新科技革命，把社会化生产推进到了更高阶段。以核能为代表的新能源、新材料的发现，使生产获得了更强大的动力和更多样的原料；由无线电、半导体引发的信息产业的发展，把人类带入了信息化时代；电子计算机的发明及其在生产生活领域的广泛使用，使社会化生产日益变成了智能化的生产。科学技术在生产上的应用也提升到了更高水平，其成果转化为现实生产力的时间越来越短，在生产中所起的作用越来越大，科学技术已成为第一生产力。社会化生产的形成，不仅是生产力的量变，而且是生产力的质变。这种质变，势必在整个社会的发展变化中发挥革命性的作用。马克思、恩格斯敏锐地注意到了社会化生产形成的革命意义。

首先，社会化生产极大地解放和发展了社会生产力。相对于分散落后的个体小生产而言，社会化生产具有很多优越性，集中体现在它不仅是社会生产力发展的必然结果，而且推动了社会生产力的解放，为生产力的进一步发展开辟了更加广阔的道路；但同时，随着生产社会化程度不断提高，资本主义私有制日益不能适应生产力进一步发展的需要，资本主义社会的基本矛盾不断暴露和加深。

其次，社会化生产势必呼唤与其相适应的新的生产关系的出现。社会化生产是在资本主义私有制形成和发展的过程中出现的，但是任何一种私有制包括资本主义私有制最终都满足不了社会化生产的要求，它势必要突破资本主义私有制的束缚，呼唤与其相适应的新生产关系和新社会形态的出现，并成为未来新社会的物质基础。

再次，社会化生产势必造就与其相联系的革命阶级。社会化生产作为一种生产力，与其他生产力一样，也是由劳动者、劳动资料和劳动对象三要素构成的，但社会化生产的社会化、机械化、科技化等特点，不仅体现在它的劳动资料甚至劳动对象上，而且体现在它的劳动者身上。社会化生产造就的劳动者，是掌握最先进劳动技能的现代工人阶级。由于他们追求解放的要求与社会化生产发展的要求相一致，是一个代表历史发展方向的先进阶级，势必成为突破资本主义私有制束缚的革命力量，成为建立与社会化生产相适应的新的生产关系的革命力量，成为建设未来新社会的革命力量。

2. 资本主义生产方式的确立

最早的资本主义萌芽在 14 世纪末 15 世纪初地中海沿岸的一些城市就出现了，但到 16 世纪才开始迅速发展。马克思说："虽然在 14 和 15 世纪，在地中海沿岸的某些城市已经稀疏地出现了资本主义生产的最初萌芽，但是资本主义时代是从 16 世纪才开始的。"[1] 15 世纪末美洲和通往印度航道的发现，使世界市场迅速扩大，这就迫切要求商品生产以更大的规模和更快的速度发展。当时正在形成的资本家阶级通过剥夺农民、掠夺殖民地、贩卖黑奴、发行国债和建立现代税收制度等手段，获得了大批可供自己雇佣的工人，并迅速地积累起大量的货币资本。这就是资本的原始积累。在资本原始积累中，"征服、奴役、劫掠、杀戮，总之，暴力起着巨大的作用"[2]，其中最骇人听闻的是对农民和殖民地人民的强掠。

剥夺农民的土地，把失地农民变成一无所有的自由劳动力，是资本原始积累的重要方式。这在英国的"圈地运动"中表现得尤为突出。地理大发现后，由于欧洲市场扩大了对羊毛的需求，羊毛价格迅速上涨。英国资本家和封建贵族感到养羊比经营农作物更为有利，就通过各种手段把大片土地围圈起来，改做养羊的牧场。土地上的农民被驱赶出去，成为一无所有的流浪者，最终为生活所迫不得不到资本家的工厂出卖劳动力。这场运动被称为"羊吃人"的运动。

资产阶级还通过武力征服对海外殖民地进行疯狂的掠夺，他们不仅抢劫当地的物质财富，而且贩卖人口。西方殖民者在 300 多年时间里，仅从

---

① 马克思：《资本论》第 1 卷，《马克思恩格斯文集》第 5 卷，人民出版社 2009 年版，第 823 页。

② 马克思：《资本论》第 1 卷，《马克思恩格斯文集》第 5 卷，人民出版社 2009 年版，第 821 页。

中南美洲就抢走了 250 万公斤黄金、1 亿公斤白银。1783 年到 1793 年的 10 年间，仅英国利物浦一地就贩运了 33 万多黑人。奴隶贸易使非洲丧失的人口达 1 亿多。马克思尖锐地指出："美洲金银产地的发现，土著居民的被剿灭、被奴役和被埋葬于矿井，对东印度开始进行的征服和掠夺，非洲变成商业性地猎获黑人的场所——这一切标志着资本主义生产时代的曙光。"[①] "资本来到世间，从头到脚，每个毛孔都滴着血和肮脏的东西。"[②]

资本主义生产关系以劳动者和劳动实现条件的所有权之间的分离为前提，而资本原始积累的实质就是以各种手段，尤其是残酷的暴力，大规模地实现这种分离。在西欧，资本原始积累开始于 15 世纪后 30 年，经过 16 世纪的高潮，一直延续到 19 世纪初才告结束。随着原始积累的完成，资本主义生产关系基本上确立起来了。

通过原始积累发展壮大的资产阶级，与封建统治阶级的矛盾日益尖锐，迫切要求扫除封建制度对发展资本主义的束缚和阻碍。同时，农民反对封建主的斗争也更加激烈，不断发动起义。资产阶级借助广大农民和正在形成的无产阶级的力量，通过革命推翻了封建统治，取得了政权，建立起资本主义政治制度。

世界上最早的资产阶级革命，是尼德兰革命。尼德兰泛指欧洲莱茵河、缪司河、些耳德河下游及北海沿岸一带地区，相当于今天的荷兰、比利时、卢森堡和法国东北地区。16 世纪初，这里是西班牙哈布斯堡王朝的领地。1566 年，尼德兰爆发了反对西班牙统治的人民起义，历史上称做尼德兰革命。这次革命使荷兰摆脱了西班牙统治，取得了民族独立，同时也打击了本国的封建势力，在欧洲建立起第一个资产阶级共和国。革命后的荷兰在 17 世纪中期迅速崛起，成为东方贸易的霸主、世界的金融中心和世界性的"海上马车夫"。但由于工业资本不发达，荷兰这种强盛势

---

① 马克思：《资本论》第 1 卷，《马克思恩格斯文集》第 5 卷，人民出版社 2009 年版，第 860—861 页。

② 马克思：《资本论》第 1 卷，《马克思恩格斯文集》第 5 卷，人民出版社 2009 年版，第 871 页。

头难以持久，到 17 世纪下半叶开始走向衰落。

　　1640 年开始的英国革命是第一个具有世界历史意义的资产阶级革命。英国资产阶级和新贵族通过革命推翻了斯图亚特王朝的封建君主专制政权，建立了君主立宪制的资产阶级国家。这次革命的结果虽然带有妥协的色彩，但毕竟确立了资产阶级在国家中的统治地位，为发展资本主义扫清了障碍，同时也极大地促进了欧洲其他国家反封建的斗争，推动了整个人类历史的发展，并因此成为世界近代历史的开端。这次革命以后，英国的国家实力迅速发展起来，在 18 世纪成为世界上最强大的殖民国家。

　　1789 年爆发的法国大革命是一次最彻底的资产阶级革命。它彻底废除了君主制和封建等级制，取消了教会和贵族的各种特权，并按照启蒙思想家的理论，实行普选制和分权制衡，建立了资产阶级民主共和国。法国大革命是一次广泛而深刻的政治革命，它动摇了欧洲大陆的封建统治，传播了自由民主进步思想，有力地推动了世界的资产阶级革命。

　　资产阶级革命的发生和资产阶级政权的建立，标志着人类社会从封建主义进入资本主义的历史时期。资产阶级掌握政权，不仅极大地推动了资本主义的发展，而且使社会的政治关系发生了根本改变。过去是资产阶级联合农民和正在形成的无产阶级共同反对封建专制统治，而在资产阶级掌握了国家政权以后，为了维持自己的统治，不惜用政权力量镇压无产者的反抗，使无产阶级与资产阶级的斗争尖锐起来。

　　18 世纪 60 年代，以珍妮纺纱机和瓦特蒸汽机的发明为标志，工业革命首先在英国开始了。资本主义开始是从资本原始积累时期的工场手工业向机器大工业转变。随后，工业革命从英国传播到欧洲大陆和世界其他地方，比利时、法国、德国、美国、俄国等先后进入了工业革命时期。工业革命既是技术革命又是生产关系的重要变革，它为资本主义生产奠定了现代物质技术基础。随着工业革命的完成和农业资本主义的发展，资本主义生产方式最终确立起来了。

　　从 18 世纪下半叶工业革命开始到 19 世纪末，是资本主义发展的自由竞争阶段。在这一阶段，以机器大工业为基础的工厂制度建立起来，促进了生产力的空前发展。资本家之间的市场竞争发展起来，无政府状态的自由竞争占据统治地位。自由竞争主要有两种形式：一是同一部门内部资本家之间为攫取超额剩余价值而进行的竞争；二是不同部门的资本家之间为争夺更有利的投资场所而进行的竞争。自由竞争使资本家不断改进技术，提高劳动生产率，但也使资本主义生产的无政府状态空前加剧。

产业革命的完成意味着资本主义已经建立在机器大工业的基础上，并且成为占统治地位的生产方式，这种生产方式在显示出巨大优越性的同时，其内在的矛盾也已经全面展开并剧烈爆发出来。在这种形势下，无产阶级与资产阶级的矛盾开始尖锐起来，斗争不断向前发展。

3. 无产阶级的发展壮大

无产阶级是社会化生产的产物。恩格斯曾对无产阶级的含义作过一个经典性的概括，他指出："无产阶级是指没有自己的生产资料，因而不得不靠出卖劳动力来维持生活的现代雇佣工人阶级"①。他认为无产阶级既包括从事体力劳动的工人阶级，也包括从事脑力劳动的工人阶级，并且明确使用过"脑力劳动的工人阶级"的概念。马克思也曾多次使用过"总体工人"的概念，把直接或间接参与生产过程的劳动者，其中包括生产的管理者、监督者和科学技术人员等，都包括在工人阶级的范围之内。但他们所说的无产阶级的主体，是直接从事社会化生产的产业工人。

在资本主义生产关系形成过程中，与社会化生产相联系的现代无产阶级应运而生。现代无产阶级的前身是简单协作阶段和工场手工业阶段的手工业工人。简单协作基本上没有改变个人的劳动方式，而工场手工业却使它发生了彻底的革命。在资本家的手工业工场中，由于把原来由一个手工业者独立完成的生产过程进行高度细化的分工，不仅各种局部劳动被分配给不同的个体，而且个体本身也被分割开来，成为某种局部劳动的自动工具。每个工人只完成整个生产过程中的某一个操作甚至某一个动作。其结果是工场手工业把能够进行各种劳动的工人变成了畸形物，它压抑工人多种多样的生产兴趣和生产才能，人为地培养工人片面的技巧。这种变化进

---

① 马克思、恩格斯：《共产党宣言》，《马克思恩格斯文集》第 2 卷，人民出版社 2009 年版，第 31 页。

一步强化了资本家对工人的控制。马克思说："起初，工人因为没有生产商品的物质资料，把劳动力卖给资本，现在，他个人的劳动力不卖给资本，就得不到利用。它只有在一种联系中才发挥作用，这种联系只有在它出卖以后，在资本家的工场中才存在。"①

机器大生产的出现对现代工人的形成起了决定性的作用。机器大生产从根本上改变了工人与劳动资料的关系。在工场手工业中工人可以支配劳动资料，而在现代化工厂中工人则要受劳动资料的支配。机器大生产本来为工人的解放提供了有利条件，但它的资本主义使用却加深了工人的痛苦，恶化了他们的劳动和生活条件。

首先，机器的使用使大批工人丧失工作，造成了庞大的劳动后备军。资本家利用市场上失业工人与在职工人的竞争，把工人的工资压到了最低限度。

其次，机器代替手工操作使资本家有可能大量使用女工和童工。它把工人的妻子和子女也变为剥削对象，扩大了资本的剥削范围，而且女工和童工的低廉工资成了资本家压低一般工人工资的有力武器。

再次，机器的使用曾一度使工人劳动时间达到甚至超出生理极限，再加上极其恶劣的劳动条件，这些严重摧残了工人的身心健康。机器的使用打破了手工生产所受到的人的生理局限，可以持续不断地进行运转，而机器持续运转的时间越长，就越能加快资本的周转速度，更快地把不变资本转移到产品上去，并生产出更多的剩余价值，同时还可以减少由于机器不使用和无形损耗所带来的损失。正因为如此，资本家在开始使用机器生产的时候，仍然坚持通过延长工作日来提高剩余价值率。他们不顾工人的健康，把工作日延长到工人的生理极限，甚至超过这个生理极限，大量侵吞了工人的生活时间。马克思曾经对这种现象进行了无情的揭露，他说，机器这种"缩短劳动时间的最有力的手段，竟变为把工人及其家属的全部生活时间转化为受资本支配的增殖资本价值的劳动时间的最可靠的手

---

① 马克思：《资本论》第 1 卷，《马克思恩格斯文集》第 5 卷，人民出版社 2009 年版，第 417 页。

段"①。然而工人工作日的延长是有极限的，长期下去不仅会严重摧残资本家所需要的劳动力，而且会激起工人的反抗和斗争，直接威胁资本家的统治和利益。在机器大工业真正确立并发展起来的情况下，他们后来更多地通过技术进步和改进管理，来缩短工人的必要劳动时间，延长相对剩余价值劳动时间，而工人被剥削的地位并没有改变。

在资本主义社会中，工人阶级作为雇佣劳动者、作为无产阶级，具有革命的彻底性，是资本主义社会中最革命的社会力量。

资产阶级在其发展的上升时期，能够顺应社会化生产的要求，对全部社会关系不断进行革命改造，"在历史上曾经起过非常革命的作用"②。但当社会化生产与资本主义制度发生矛盾并试图打破其阻碍时，资产阶级作为资本主义制度的既得利益者，就要千方百计地维护现存社会制度，从而阻碍生产力的继续发展。这就决定了资产阶级是这个社会发展的消极力量。

在资本主义发展过程中，介于无产阶级和资产阶级之间的中间阶级，除了极少数人能上升到资产阶级的行列，其他绝大多数人，尤其是其中的下层群众，相继加入到了无产阶级的行列中。由于这部分社会力量对资本主义制度不满并且行将落入无产阶级队伍，所以他们可以成为无产阶级反对资产阶级的革命同盟军；又由于他们处在中间阶层的地位，还有某种可能上升到资产阶级行列，所以他们在革命中又具有动摇性的一面。

广大农民深受封建地主和资本家的剥削压迫，具有强烈的革命要求。但由于他们既是劳动者又是小私有者，同正在被淘汰的落后生产方式相联系，处在彼此孤立分散的状态，他们的革命性是不彻底的，也很难作为一个阶级独立行动。只有在无产阶级的教育和领导下，他们才能成为强大的反对资本主义的革命力量。

---

① 马克思：《资本论》第 1 卷，《马克思恩格斯文集》第 5 卷，人民出版社 2009 年版，第 469 页。

② 马克思、恩格斯：《共产党宣言》，《马克思恩格斯文集》第 2 卷，人民出版社 2009 年版，第 33 页。

在资本主义社会中，唯有无产阶级是最革命的阶级。这是因为：

第一，无产阶级代表社会化生产的发展要求和人类社会的前进方向，是人类历史上最先进的阶级。无产阶级与社会化生产相联系，是资本主义社会唯一代表先进生产力的力量，其阶级解放的利益与社会化生产的要求完全一致。无产阶级只有推翻资产阶级的政治统治，废除资本主义雇佣劳动制度，消灭资本家的剥削和压迫，才能得到彻底解放；而社会化生产也只有通过无产阶级的解放运动，才能根本变革资本主义生产关系，扫除不断向前发展的障碍。

第二，无产阶级处于资本主义社会最底层，只有解放全人类才能最终解放自己，是革命最坚决、最彻底的阶级。无产阶级作为雇佣劳动者，除了不得不出卖的劳动力以外，其他一无所有。只有消灭生产资料私有制以及一切剥削压迫制度，无产阶级才能最终实现自身的解放。革命对于无产者来说，"失去的只是锁链。他们获得的将是整个世界"①。

第三，无产阶级是最有远大发展前途的阶级。社会化生产的发展使其他一切生产方式变得无足轻重，与其相联系的社会成员绝大多数都先后加入到了无产阶级的队伍。社会化生产也把管理和科技等提到十分重要的地位，使脑力无产者的人数和作用不断增加。在资本主义社会危机日益暴露的情况下，原来为资产阶级服务的知识分子也越来越多地转向了无产阶级。所有这些导致无产阶级的人数不断增加，成员的素质日益提高，所起的作用越来越大。

无产阶级在其出现的初期，并没有意识到自己的历史使命，只是一个自在的阶级。他们反对资产阶级的斗争，最初是单个的工人，然后是某一工厂的工人，再后来是某一地方的或某一劳动部门的工人，同直接剥削他们的单个资本家作斗争。他们还不能把机器与机器的资本主义使用区分开来，不仅攻击当时的资产阶级生产关系，而且攻击生产工具本身；毁坏那些带来竞争的外国商品，捣毁机器，破坏工厂，力图以此来维护自身的

———————————

① 马克思、恩格斯：《共产党宣言》，《马克思恩格斯文集》第 2 卷，人民出版社 2009 年版，第 66 页。

利益。

随着工业的发展，无产阶级不仅人数增加了，而且结合成更大的集体。它的力量日益增长，并越来越感受到自己的力量。这时工人开始成立反对资本家的同盟。他们联合起来保卫自己的利益，有些地方还爆发了罢工和起义，许多性质相同的地方性斗争逐渐汇合成为全国性斗争。无产者不仅日益联合成为阶级，而且还组织了政党。无产阶级革命政党的建立以及与此相联系的无产阶级革命理论的形成，对于无产阶级成为自为的阶级具有决定性的意义。因为无产阶级政党在组织上能把无产者联合起来，作为一个阶级展开行动；而理论则在思想上使无产者意识到自己的阶级地位，自觉承担起阶级的历史使命，并指导无产阶级制定符合自己利益的纲领，开展反对资产阶级的斗争。当无产阶级组织起革命的政党，在无产阶级革命理论指导下作为一个阶级为自己的阶级利益开展斗争的时候，工人运动就由自在阶段发展到自为阶段。无产阶级只有成为一个自为的阶级，才能担当起革命的领导使命。

到 19 世纪三四十年代，无产阶级开始作为一支独立的政治力量，出现在历史舞台上。1831 年和 1834 年法国里昂工人两次举行起义，提出"资产阶级为自己举行了革命，现在我们也要进行自己的革命"。1836 年至 1848 年的英国宪章运动中，工人提出争取普选权，按照民主原则改组下议院，让工人也有权参与管理国家。1844 年爆发的德国西里西亚纺织工人起义，公开提出反对私有制社会的口号。这三大工人运动虽然失败了，但其表明：无产阶级不只为改善生活条件而斗争，而且开始为争取本阶级的政治权利而斗争；无产阶级的斗争已经由破坏机器，转变到锋芒直指资本主义制度和资产阶级；无产阶级的斗争也由分散的个别的斗争形式，改变为建立工会和其他政治组织，有组织地开展大规模的斗争，其中包括武装起义。

4. 资本主义社会基本矛盾的爆发

资本主义代替封建主义曾经强有力地推动了社会化生产的发展。对于资产阶级在解放和发展生产力方面的作用，马克思、恩格斯给予了充分的肯定，认为"资产阶级在它的不到一百年的阶级统治中所创造的生产力，比过去一切世代创造的全部生产力还要多，还要大"①。

但是社会化生产的发展，必然同资本主义占有之间发生矛盾。在中世纪的自然经济和小商品生产中，个体生产者通常都是使用自己的原料和劳动工具，通过自己或家属的手工劳动来制造产品。这样的产品自然是属于他自己的。因此，产品的所有权是以自己的劳动为基础的，即产品的生产者占有自己生产的产品。但是在社会化生产取代自然经济和小商品生产以后，社会化劳动所使用的生产资料和所生产的产品，已经不是为使用生产资料和生产这些产品的无产阶级所占有，而是为那些不劳而获的资本家所占有，这就出现了一个根本性的矛盾，即社会化生产和资本主义私人占有的矛盾。这个矛盾已经包含着资本主义社会一切冲突的萌芽。资本主义生产方式愈是突飞猛进地向前发展，社会化生产和资本主义占有的不相容性，也必然愈加明显地表现出来。社会化生产和资本主义占有的矛盾是资本主义社会的基本矛盾，资本主义社会的各种社会矛盾，都根源于这一基本矛盾。

社会化生产和资本主义占有的矛盾虽然是伴随着资本主义生产关系而出现的，但在产业革命以前，由于社会化生产尚处在形成时期，生产的社会化程度比较低，这种矛盾表现得还不明显，尚未引起人们的足够注意。当时的社会主义者对资本主义的揭露，包括对私有制的批判，还没有找到资本主义生产方式的这个症结。到了 19 世纪 20 年代，英国的产业革命基本完成，社会化生产已经建立在机器大工业的基础上，并开始起来反抗束缚它的资本主义占有关系，使社会化生产和资本主义占有之间的矛盾达到剧烈爆发的程度，从而引发了资本主义国家从 1825 年开始出现的 10 年左右一次的周期性经济危机。

产业革命标志着资本主义的发展进入了自由竞争阶段。空前激烈的无政府状态的市场竞争，驱使每个资本家在遭受毁灭的威胁下，不断地改进机器和提高机器的生产能力，不断地扩大生产规模和把先进技术应用到生

---

① 马克思、恩格斯：《共产党宣言》，《马克思恩格斯文集》第 2 卷，人民出版社 2009 年版，第 36 页。

产中去，不顾一切地去实现大工业在质量上和数量上的巨大扩张。然而由于生产资料的资本家私人占有，广大工人群众的收入并没有随着生产的这种扩张而相应增加，相反，机器的广泛采用和技术的不断改进成了资本家用来对付工人阶级最强有力的武器。为了追求最大限度的利润，资本家千方百计地以机器和技术的改进来排挤工人，不仅工人的工资被压低到只能勉强维持劳动力的生产和再生产的水平，而且造成了庞大的失业者队伍，他们连最起码的生活也难以维持。这就把社会绝大多数人的需求降到了最低水平，使市场需求的增长远远赶不上生产的扩张，出现了愈来愈多的剩余产品。当社会生产的无限扩张趋势与劳动群众有限购买能力的矛盾及其所造成的生产过剩发展到一定程度时，就会爆发严重的经济危机。

19世纪经济危机的特点是：商业停顿，市场盈溢，产品滞销，银根奇缺，信用缺失，工厂倒闭，破产相继发生，拍卖纷至沓来。由此造成大批工人被解雇，在职工人收入被压低，整个工人阶级的生活状况极度恶化。在如此严重的危机面前，资本家不是采取提高工人收入的办法来扩大需求，而是限制和废弃已经形成的生产力，造成生产力和产品被大量浪费和破坏。直到大批积压的商品以或多或少压低了的价格卖出去，生产和交换才逐渐恢复过来。然后又进入新一轮的生产扩张，接着运动逐渐加快，慢步变成快步，快步转成跑步，跑步又转成拼命的狂奔和跳跃，最后又陷入危机的深渊。这样，资本主义经济就出现了危机、萧条、复苏和高涨四个阶段周而复始的恶性循环，形成了无法克服的周期性经济危机和社会灾难。资本主义经济危机的出现表明：一方面，资本主义生产方式暴露出自己不能继续驾驭这种生产力；另一方面，这种生产力以日益增长的威力，要求摆脱它作为资本的那种属性，要求在事实上承认它作为社会生产力的那种性质。

猛烈增长着的生产力要求资本主义生产方式承认它的社会本性，这就迫使资本家阶级在资本关系内部一切可能的限度内，愈来愈把生产力当做社会生产力看待。大的生产机构和交通机构向股份公司、托拉斯或国家财产的转变所表现出的就是这种历史趋势。但是无论是转化为股份公司和托拉斯，还是转化为国家财产，都还是没有消除生产力的资本主义属性。正像恩格斯所说的："在股份公司和托拉斯的场合，这一点是十分明显的。而现代国家也只是资产阶级社会为了维护资本主义生产方式的一般外部条件使之不受工人和个别资本家的侵犯而建立的组织。现代国家，不管它的形式如何，本质上都是资本主义的机器，资本家的国家，理想的总资本家。它越是把更多的生产力据为己有，就越是成为真正的总资本家，越是剥削更多的公民。"①

这一切都说明，社会化生产和资本主义私人占有的矛盾已经发展到剧烈对抗的地步，它周期性地爆发而无法根本解决。这一矛盾把社会主义代替资本主义的历史必然性清晰地展现出来，预示着社会主义由空想变为科学的社会历史条件开始成熟了。

二、两大发现使社会主义从空想发展为科学

1883 年 3 月 14 日，无产阶级革命导师马克思在伦敦逝世，4 天后，恩格斯在马克思墓前发表重要讲话，对马克思的一生作出了评价。他说：马克思的一生中在他所研究的每一个领域都有独到的发现，但他作出的两个重大发现具有重大意义。一是同达尔文发现有机界的发展规律一样，马克思发现了人类历史的发展规律，即唯物史观；二是马克思还发现了现代资本主义生产方式和它所产生的资产阶级社会的特殊的运动规律，即剩余价值学说。正是这两大发现使社会主义从空想发展到科学，并奠定了科学社会主义的坚实基础。

1. 唯物史观揭示了人类社会发展的规律

唯心史观认为，一切历史变动的最终原因，应当到人们变动着的思想中去寻找，并且认为在一切历史变动中，最重要的、决定全部历史的是政治变动。但是人的思想究竟是从哪里来的，政治变动的根本动因又是什么，它却无法作出令人信服的回答。马克思在研究资本主义社会现实矛盾的过程中，创立了观察人类历史发展的唯物史观，解开了人类社会历史发

---

① 恩格斯：《社会主义从空想到科学的发展》，《马克思恩格斯文集》第 3 卷，人民出版社 2009 年版，第 559—560 页。

展这个千古之谜。

马克思、恩格斯提出，人类社会的历史是由从事实践活动的人创造的，而"人们为了能够'创造历史'，必须能够生活。但是为了生活，首先就需要吃喝住穿以及其他一些东西。因此第一个历史活动就是生产满足这些需要的资料，即生产物质生活本身"①。这样，物质生产便成为人类最基本的实践活动，而人们只要进行生产活动，就必然同自然发生关系，这种关系通过共同活动方式表现出来，它反映了人们改造自然的能力，即表现为一定的生产力。由于改造自然是"许多个人的活动"，他们在生产中必然要结成一定的交往关系，即生产关系。这样生产力与生产关系便构成了物质生产过程中不可分割的两个方面。生产关系是根据生产力的需要建立起来的，是为实现和发展生产力服务的，生产力最终决定生产关系的性质和状况，生产关系又能对生产力起能动的反作用。这就揭示了人类社会发展的最基本规律——生产关系要适应生产力发展的规律。

马克思、恩格斯通过对生产方式的分析，揭示了生产力在社会历史发展中的决定作用，以及生产力与生产关系的辩证运动，从而将社会历史看成是自然的历史过程。但要完整地说明社会历史的发展，说明社会形态的更替和演变，还需要分析国家等政治上层建筑以及意识形态等观念上层建筑与生产方式的相互关系和矛盾运动。为此他们进一步研究了社会结构与社会生产的关系，从而阐明了经济基础与上层建筑相互关系的原理。这个原理在马克思后来发表的《〈政治经济学批判〉序言》中有精确的表述：社会生产关系的总和构成社会的经济结构，即有法律的和政治的上层建筑竖立其上并有一定的社会意识形式与之相适应的现实基础。这就揭示出了人类社会发展的另一条基本规律——上层建筑要适应经济基础的规律。

马克思、恩格斯认为，整个人类历史发展是在生产力与生产关系、经济基础与上层建筑的矛盾运动中进行的，是这一社会基本矛盾运动规律发生作用的必然结果。马克思对此作了精辟的阐述：社会的物质生产力发展

---

① 马克思、恩格斯：《德意志意识形态》，《马克思恩格斯文集》第 1 卷，人民出版社 2009 年版，第 531 页。

到一定阶段，便同它们一直在其中运动的现存生产关系发生矛盾。于是这些关系便由生产力的发展形式变成了生产力的桎梏。那时社会革命的时代就到来了。随着经济基础的变更，全部庞大的上层建筑也或慢或快地发生着变革。

这在人类历史上第一次把对历史发展的解释建立在唯物主义的基础上，揭示了人类社会发展的客观规律。

马克思、恩格斯进一步揭示了阶级斗争与历史发展的关系，明确指出：自从原始社会解体以来，至今一切社会的历史都是阶级斗争的历史，而这些互相斗争的社会阶级在任何时候都是自己时代经济关系的产物。在阶级社会，生产力与生产关系、经济基础与上层建筑的矛盾，经常是通过阶级矛盾和阶级斗争表现出来和获得解决的，因而阶级斗争是阶级对立社会发展的直接动力。

2. 剩余价值学说揭示了资产阶级社会的特殊运动规律

空想社会主义者看到了资本主义给工人带来的苦难，并且尖锐地批判了资本主义的这种罪行，但是他们却没有搞清楚资本家是如何剥削工人的，因而不能揭露出资本主义生产方式的本质，也就找不到解决这些问题的根本出路。马克思在批判地继承英国古典经济学的思想成果，尤其是在李嘉图的劳动价值理论的基础上，创立了剩余价值学说，科学地回答了这个重大问题。原来，资本主义剥削的秘密是被这样的现象掩盖着：资本家在商品市场上购买工人劳动力的时候，按照等价交换的原则，付给了工人劳动力以等价的报酬即工资。似乎这里一切都是公平合理的，不存在资本家对工人劳动的无偿占有。那么工人为什么受苦受难，而资本家却越来越富？马克思经过研究发现，资本家在市场上购买的只是工人的劳动力，而劳动力的使用即雇佣劳动所创造的价值，远远超过资本家购买劳动力所付给工人的工资，超过的这部分就是工人创造的剩余价值，它被资本家无偿占有，成为资本家各种利润的来源。这就证明，对工人剩余劳动的无偿占有是资本主义生产方式对工人进行剥削的基本形式。剩余价值归根到底构成了资产阶级手中日益增加的资本量和由此积累而成的价值总量。马克思创立的剩余价值学说令人信服地说明了资本主义生产过程和资本主义生产方式的本质，揭示了资本家剥削工人的秘密。

3. 两大发现奠定了科学社会主义的理论基石

马克思、恩格斯用唯物史观分析人类社会尤其是资本主义社会发展的规律。他们深刻地指出，资产阶级赖以形成的生产资料和交换手段是在封建社会中产生的。当封建社会发展到一定的阶段，封建的所有制关系就不再适应已经发展的生产力了。这种关系已经在阻碍生产而不是在促进生产，变成了生产发展的桎梏。这时，代表生产力发展要求的资产阶级，便起来推翻过时的封建所有制关系，建立起资产阶级的经济统治和政治统治。由于资产阶级的经济政治制度适应了当时生产力的需要，所以能够有力地推动生产力的发展和社会的进步。但是资产阶级并没有想到，社会在更高水平上又进行着类似的运动，由此获得了新的巨大发展的生产力又同资产阶级建立起来的生产关系不相容，资本主义的生产关系成了生产力发展的障碍。马克思、恩格斯根据生产关系一定要适应生产力发展的规律，得出了社会主义必然代替资本主义的结论，把社会主义建立在人类社会发展的历史必然性的基础上，从而奠定了科学社会主义的第一块理论基石。

历史的规律是要通过实践着的人来实现的，在阶级社会中是通过一定的阶级来实现的。在资本主义社会中，谁是埋葬资本主义的社会力量呢？剩余价值学说从理论上解决了这个问题。通过剩余价值学说，马克思、恩格斯揭示了资本主义社会中资产者与无产者利益的根本对立，资产阶级凭借手中的生产资料，无偿占有无产者的剩余价值，无产者由于不占有生产资料，不得不受资产者的剥削，否则他们就无法维持自己和家庭的生活。因此无产阶级要摆脱资产阶级的剥削，就必须消灭生产资料的资本主义占有以及建立在这个基础上的资本主义生产关系，就必须推翻维护这种生产关系的资产阶级国家机器。无产阶级争取解放的这种要求所反映的正是生产力发展的要求，正是社会前进的方向。无产阶级消灭人类社会最后一个剥削压迫制度，代表的不仅是其自身解放的利益，而且是全人类解放的利益，无产阶级只有解放全人类才能最终解放自己。通过这样的分析，马克思、恩格斯指出，资产阶级不仅锻造了置自身于死地的武器，它还产生了运用这个武器的人——现代的工人，即无产者。马克思、恩格斯通过剩余价值学说，找到了变革资本主义的社会主体，找到了实现社会主义的现实的社会力量，从而奠定了科学社会主义的另一块理论基石。唯物史观和剩余价值学说这两大发现，既揭示了社会主义必然代替资本主义的客观规律，又找到了实现这个客观规律的社会力量，从而把社会主义置于科学的基础上，使社会主义从空想变成了科学。

4. 《共产党宣言》是科学社会主义诞生的标志

《共产党宣言》是马克思、恩格斯在 1847 年 11 月 29 日至 12 月 8 日在伦敦召开的共产主义者同盟第二次代表大会之后，受同盟的委托，为同盟起草的纲领。这是世界上第一个国际性共产党的党纲，1848 年 2 月 23 日首先在伦敦用德文发表。它的发表标志着科学社会主义的诞生。

《共产党宣言》科学地论证了社会主义代替资本主义的历史必然性。马克思、恩格斯运用唯物史观系统分析了资本主义产生和发展的过程，研究了这个过程中的社会矛盾运动和阶级斗争，论证了这些矛盾和斗争的发展必然导致社会主义代替资本主义，而承担这个历史使命的是代表先进生产力发展要求又深受资产阶级剥削压迫的无产阶级，从而说明了社会主义是资本主义社会内在矛盾发展的必然结果，是资产阶级和无产阶级的阶级斗争发展的必然结果，得出了"资产阶级的灭亡和无产阶级的胜利同样是不可避免的"科学结论。这一科学结论，揭示了人类社会发展的重要规律，指出了人类社会的发展方向和最终结果。

《共产党宣言》系统地阐述了科学社会主义的一般原理。这些原理所揭示的是无产阶级解放运动的普遍规律，指明的是无产阶级解放运动的基本方向，因而是共产党领导无产阶级争取解放所应遵循的根本原则，对于共产党领导的无产阶级解放运动具有长期的根本的指导意义，它构成了马克思、恩格斯所创立的科学社会主义理论的基本内容。后来，马克思、恩格斯及以后的马克思主义者又根据新的实践经验，对科学社会主义的一般原理作了新的重大发展。然而，作为一个纲领性文献，《共产党宣言》无疑是科学社会主义的奠基之作。

《共产党宣言》明确地划清了科学社会主义与其他社会主义流派的界限。在社会主义思潮蓬勃兴起的情况下，当时出现了各种各样自称社会主义的派别，马克思、恩格斯按照这些派别的阶级性质和历史作用，把它们区分为反动的社会主义、保守的或资产阶级的社会主义、批判的空想的社会主义和共产主义，并且通过对这些流派的分析，从根本上划清了科学社会主义与它们的界限。与此同时，马克思、恩格斯对资产阶级攻击和歪曲社会主义和共产主义的言论进行了批驳，从各个方面说明了科学社会主义和共产党是什么和不是什么，主张什么和反对什么。在这个意义上，《共产党宣言》是社会主义和共产党的一篇公开的宣言书。

《共产党宣言》奠定了无产阶级政党学说的基础。它论述了共产党的性质，指出共产党是工人阶级的政党，没有任何同整个工人阶级的利益不同的利益，同时强调共产党人不同于一般工人阶级群众，是工人阶级中先进的和觉悟的部分；它论述了共产党的纲领和任务，提出共产党人的最近目的是由无产阶级夺取政权，然后一步一步地夺取资产阶级的全部资本，并且尽可能地增加生产力的总量，无产阶级运动的最终目的是要建设一个没有阶级的未来社会；它阐述了无产阶级政党的策略思想，要求共产党人把长远利益同当前利益、原则的坚定性同策略的灵活性结合起来，团结一切民主进步力量，支持一切反对现存落后保守社会制度和政治制度的革命运动。

总之，《共产党宣言》的问世，表明社会主义已经完成了从空想到科学的转变，已经摆脱了资产阶级和小资产阶级的影响，并划清了与其他社会主义思潮的界限，开始与登上了政治舞台的工人运动相结合，成为指导工人阶级实现伟大历史使命的理论武器。《共产党宣言》的发表是科学社会主义诞生的标志。

三、科学社会主义诞生的伟大意义

科学社会主义的诞生，指明了人类社会的发展方向，实现了工人运动和社会主义的结合，使无产阶级有了科学理论作为自身解放运动的指南，国际共产主义运动和世界各国的民族解放运动从此进入了一个崭新的阶段。纵观人类思想史，没有哪一种思想体系像科学社会主义那样，在人类认识世界和改造世界中发挥那样巨大的作用，产生那样广泛而深远的影响，那样经久不衰地焕发着革命的、批判的伟大精神和创造性的理论活力。

1. 科学社会主义是社会主义思想史上最伟大的理论成就

科学社会主义的创立，完成了社会主义由空想到科学的历史性转变，是社会主义发展史上的一次巨大飞跃。在此之前，尽管空想社会主义者的思想体系中有不少合理因素，但从整体上看，空想社会主义的理论具有根本缺陷，是不成熟的。

马克思、恩格斯在批判地继承人类思想文化优秀成果的基础上，把社会主义思想置于唯物史观和剩余价值学说这两大基石之上，使社会主义从此走出了空想的荒野，达到了科学的境地。科学社会主义把社会主义理论从唯心主义历史观中解放出来，使其由依靠纯属理性的思辨和道德说教转变为对人类社会发展客观规律的科学分析；它使社会主义对问题的认识从现象上升到了本质，由对资本主义社会罪恶现象的批判深入到对资本主义生产方式本质的揭露，由对未来社会的简单描述变为对其历史必然性和基本原则的深刻揭示；它使社会主义不再停留在书本上，而是真正找到了实现它的现实道路和物质力量。总之，它从生产方式和交换方式的变革中去探求未来理想社会，从而把社会主义建立在对社会发展规律的科学认识上，把社会主义置于现实基础之上，使社会主义真正成为一门科学，即实现无产阶级和全人类解放的科学。科学社会主义的生命力，就在于它同每一个时代的实践紧密结合在一起，植根于不断运动变化之中。它能够而且必须在与不同时代特点、不同国家的具体实际的结合中不断发展和创新，在与时代特点和各国实际的结合中永葆其无限的生机与活力。

2. 科学社会主义为无产阶级和人民群众争取解放提供了强大思想武器

马克思、恩格斯充分地肯定了人民群众创造历史的伟大作用，认为"历史活动是群众的活动，随着历史活动的深入，必将是群众队伍的扩大"①。同时他们对无产阶级的历史地位和伟大历史使命作了科学分析，

---

① 马克思、恩格斯：《神圣家族，或对批判的批判所做的批判》，《马克思恩格斯文集》第 1 卷，人民出版社 2009 年版，第 287 页。

不仅深刻揭露了无产阶级遭受剥削压迫的根源，而且克服了空想社会主义的局限性，克服了空想社会主义的天才史观，科学地指出了只有无产阶级才是推翻资本主义、实现社会主义的阶级力量，揭示了无产阶级的解放同社会发展规律相一致，指明了无产阶级实现解放的道路。正如列宁所指出的，阐明无产阶级的历史使命是科学社会主义"具有世界历史意义的伟大功绩"。

科学社会主义是在无产阶级独立登上欧洲政治舞台以后，根据无产阶级争取解放斗争的需要应运而生的。无产阶级只有掌握了科学社会主义理论，才能从自在的阶级变为自为的阶级，为争得自己的彻底解放而奋斗；同样，科学社会主义理论只有掌握了无产阶级，才能变为改造社会的物质力量。科学社会主义的创立，实现了真正意义上的社会主义理论与工人运动相结合，使无产阶级具备了科学的世界观和方法论，掌握了改造旧世界、建设新世界的强大思想武器。从此，无产阶级由自在阶级变为自为阶级，由自发斗争进入自觉斗争阶段，开创了无产阶级解放运动的新纪元。世界上的第一个共产党——共产主义者同盟，其前身是正义者同盟，就是在接受了马克思、恩格斯的科学社会主义，并对同盟的纲领和口号作了根本改造之后而建立的。

在共产党建立以后，科学社会主义是党从实际出发制定路线方针政策的理论指导，是增强党的团结和工人阶级团结，以至广大人民群众团结的思想基础，是党领导工人阶级反对资产阶级和一切反动势力的科学的理论武器，也是党指导工人阶级建设新社会的强大理论武器。

3. 科学社会主义指明了人类社会未来的发展方向和道路

科学社会主义成功地回答了无产阶级争取解放的斗争与人类社会发展的关系，社会主义价值取向与历史发展规律的关系，不仅指明了从资本主义走向社会主义、共产主义是人类社会的发展方向，而且阐述了未来新社会的发展阶段和一般特征。

马克思、恩格斯以唯物史观为指导，不是单纯地从理性出发，从人们的主观愿望出发去描绘未来社会的一切，而是立足于现实，从实际出发，从人民群众的实践出发，去研究社会主义理论。他们通过对人类社会生产力和生产关系发展的研究，揭示了社会主义必然代替资本主义的客观规律；他们通过对无产阶级的社会地位和阶级特性的研究，说明了无产阶级的历史使命，找到了社会主义代替资本主义的社会力量；他们通过对无产阶级和资产阶级斗争实践的研究，得出了无产阶级要完成自己的历史使命，必须有无产阶级政党的领导，必须同其他劳动者结成联盟，必须进行无产阶级革命，必须建立无产阶级专政等重要结论，找到了实现社会主义代替资本主义的基本途径。

科学社会主义与空想社会主义的根本不同点，就在于科学社会主义"不再被看做某个天才头脑的偶然发现，而被看做两个历史地产生的阶级即无产阶级和资产阶级之间斗争的必然产物"[1]。科学社会主义指明了实现社会主义的正确途径，认为从资本主义社会到共产主义社会必将经历三个阶段，即革命转变或过渡时期、共产主义社会的第一阶段和共产主义社会的高级阶段，与此相对应，他们大致勾勒了各个阶段不同的时代特征和主要特点，提出了无产阶级在不同历史时期的斗争策略。科学社会主义指出，未来新社会生产力高度发展，不存在阶级和国家，是一个自由人联合体，即共产主义社会。这些思想成果，无论对于各国无产阶级争取解放的斗争，还是对他们斗争胜利后建设新社会，都具有长远的和根本的指导意义。

第三节　科学社会主义对未来社会的构想

马克思、恩格斯在批判旧世界的基础上对未来社会进行了科学构想，指明了人类的未来社会是共产主义社会，并进一步揭示了共产主义社会的根本性质、一般特征和发展阶段。共产主义社会是无产阶级追求的最终目标，这个美好的社会要经过漫长的历史过程才能够实现。

---

[1]　恩格斯：《社会主义从空想到科学的发展》，《马克思恩格斯文集》第 3 卷；人民出版社 2009 年版，第 545 页。

一、未来社会是共产主义社会

1. 未来社会是以共产主义原则组织起来的社会

马克思、恩格斯与以往的思想家不同，不是抽象地设想或命名一个理想社会，而是站在历史唯物主义的高度，从社会形态发展的角度，将未来社会看做是一种社会形态，并根据这个社会形态的根本性质来确定它的社会名称。马克思、恩格斯讲到共产主义社会时，是把它与资产阶级社会对立起来讲的，并称这个社会是"非资本主义社会"。这个未来的"非资本主义社会"，是"根据共产主义原则组织起来的社会"①，即共产主义社会。他们在一系列著作中，比如在《德意志意识形态》、《共产主义原理》、《共产党宣言》以及《哥达纲领批判》中，都明确地将这个未来社会称为"共产主义社会"。

当"社会主义"与"共产主义"两个词已经通用的时候，马克思主义创始人有时也把未来社会称为社会主义。恩格斯晚年的著作中，多处使用过"社会主义社会"。比如在 1894 年 1 月《〈论俄国的社会问题〉跋》中，恩格斯两次提到"未来的社会主义社会"②。显然，恩格斯这里讲的"社会主义社会"和"共产主义社会"是同一个社会形态。

2. 共产主义社会的一般特征

马克思主义创始人把未来的共产主义社会作为一个统一的社会形态来把握，在谈到共产主义社会的特征时，讲的较多的是一般特征。因为只有具有普遍意义的一般特征，才能真正体现共产主义社会的性质。

马克思、恩格斯认为，未来社会"是以生产力的巨大增长和高度发展为前提的"。"因为如果没有这种发展，那就只会有贫穷、极端贫困的普遍化；而在极端贫困的情况下，必须重新开始争取必需品的斗争，全部陈腐污浊的东西又要死灰复燃。"③ 他们强调，在未来的共产主义社会，

---

① 恩格斯：《共产主义原理》，《马克思恩格斯文集》第 1 卷，人民出版社 2009 年版，第 689 页。

② 恩格斯：《〈论俄国的社会问题〉跋》，《马克思恩格斯文集》第 4 卷，人民出版社 2009 年版，第 458 页。

③ 马克思、恩格斯：《德意志意识形态》，《马克思恩格斯文集》第 1 卷，人民出版社 2009 年版，第 538 页。

由于个人全面发展，生产力也增长起来，集体财富的一切源泉都将充分涌流，社会的物质财富将会极大丰富。

共产主义社会将"最终废除私有制"①。马克思、恩格斯认为，未来社会与资本主义社会"具有决定意义的差别当然在于，在实行全部生产资料公有制（先是国家的）基础上组织生产"②。他们在《共产党宣言》中强调：在一定意义上，"共产党人可以把自己的理论概括为一句话：消灭私有制"③。恩格斯还强调："废除私有制甚至是工业发展必然引起的改造整个社会制度的最简明扼要的概括。所以共产主义者完全正确地强调废除私有制是自己的主要要求。"④

共产主义社会是按照整个社会的要求自觉地组织生产的社会。恩格斯指出："这种新的社会制度首先必须剥夺相互竞争的个人对工业和一切生产部门的经营权，而代之以所有这些生产部门由整个社会来经营，就是说，为了共同的利益、按照共同的计划、在社会全体成员的参加下来经营。"⑤ 在这样的情形下，资本主义社会的生产无政府状态将宣告结束。需要指出的是，马克思、恩格斯所讲的有计划组织社会生产，是从宏观上、从与资本主义生产对比上讲的，不能与后来一些国家实行的计划经济甚至指令性计划画等号。

共产主义社会是消灭了剥削、真正实现社会平等的社会。在实现共产主义的过程中，人类在废除生产资料私人占有制的同时，也就消除了一部分人凭借占有生产资料剥削另一部分人的现象，在分配制度上实现了根本

---

① 恩格斯：《共产主义原理》，《马克思恩格斯文集》第 1 卷，人民出版社 2009 年版，第 687 页。

② 恩格斯：《致奥托·冯·伯尼克》，《马克思恩格斯文集》第 10 卷，人民出版社 2009 年版，第 588 页。

③ 马克思、恩格斯：《共产党宣言》，《马克思恩格斯文集》第 2 卷，人民出版社 2009 年版，第 45 页。

④ 恩格斯：《共产主义原理》，《马克思恩格斯文集》第 1 卷，人民出版社 2009 年版，第 683 页。

⑤ 恩格斯：《共产主义原理》，《马克思恩格斯文集》第 1 卷，人民出版社 2009 年版，第 683 页。

性的变革，社会不再区分为剥削者和劳动者，几千年来造成人类不平等的重要社会根源被铲除了。消灭剥削这一伟大革命，是划时代的历史性进步。

共产主义社会是人的精神境界极大提高的社会。马克思、恩格斯认为，共产主义代替资本主义，不仅要与传统的私有制彻底决裂，而且要与传统的私有观念彻底决裂，形成与公有制基础相适应的共产主义思想观念。在共产主义社会，人的道德将不再打着阶级对立和私有制的印记，而真正成为人本身的道德。恩格斯在《反杜林论》中写道："只有在不仅消灭了阶级对立，而且在实际生活中也忘却了这种对立的社会发展阶段上，超越阶级对立和超越对这种对立的回忆的、真正人的道德才成为可能。"①

共产主义社会是消灭了阶级与国家自行消亡的社会。到了共产主义社会，由于生产的高度发展已经使所有人的物质利益都得到了保障，由于分工不再具有经济利益划分的性质，由于全体社会成员根本利益的一致，社会已不再会因为经济利益的不同而划分为不同的社会集团并进行相互间的斗争，于是阶级冲突和阶级斗争没有了，最终阶级差别也消灭了。随着阶级的消灭，国家的镇压职能已无必要，作为阶级压迫工具的军队、警察、监狱等也失去了作用。在阶级消灭和国家消亡以后，人类社会将是一个自由人的联合体。

共产主义社会是每个人自由而全面发展的社会。在共产主义社会，脑力与体力劳动的对立、城乡和工农的差别消失了，其他各种旧式分工也不存在了。在摆脱了"奴隶般地服从于分工"的状况的同时，由于生产和科技的高度发达，劳动已成为人们自我展示其创造性的过程，成为人们乐于从事的自我实现的活动，再加上自由时间空前增加，人们不但可以自由转换劳动的方式，而且有充分的时间从事自己喜爱的活动，于是劳动不再是谋生的手段，而成为生活的第一需要，人实现了自由而全面的发展。这种发展不但不妨害其他人的自由发展，反而是一切人自由发展的条件。

---

① 恩格斯：《反杜林论》，《马克思恩格斯文集》第9卷，人民出版社2009年版，第100页。

共产主义社会是人与自然和谐相处的社会。共产主义社会是人类社会和谐的最高境界，不仅实现了社会内部的和谐，而且社会与自然之间也达成了和谐。在共产主义社会中，人与自然的和谐并不是放弃对自然的改造和利用，而是以合乎自然发展规律、合乎人类幸福生活和对美的追求的方式，来改造和利用自然。由于社会对物质生产的自觉控制，由于生产方式更加先进，科学技术及其运用更加人性化，共产主义社会中不断发展的生产力将与自然之间形成动态的平衡。

正由于共产主义具有和以往社会不同的上述特征，马克思主义创始人认为，共产主义是人类从必然王国到自由王国的飞跃，它彻底实现了人类的自由和解放，使得人类根本上从支配他们生活和命运的异己力量中解放出来，开始自己创造自己的历史。

二、共产主义社会的发展阶段

共产主义社会不是一种静止的终极的状态，而是一个不断发展的过程。在这个漫长的发展过程中，会显现出不同的阶段性特征。

1. 共产主义社会第一阶段和高级阶段的划分

马克思、恩格斯用彻底的唯物主义观点考察人类社会，自然也用它来考察未来的共产主义社会。在他们看来，这个最终实现了人类解放的社会并不是人类历史的终结，而是人类自觉历史的开端。从此以后，人类将真正开始自觉地创造自己的历史，并在未来历史的进程中展现自己的丰富性。共产主义社会自身是不断发展的社会，它在自身的发展过程中一定会呈现出阶段性特征。随着对共产主义社会认识的深化，人们对这些阶段性特征会有更进一步的认识。

马克思、恩格斯在从事理论研究和革命实践活动相当长的时期里，主要是集中精力研究资本主义生产方式和资本主义社会的基本矛盾，揭示资本主义向共产主义转变的规律，揭示共产主义社会的根本性质和一般特征。在这个过程中，他们把共产主义社会作为一个独立的完整的社会形态，侧重从总体上揭示这个社会的基本性质和一般特征，而对共产主义社会发展阶段的考察主要集中在 19 世纪 70 年代。在《哥达纲领批判》这部名著中，马克思第一次把共产主义社会划分为第一阶段和高级阶段。他认为，在从资本主义社会到共产主义社会的过渡时期结束之后，进入的是共产主义社会的第一阶段。由于生产力发展水平等方面的限制，个人消费品分配只能实行"各尽所能，按劳分配"的原则。后来，列宁把"共产主义社会第一阶段"称为"社会主义社会"，把"共产主义高级阶段"称为"共产主义社会"。

2. 共产主义社会第一阶段和高级阶段的联系与区别

马克思、恩格斯认为，共产主义社会的两个阶段属于同一个社会形态，在根本性质上是一致的，但在发展程度上有着重大的区别。

共产主义社会第一阶段是刚刚从资本主义社会中产生出来的阶段。这个阶段是"一个集体的、以共同占有生产资料为基础的社会"，"它不承认任何阶级差别，因为每个人都像其他人一样只是劳动者"。与此同时，由于受社会生产力发展水平的制约，这一阶段在经济和社会发展方面还存在着许多不成熟、不完善的地方，在经济、道德和精神方面都还带着其脱胎出来的那个旧社会的痕迹。旧社会的若干现象，包括人们"奴隶般地服从分工"、"脑力劳动和体力劳动的对立"、劳动作为"谋生的手段"、"商品等价物的交换"，等等，会在某种程度和范围内有一定的遗留。"这些弊病，在经过长久阵痛刚刚从资本主义社会产生出来的共产主义社会第一阶段，是不可避免的。"[1]

在共产主义社会第一阶段，社会总产品在作了各项必要的扣除之后，剩余的部分将以劳动为尺度在劳动者之间进行分配。多劳多得，少劳少得，不劳不得。"按劳分配"是对剥削制度下分配制度的否定，消除了不劳而获的社会条件，体现了劳动者的利益。马克思、恩格斯认为，从更高的要求即从共产主义社会高级阶段上看，"按劳分配"也有历史的局限性。这种分配原则体现的还是商品交换的原则，它把同一个标准即劳动用在不同的人们身上，而且不顾及劳动者的不同能力及其在家庭、子女负担

---

[1]　马克思：《哥达纲领批判》，《马克思恩格斯文集》第 3 卷，人民出版社 2009 年版，第 435 页。

等方面的不同情况。因而这种形式上的平等也会导致实际上的不平等。但是，这些局限性在共产主义第一阶段是不可避免的，"权利决不能超出社会的经济结构以及由经济结构制约的社会的文化发展"①。在这个阶段上，社会生产力还没有高度发展，旧式分工仍然存在，劳动还是一种谋生手段等等，因而只能实行这样的分配原则。只有到了共产主义高级阶段，才能超越这种局限性，实现"按需分配"。

共产主义社会高级阶段是在社会生产力充分发展和高度发达的基础上实现的。马克思指出："在共产主义社会高级阶段，在迫使个人奴隶般地服从分工的情形已经消失，从而脑力劳动和体力劳动的对立也随之消失之后；在劳动已经不仅仅是谋生的手段，而且本身成了生活的第一需要之后；在随着个人的全面发展，他们的生产力也增长起来，而集体财富的一切源泉都充分涌流之后，——只有在那个时候，才能完全超出资产阶级权利的狭隘眼界，社会才能在自己的旗帜上写上：各尽所能，按需分配！"②

"按需分配"即根据人们生活的实际需要进行分配，它克服了"按劳分配"的历史局限，第一次实现了人类在分配上的真正平等。"按需分配"的实现是建立在高度发达的生产力水平和社会财富极大丰富以及人们精神境界极大提高的基础上的。那种把"按需分配"或"各取所需"理解为不负责任、为所欲为地索取的观点是对马克思、恩格斯思想的歪曲。列宁在驳斥这种错误观点时指出：伟大的社会主义者预见这个阶段将会到来时所设想的前提，既不是现在的劳动生产率，也不是现在的庸人，因为这种庸人惯于白白地糟蹋社会财富的储存和提出不能实现的要求。

共产主义的"按需分配"是与"各尽所能"密切联系在一起的，是权利与义务的高度统一。人们在"各尽所能"地为社会创造了极为丰富的产品之后，当然也就有理由"各取所需"地充分满足自己的需要。在

---

① 马克思：《哥达纲领批判》，《马克思恩格斯文集》第3卷，人民出版社2009年版，第435页。

② 马克思：《哥达纲领批判》，《马克思恩格斯文集》第3卷，人民出版社2009年版，第435—436页。

那时，人们都是劳动者，也都具有共产主义的劳动态度。他们不是为物质报酬而劳动，而是为创造社会财富和实现自身价值而劳动。人们自觉地以最大的努力去工作，充分发挥自己的能力和创造性。

共产主义社会第一阶段是高级阶段的基础和发展前提，高级阶段是第一阶段发展的必然趋势。从共产主义社会的第一阶段到高级阶段的过程，就是在社会生产力高度发展的基础上逐步消除旧社会各方面痕迹的过程，是自身不断发展和完善的过程。

马克思、恩格斯对未来共产主义社会两个阶段的划分具有重大的理论和实践意义。从理论上看，这一划分为我们科学地把握共产主义社会提供了重要的方法论指导，并为我们进一步深化对社会主义和共产主义发展阶段的认识开辟了道路。从实践上看，这一划分对我们在实践中正确把握方向，具有重大指导意义。一方面，要看到社会主义和共产主义的本质联系，在进行社会主义建设的过程中，始终不要忘记共产主义的远大目标；另一方面，也要看到这两个阶段的重大区别，不要把它们混同起来，以防止犯超越历史阶段的错误。历史证明，急于向共产主义社会过渡，不仅是"欲速则不达"，而且会造成严重的危害，包括损害共产主义的声誉等。

三、马克思、恩格斯设想未来社会的科学态度和方法

要真正学习和理解马克思、恩格斯关于未来社会的科学预见，必须了解和掌握他们研究未来社会的科学态度和方法。在展望未来社会的问题上，是否坚持科学的世界观和方法论，是能否正确预见未来的基本前提，也是马克思主义与空想社会主义的根本区别。

1. 依据历史规律预见社会发展的未来走向

马克思、恩格斯坚持科学的立场，以极其慎重的态度对待未来社会的预见问题。他们认为自己的使命，是必须按照世界的本来面目来认识世界，把握现实世界特别是人类社会的本质和规律，为无产阶级和人类解放提供理论指导。

马克思、恩格斯对未来理想社会的展望，是以人类社会发展的客观规律为依据的。在马克思主义产生以前，人们对未来社会的预见之所以带有

浓厚的神秘性质和空想色彩，就是因为他们不懂得人类社会发展的规律。社会的发展像自然界的发展一样，具有自己客观的规律。揭示这些规律，就能为我们理解过去、把握现在和展望未来提供指导。马克思、恩格斯揭示了人类社会发展的一般规律和资本主义社会发展的特殊规律，从而为展望未来社会提供了科学依据。而他们之所以能揭示出历史的规律，是因为他们把握住了人类社会的基本矛盾即生产力与生产关系、经济基础与上层建筑的矛盾，在基本矛盾的运动中把握人类历史的发展进程和规律。正如列宁所说："马克思丝毫不想制造乌托邦，不想凭空猜测无法知道的事情。马克思提出共产主义的问题，正像一个自然科学家已经知道某一新的生物变种是怎样产生以及朝着哪个方向演变才提出该生物变种的发展问题一样。"①

2. 在批判资本主义旧世界中阐发未来新世界的一般特征

在马克思、恩格斯的时代，社会主义制度还没有成为现实，因此他们不能像后人那样可以从新社会的发展实践出发去总结新社会的特征，而只能通过研究历史和现实来展望未来。一方面，他们通过考察资本主义社会的弊端，从反面揭示未来新社会与资本主义社会根本不同的特征；另一方面，他们通过考察资本主义发展中孕育着的新社会因素，从正面对未来新社会的特征作出预见。他们不只看到资本主义社会的弊端和苦难，也看到资本主义发展中孕育着的新社会因素，认为这些新因素在资本主义社会中只能得到一定程度的发展，只有在资本主义被社会主义取代之后才能得到真正的发展，并成为新社会的重要特征。

马克思、恩格斯在他们的一生中，主要精力是用于对资本主义社会的研究，而对于资本主义以后的未来社会的预测十分谨慎。在预测未来时，他们主要把社会发展的基本趋向与社会生活的具体形式区分开来，把未来社会的基本特征与具体细节区别开来，只限于对未来社会发展方向和基本原则作出预见，而把未来社会的具体形式和应采取的具体措施留给后人的实践去回答。针对有人提出在革命成功后应该首先采取什么措施的问题，马克思指出，"现在提出这个问题是不着边际的，因而这实际上是一个幻

---

① 列宁：《国家与革命》，《列宁选集》第3卷，人民出版社1995年版，第187页。

想的问题，对这个问题的唯一的答复应当是对问题本身的批判"①。因为"在将来某个特定的时刻应该做些什么，应该马上做些什么，这当然完全取决于人们将不得不在其中活动的那个既定的历史环境"②。针对有人提出的共产主义社会控制人口的措施问题，恩格斯明确表示："无论如何，共产主义社会中的人们自己会决定，是否应当为此采取某种措施，在什么时候，用什么办法，以及究竟是什么样的措施。我不认为自己有向他们提出这方面的建议和劝导的使命。那些人无论如何也会和我们一样聪明"③。

3. 反对把关于未来社会的预见当做一成不变的教条

马克思、恩格斯对预见未来持非常谨慎的态度，他们既反对"教条式地预料未来"，也反对人们抽象地看待他们关于未来社会的看法，反对把这些看法当成一成不变的教条。恩格斯明确指出："我们对未来非资本主义社会区别于现代社会的特征的看法，是从历史事实和发展过程中得出的确切结论；不结合这些事实和过程去加以阐明，就没有任何理论价值和实际价值。"④ 这就启示我们，必须以历史和辩证的观点展望未来社会，不把一些具体提法当做现成的答案，甚至作为剪裁当今实践的标准。我们应从马克思主义创始人的科学态度、科学方法和科学精神中得出深刻启示，结合当今时代的特点和社会主义发展的丰富实践不断深化对未来理想社会的认识。

思考题：

1. 社会化生产的形成经历了几个阶段？它有什么特点？如何认识社

---

① 马克思：《致斐迪南·多梅拉·纽文胡斯》，《马克思恩格斯文集》第 10 卷，人民出版社 2009 年版，第 458 页。
② 马克思：《致斐迪南·多梅拉·纽文胡斯》，《马克思恩格斯文集》第 10 卷，人民出版社 2009 年版，第 458 页。
③ 恩格斯：《致卡尔·考茨基》，《马克思恩格斯文集》第 10 卷，人民出版社 2009 年版，第 455—456 页。
④ 恩格斯：《致爱德华·皮斯》，《马克思恩格斯文集》第 10 卷，人民出版社 2009 年版，第 548 页。

会化生产的重要意义？

2. 资本主义社会的基本矛盾是什么？

3. 如何理解唯物史观和剩余价值学说是科学社会主义的两大基石？

4. 马克思、恩格斯划分共产主义社会发展阶段的依据是什么？

5. 你如何认识马克思、恩格斯对未来社会的设想？

第二章 社会主义代替资本主义的历史必然性

社会主义必然代替资本主义是科学社会主义的核心内容。马克思、恩格斯深入研究了人类社会的历史，揭示了社会发展的一般规律和资本主义社会发展的特殊规律，明确提出并科学论证了社会主义代替资本主义的历史必然性。

第一节 社会主义必然代替资本主义

社会主义取代资本主义，是社会化生产与资本主义占有之间的矛盾，以及由此形成的无产阶级反对资产阶级的斗争发展的必然结果，而非天才人物头脑的偶然发现。

一、人类社会的发展具有自身的客观规律

1. 人类社会的发展是不以人的意志为转移的客观过程

人类社会是物质世界的一个特殊部分，像世界上一切事物一样，它的存在是一个变化发展的过程。马克思指出："社会不是坚实的结晶体，而是一个能够变化并且经常处于变化过程中的有机体。"① 社会的变化过程就是历史。只有从社会的运动变化中，从社会的历史发展过程中，才能真正理解人类社会。

人类社会变化的总趋势是向前进的，是从低级向高级发展的。那种认为社会的变化只是循环重复、原地踏步的观点，是形而上学的认识，是不正确的。正如毛泽东所说，自然界是不断发展的，人类社会也是不断发展的，不会永远停留在一个水平上。人类社会从低级到高级，从片面到全面

---

① 马克思：《资本论》第 1 卷，《马克思恩格斯文集》第 5 卷，人民出版社 2009 年版，第 10—13 页。

的发展是历史发展的客观趋势。

2. 人类社会从低级到高级的发展表现为社会形态的更替

社会的发展呈现为一系列不同的社会形态。社会形态是一定生产力发展水平基础上的经济基础和上层建筑的统一体，是社会的经济形态、政治形态和文化形态的统一体。每一个社会形态都是人类发展史上的一个基本阶段，人类社会的发展表现为社会形态的发展和更替。

马克思、恩格斯曾从生产力发展和技术进步的角度，从生产关系特别是所有制的角度，从人的发展的角度等不同角度考察社会形态。其中最根本的是他们从生产力与生产关系的统一中，从基于生产力发展基础上的生产关系的角度来进行的考察。他们在《德意志意识形态》、《〈政治经济学批判〉序言》、《哥达纲领批判》、《家庭、私有制和国家的起源》等著作中研究了人类社会的发展问题，后来人们根据他们的思想观点，把人类社会的历史过程概括为五种社会形态，即"原始社会"、"奴隶社会"、"封建社会"、"资本主义社会"、"社会主义和共产主义社会"，认为人类社会的发展和进步就是在这五种社会形态的发展更替中实现的。

社会形态更替的根本动力在于社会基本矛盾的运动。人类社会之所以是发展的、前进的，根本原因在于社会的基本矛盾即生产力与生产关系、经济基础与上层建筑的矛盾。这一社会发展的基本矛盾，贯穿于人类社会的始终，推动着社会形态的更替，推动着社会从低级向高级的发展。在社会基本矛盾中，生产力与生产关系的矛盾居于基础的地位，是最根本的矛盾。在阶级社会中，生产力与生产关系的矛盾直接地表现为推动先进生产力发展的阶级与维护旧的生产关系的阶级之间的阶级矛盾和阶级斗争。因此，在阶级对立的社会中，阶级矛盾和阶级斗争是推动一个社会向更高级社会转变的直接动力。

二、社会主义代替资本主义是历史发展的必然趋势

1. "两个必然"科学论断的提出和含义

资本主义必然灭亡，社会主义必然胜利，这是我们通常说的"两个

必然"。这一科学论断是在《共产党宣言》中明确提出来的。《共产党宣言》之所以成为马克思主义诞生的标志，与这一伟大著作中提出了"两个必然"科学论断有密切联系。

这里的"两个必然"，不是两个不同的必然性，而是同一个历史必然性的两个方面。资本主义的灭亡和社会主义的胜利，是同一个历史过程、同一种历史趋势，体现的是同一个社会发展规律，即社会主义代替资本主义的规律。列宁在《什么是"人民之友"以及他们如何攻击社会民主党人?》中指出：马克思"以对资本主义制度的这种客观分析，证明了资本主义制度变为社会主义制度的必然性"，并强调"这就是马克思主义者经常援引必然性的由来"。①

马克思、恩格斯的"两个必然"论断是他们用唯物史观分析资本主义发展规律得出的科学结论。他们指出，生产力与生产关系的矛盾、经济基础与上层建筑的矛盾，是贯穿于整个人类社会，包括资本主义社会的基本矛盾。当资本主义制度适应生产力发展要求的时候，它曾经有力地推动了生产力的发展，在历史上起过革命性的作用。然而生产力是不断向前发展的，当这种发展达到一定程度时，又会同原来与它相适应的资本主义制度发生尖锐矛盾，这时资本主义制度就由原来促进生产力发展的力量，变为束缚生产力发展的桎梏。生产力要进一步向前发展，就必然要求打破资本主义制度的束缚，建立与自身发展要求相适应的社会主义制度。这就把社会主义代替资本主义建立在社会发展规律的基础上，揭示了它的客观的和历史的依据。

那么，资本主义制度与社会生产力的矛盾要达到什么程度，它才会被社会主义制度所代替？马克思在《〈政治经济学批判〉序言》中，同样是根据生产关系要与生产力相适应的原理，从新的角度对这个问题作了科学的回答。他说："无论哪一个社会形态，在它所能容纳的全部生产力发挥出来以前，是决不会灭亡的；而新的更高的生产关系，在它的物质存在条

---

① 列宁：《什么是"人民之友"以及他们如何攻击社会民主党人?》，《列宁选集》第1卷，人民出版社 1995 年版，第 25 页。

件在旧社会的胎胞里成熟以前，是决不会出现的。"① "两个决不会"的提出，使马克思主义关于社会形态更替的历史必然性原理，特别是关于社会主义代替资本主义的必然性的原理更加完整。"两个必然"阐述了资本主义灭亡和社会主义胜利的客观必然性，"两个决不会"阐述了这种必然性实现的长期性和曲折性。这就告诉我们，社会主义代替资本主义是必然的，但实现这一必然趋势需要相应的客观条件，当这个客观条件具备之前，这种"必然"还暂时不会成为现实。所以，"两个决不会"不是对"两个必然"的否定，而是对"两个必然"的确认、补充和完善，使其更加完整。它表明，马克思主义所说的社会发展的必然性不是抽象的，而是具体的历史的，社会主义取代资本主义的必然性不是主观的人为的，而是历史发展规律决定的。这对于我们科学地理解"两个必然"的科学命题，具有重要的指导意义。

深刻认识"两个必然"的科学论断具有重要意义：一方面，这一论断是科学社会主义的核心命题和基本结论。认识这一重要论断，就能使我们更好地把握科学社会主义理论体系和这一理论体系的精神实质、基本内容。另一方面，这一论断集中体现了科学社会主义信念的科学性。认识这一重要论断，就能使我们更好地把握科学社会主义的科学基础，认清空想社会主义和其他打着"社会主义"招牌的种种社会思潮的空想性和虚幻性，自觉地把中国特色社会主义信念建立在坚实的科学基础上。

2. 社会主义必然代替资本主义的客观依据是资本主义的基本矛盾及其发展

马克思、恩格斯认为，人类社会的基本矛盾在资本主义社会表现为社会化生产和资本主义私人占有的矛盾，社会主义代替资本主义是资本主义社会这个基本矛盾发展的必然结果。

资本主义生产方式发展到机器大工业阶段以后，以生产资料使用社会化、劳动过程社会化和劳动产品社会化为主要内容的社会化生产程度日益

---

① 马克思：《〈政治经济学批判〉序言》，《马克思恩格斯文集》第 2 卷，人民出版社 2009 年版，第 592 页。

提高。这是资本主义生产区别于以往任何时代生产活动的一个重要特征，是人类社会物质生产前所未有的进步。但是，这种进步是在资本主义私人占有制的框架内实现的。在社会化生产出现以前，个体生产者提供的私人劳动是产品私人占有的前提。资本主义形成和发展过程中出现的社会化生产，虽然消灭了这种私人占有的前提即私人劳动，但却依然保持着生产资料和产品的私人占有形式。而且，资本主义的私人占有者已不是从事生产的劳动者，而是占有他人劳动和劳动产品并对无产者进行奴役的资本家。因此，社会化生产同资本主义私人占有之间便形成了对抗性的矛盾。这种矛盾，就是资本主义的基本矛盾。

社会化生产和资本主义私人占有之间的矛盾，有两种表现形式：在经济上，是个别工厂中生产的组织性和整个社会生产的无政府状态之间的对立。在商品生产活动中，资本主义私人占有表现出的贪得无厌的逐利性，使资本主义企业的生产具有很强的盲目性，生产者既不知市场对自己所生产的那种商品的需求究竟会有多大，也不知自己所生产的那种商品是否能收回它的成本。生产的无政府状态居于统治地位。随着资本主义生产方式的出现，社会生产的这种无政府状态突出地表现出来，并且愈来愈走向极端。但是资本主义生产方式用来加剧社会生产中这种无政府状态的主要工具正是无政府主义的对立物：每一个别生产企业中的社会化生产所具有的日益加强的组织性。各个企业资本家为了在无政府状态的市场竞争中取胜，都要千方百计提高本企业生产的组织性，以增强自己在商品市场上的竞争力，这种竞争力决定着企业的生死成败。各个企业的社会生产的组织性越强，企业的竞争力也越强，但整个社会生产则越是陷入无政府状态。这种你死我活的生存斗争不仅爆发于地方各个资本家之间，而且进一步发展为全国性的。最后，大工业和世界市场的形成使这个斗争成为普遍现象，同时使它具有空前的剧烈性。

在阶级关系上，是无产阶级和资产阶级的对立。中世纪的小农生产和手工业生产，劳动者与生产资料是结合在一起的，雇佣劳动只是一种例外和补充。但是生产资料一旦集中于资本家手中，情况就改变了。随着个体小生产者的生产资料和产品变得愈来愈没有价值，他们除了受雇于资本家就没有别的出路。雇佣劳动在以前是一种例外和补充，现在成了整个生产的通例和基本形式；以前是一种副业，现在成了工人的唯一职业。暂时的雇佣劳动者变成了终身的雇佣劳动者。此外，由于同时出现了封建制度的崩溃，封建主扈从人员被解雇，农民被逐出自己的家园，终身的雇佣劳动者大量地增加了。在这种情况下，生产资料的占有者和劳动者彻底分裂，一边是把大量生产资料集中在自己手中的资本家，一边是除了自己劳动力之外一无所有的雇佣劳动者。资本家凭借自己对生产资料的占有能够剥削工人创造的剩余价值。而且资本主义市场竞争越发展，生产资料越是向少数资本家手中集中，社会的绝大多数人都成为没有生产资料的雇佣劳动者。这就形成了资本主义社会中两大阶级之间的根本对立，体现出资本主义社会中最基本的阶级关系。

马克思、恩格斯紧紧抓住这个矛盾，并通过对资本主义社会的经济运行过程和阶级关系状况的深入考察，指出这一基本矛盾必然导致无产阶级与资产阶级的阶级斗争，而代表社会化生产发展要求的无产阶级必然要废除资本主义私有制，建立社会主义公有制，进一步促进社会化生产的解放以及与此相联系的无产阶级自身的解放。

3. 社会主义代替资本主义的历史过程，包含着共产党领导无产阶级和人民群众所进行的自觉行动

资本主义必然灭亡，社会主义必然胜利，这是社会发展的客观规律。同时，唯物史观告诉我们，历史趋势的必然性与历史主体的能动性是辩证统一的。因为社会规律与自然规律、社会发展的必然性与自然运动的必然性，虽然其客观性是共同的，但在表现形式和实现方式上有着明显的不同。自然界的运动是自发的，它不借助于人的参与而自发完成。而社会规律不同，它是通过人的活动而形成并表现出来的。社会规律产生于人类的社会活动，它本身就是人们社会活动的规律。社会规律得以发挥作用，社会发展必然性得以实现，离不开人和人的活动，特别是离不开人们认识到社会规律之后的自觉行动。

社会主义代替资本主义的历史必然性，共产主义理想的最终实现，同样离不开人们的自觉行动，特别是离不开工人阶级和广大人民群众的积极

追求，离不开无产阶级政党的正确领导。20 世纪以来社会主义发展的历史，充分证明了这个道理。没有列宁创造性地提出社会主义首先在一国或数国胜利的理论，没有俄国布尔什维克党的领导和工农劳动大众的不懈努力，就没有十月革命的伟大胜利和第一个社会主义国家的诞生；没有以毛泽东为代表的中国共产党人把马克思主义普遍原理与中国具体实际相结合提出新民主主义革命以及从新民主主义向社会主义过渡的理论，没有中国共产党的领导和全国各族人民的共同奋斗，就没有社会主义制度在中国的建立和中国社会主义事业的推进。在改革开放新时期，正是由于以邓小平、江泽民、胡锦涛为代表的中国共产党人带领人民开创和持续推进中国特色社会主义伟大事业，才会有社会主义事业在中国的巨大发展和社会主义现代化建设取得的辉煌成就。同样，世界上其他社会主义国家的兴衰成败，也是与执政党的领导和广大人民是否支持分不开的。

第二节　社会主义代替资本主义的长期性和曲折性

社会主义代替资本主义是历史发展的必然趋势，但这个趋势的最终实现和完成又是一个长期而曲折的过程。只看到历史发展的必然性而忽视长期性和曲折性，容易犯急于求成和超越阶段的错误；只看到历史发展的长期性和曲折性而看不到必然性，就会对社会主义前途失去信心。

一、社会形态更替的长期性和曲折性

1. 社会形态更替的长期性

社会形态的转变是一种根本的转变，它不仅是社会具体制度的更新，而且是整个社会的根本改造。因此，完成社会转变，实现新旧社会形态更替，是一项长期的历史任务。而且，社会形态的更替，在不同民族和国家中展开和实现也是一个长期的过程。从某个或某些国家开始替代的进程，到世界上大多数国家都实现这种替代，无疑是一个长期的过程。

一个社会形态在成熟后向新的更高社会形态的转变，通常要经历一个

充满复杂矛盾的过渡时期。新旧制度更替完成后，还有一个新制度巩固发展的过程。特别是，新建立起的社会制度还不够完善，要经过艰辛的探索，包括成功的和失败的探索，才能逐步完善起来。正如恩格斯指出的："要精确地描绘宇宙、宇宙的发展和人类的发展，以及这种发展在人们头脑中的反映，就只有用辩证的方法，只有不断地注意生成和消逝之间、前进的变化和后退的变化之间的普遍相互作用才能做到。"① 因此，新制度要得到巩固和发展，需要一个较长的时期。只有完全确立起新制度新社会的优势，才算真正完成了社会形态的更替。

需要指出的是，社会形态是马克思、恩格斯为了从宏观上把握人类社会的特征及其发展阶段而使用的概念。根据他们的思想用五种社会形态概括人类社会从过去到现在，再到未来的漫长的历史进程，就使扑朔迷离的人类社会历史发展呈现出了清晰的主线。可见，考察社会形态及其交替必须从宏观上把握，我们应该用历史的尺度，而不是用人生的尺度去认识和把握。因为并不是每一代人或几代人，都能经历这种历史性的转变。对此我们应有清醒的认识。

2. 社会形态更替的曲折性

社会的发展过程是前进性与曲折性的统一。一方面，人类社会的发展是一个从低级到高级的过程，是不断前进的运动，这是发展的总趋势；另一方面，这种前进的总趋势又是在各种不确定性因素或偶然性的影响下为自己开辟道路的。因而，历史发展的轨迹必然呈现为一条曲折的道路。正如毛泽东所说，前途是光明的，道路是曲折的。

在新旧社会形态更替和转变的过程中，历史的曲折性表现得尤为突出。在社会发生重大转折时，社会发展的曲折性和复杂性就以空前的程度和规模表现出来。社会的转折是通过一定的社会阶级或集团来完成的。在这里，客观趋势与主观愿望、客观条件与主观条件等不同因素集合在一起，共同发生作用，形成曲折性和复杂性。

---

① 恩格斯：《社会主义从空想到科学的发展》，《马克思恩格斯文集》第 3 卷，人民出版社 2009 年版，第 541—542 页。

新旧社会更替曲折性的最典型的表现，就是旧制度的复辟。在新旧社会形态交替的过程中，往往会出现旧制度回潮或复辟的现象，这就造成了历史演进中的最大曲折。复辟是社会向前发展过程中的一种逆转现象，它在新旧社会力量的较量过程中是难以完全避免的。从历史上看，奴隶社会后期到封建制度的确立，封建社会后期到资本主义制度的确立，都经历了革命与复辟的长期斗争。列宁指出："设想世界历史会一帆风顺、按部就班地向前发展，不会有时出现大幅度的跃退，那是不辩证的，不科学的，在理论上是不正确的。"①

社会发展道路的曲折性与长期性是联系在一起的，曲折性加剧了长期性，是长期性的一种体现。正因为道路的曲折，所以实现目标不可能一蹴而就，而是漫长的过程。而且这种长期性不是风平浪静的长期性，不是可以在消极等待中度过的时期，而是需要历史主体的努力奋斗和迎接挑战才能实现的过程。

二、社会主义代替资本主义是长期曲折的历史过程

在历史上，封建制取代奴隶制、资本主义取代封建主义，都是一种剥削制度取代另一种剥削制度。而社会主义代替资本主义，是要建立社会主义公有制，消灭一切剥削制度，因而是人类历史中的一个根本变革，这种变革的实现将是一个更为长期和曲折的过程。

1. 资本主义作为一个社会形态走向衰亡是一个复杂的、长期的过程

在人类历史的长河中，任何一个社会形态从产生到衰亡是逐步从量变到质变的复杂过程，一般都要经过相当长的时间跨度。世界上的资本主义制度如果从 1640 年英国资产阶级革命算起，到现在还不到 400 年。从历史的宏观尺度来看，400 年的时间不能算长。当年马克思、恩格斯提出"两个必然"的论断时，虽然西欧和北美的资本主义有了较大发展，但世

---

① 列宁：《论尤尼乌斯的小册子》，《列宁选集》第 2 卷，人民出版社 1995 年版，第694 页。

界上大多数国家或者才刚开始确立资本主义制度，或者还处在前资本主义的历史阶段。后来资本主义发展到垄断阶段，经济、政治、文化和社会状况都呈现出新的特点。资本主义这些新变化，不能仅仅看做是它延缓了走向末路的时间，还要看到它同时为新社会的到来创造着越来越充分的条件。

2. 社会主义革命的胜利和巩固是一个艰巨而长期的过程

社会主义代替资本主义是通过社会主义革命来实现的。而社会主义革命本身的复杂性决定了要取得革命胜利也不可能是一帆风顺的。

马克思曾把无产阶级的社会主义革命与资产阶级革命进行比较，认为无产阶级革命目标更高，因而也更为艰难。他在《路易·波拿巴的雾月十八日》中指出，资产阶级革命，例如 18 世纪的革命，总是突飞猛进，接连不断地取得胜利的，每天都充满极乐狂欢，然而这种革命为时短暂，很快就达到自己的顶点。相反，无产阶级革命，例如 19 世纪的革命，则经常自己批判自己，往往在前进中停下脚步，返回到仿佛已经完成的事情上去，以便重新开始把这些事情再做一遍。它在自己无限宏伟的目标面前，再三往后退却，一直到无路可退，才奋起一跃，取得最后的成功。①

马克思在总结巴黎公社革命的经验后又指出，社会主义革命的胜利和巩固不是短暂的，更不是一帆风顺的，因为它"必须经过长期的斗争，必须经过一系列将把环境和人都加以改造的历史过程"②。恩格斯晚年曾反思他和马克思在 1848 年革命失败后对革命高潮到来的估计过于乐观。他指出，当时欧洲大陆经济发展状况远没有成熟到可以铲除资本主义生产方式的程度。恩格斯看到了 19 世纪八九十年代欧洲资本主义尚处于相对平稳发展时期，就提出无产阶级应有新的斗争策略。他指出，无产阶级为达到最终的奋斗目标"还远不能以一次重大的打击取得胜利，而不得不

---

① 参见马克思：《路易·波拿巴的雾月十八日》，《马克思恩格斯文集》第 2 卷，人民出版社 2009 年版，第 474 页。
② 马克思：《法兰西内战》，《马克思恩格斯文集》第 3 卷，人民出版社 2009 年版，第 159 页。

慢慢向前推进，在严酷顽强的斗争中夺取一个一个的阵地"①。

尽管马克思、恩格斯对未来社会主义革命的复杂性和长期性有所预料，但后来社会主义革命发展所呈现出的长期性和复杂性还是远远超出了他们的预料。20 世纪的社会主义革命不是在西方发达资本主义国家，而是在相对落后的东方国家首先发生并取得胜利的。在俄国革命影响下，西方各国虽出现过一个革命的高潮时期，但很快就相继失败了。从那时以来，一直到现在，西方国家依然没有出现社会主义革命形势。由此可见，在全世界取得社会主义革命的胜利是一个长期的过程。

3. 社会主义制度的巩固和发展及其优越性的充分展现是一个长期过程

由于历史发展的不平衡性，社会主义革命在经济文化比较落后的国家首先取得了胜利。这些国家在建立起社会主义制度之后，由于自身没有经历资本主义充分发展的阶段，因而生产力的发展水平与资本主义发达国家相比还有相当大的差距，还不能在与发达资本主义国家的对比中充分显示出自己的优越性。正因为经济文化的落后，社会主义国家还需要一个特定的阶段通过发展商品生产和市场经济来实现国家的现代化。在这个过程中，需要吸收和借鉴人类社会创造的一切文明成果，包括资本主义国家的积极成果。

在这些社会主义国家里，新建立起来的社会主义制度还处在巩固和发展的过程中。特别是在 20 世纪末期，世界上第一个社会主义国家苏联以及东欧一批社会主义国家，由于种种复杂原因导致剧变，使世界社会主义运动遭受了空前的挫折。可见，在社会主义与资本主义并存竞争的历史条件下，这些国家的社会主义制度得到巩固并且赢得与资本主义相比较的优势，是一个长期的过程。正如邓小平所说："我们搞社会主义才几十年，还处在初级阶段。巩固和发展社会主义制度，还需要一个很长的历史阶段，需要我们几代人、十几代人，甚至几十代人坚持不懈地努力奋斗，决

---

① 恩格斯：《卡·马克思〈1848 年至 1850 年的法兰西阶级斗争〉一书导言》，《马克思恩格斯文集》第 4 卷，人民出版社 2009 年版，第 541 页。

不能掉以轻心。"①

4. 社会主义最终发展到共产主义也是一个长期过程

社会主义代替资本主义这一论断，不仅是指通过无产阶级革命推翻资本主义统治而建立社会主义制度，而且包括从社会主义最终发展到共产主义。因此，当我们讲社会主义代替资本主义的必然性时，也应包括社会主义向共产主义发展的必然性。如果说，完成从资本主义向社会主义的转变是一个长期的过程，那么从社会主义最终发展到共产主义更是一个长期的过程。无论是现有的社会主义国家将来发展到共产主义，还是现在的资本主义发达国家转向社会主义之后最终向共产主义迈进，都是一个漫长的发展过程。共产主义社会是人类最崇高最美好的理想，它的实现需要更长的历史过程。正如江泽民所指出的："必须看到，实现共产主义是一个非常漫长的历史过程。"②

第三节　社会主义代替资本主义的一般性和特殊性

人类社会的发展道路是一般性和特殊性的统一。社会形态更替的一般规律是在各种偶然性和特殊情形中为自己开辟道路的。社会主义代替资本主义的历史过程，社会主义自身发展的历史过程，既有自己确定不移的必然趋势和明确的方向，又有多种方式和道路的选择，表现出一般性与特殊性的统一。

一、社会发展道路的一般性与特殊性

1. 社会发展道路的一般性

人类社会的发展道路具有一般性或统一性，主要表现在：人类社会总

---

① 邓小平：《在武昌、深圳、珠海、上海等地的谈话要点》，《邓小平文选》第 3 卷，人民出版社 1993 年版，第 379—380 页。

② 江泽民：《在庆祝中国共产党成立八十周年大会上的讲话》，《江泽民文选》第 3 卷，人民出版社 2006 年版，第 293 页。

是在生产力与生产关系、经济基础与上层建筑的矛盾运动过程中，从低级向高级、从片面向全面的方向发展；解决社会化生产与资本主义私人占有之间的矛盾的出路只能是社会主义社会。揭示这一人类历史的发展道路，厘清人类社会发展的基本脉络，是马克思主义创始人的伟大贡献。这对于我们了解自身所处的历史方位，掌握历史发展的大趋势，具有重要指导意义。如果否定了历史发展道路的这种统一性和一般规律，就否定了社会主义必然代替资本主义的根本依据，并使我们陷入不可知论的认识误区。

正确理解社会发展道路的一般性，要注意两个方面的内容：一方面，这里的主体是人类社会整体，而不是指某一个特定民族或国家。人类社会在整体上包含各个民族和各个国家。它们彼此之间并不是完全孤立毫不相干的，而是相互交往相互联系的。人类社会整体与某个民族和国家的关系是整体和部分的关系。整体运动的规律决定着每个部分运动的趋向，它并不等同于部分运动的规律。在发展道路上也是如此。另一方面，这里所说的发展道路是根本道路而不是具体道路，即它是社会形态更替的历史脉络，是社会形态依次演进过程中呈现的社会发展一般规律和总趋势。

2. 社会发展道路的特殊性

社会发展道路的一般性是通过特殊性表现出来的。人类文明是实践的产物，每个文明都有其独特的自然环境以及生产力发展水平、社会制度、文化样式，等等。虽然从整体上说人类社会总是要从低一级的社会形态向高一级的社会形态演进，但从构成人类社会的不同国家和民族来说，它们在各个阶段各自走的道路并不完全相同。不同国家和民族生存的地理环境不同，生产和生活的具体方式不同，历史发展阶段和发展快慢不同，以及作为这些不同因素的观念上的反映即传统文化也不相同。所有这一切，都影响到它们各自的发展道路，使它们具有自己的特色。

不同的民族或国家的发展道路有其特殊性，还表现在一个民族或国家的发展并不一定都严格地遵循社会形态演进的依次性路径。一个国家可以在一定的历史条件下，超越某一种或几种社会形态而跳跃到更高的社会形态。比如，俄国没有经过奴隶社会，美国没有经过封建社会，中国没有经过一个资本主义充分发展的阶段。当然，这种特殊性都是在一定的历史条件下发生的，我们不能因为社会演进中出现这样的特殊性而否定人类社会发展道路的一般性。

处于同一个社会形态中的不同国家和民族，其具体发展道路也各有特点。古希腊的奴隶社会不同于东方社会的奴隶制度，中国的封建社会不同于欧洲封建制度。即使地区很接近，比如 19 世纪德国的资本主义也不同于英国和法国。同是 20 世纪资本主义发达国家，日本和美国就有很大不同。马克思指出："相同的经济基础——按主要条件来说相同——可以由于无数不同的经验的情况，自然条件，种族关系，各种从外部发生作用的历史影响等等，而在现象上显示出无穷无尽的变异和色彩差异。"①

在社会更替过程中，不同国家和民族所走的具体道路和途径也有不同特点。不论是社会形态的常规更替（如从奴隶社会向封建社会过渡），还是某种非常规的更替（如从奴隶社会直接向资本主义社会过渡），都有一个具体过渡方式或途径的问题。比如，同是从封建社会向资本主义社会过渡，英国、法国、德国所走的具体道路就不相同。再比如，同样是从资本主义社会向社会主义社会过渡，各国在过渡方式、速度、途径等方面也不完全相同。

二、社会主义的世界历史进程与民族发展道路

1. 社会主义是世界性的历史进程

社会主义的兴起是世界性的现象，社会主义代替资本主义是世界性的历史进程。应该用世界历史的眼光，站在人类历史发展的高度，来认识和把握社会主义产生发展的规律，把握社会主义代替资本主义的历史趋势。

社会主义之所以是世界性的事业，首先是因为资本主义是世界性的。社会主义是资本主义的对立物和替代者，又是资本主义发展成果的继承者。人类社会在资本主义阶段所取得的基本成果，一方面是生产力的巨大增长，另一方面是社会交往的空前扩大。由于它开拓了世界市场，过去那

---

① 马克思：《资本论》第 3 卷，《马克思恩格斯文集》第 7 卷，人民出版社 2009 年版，第 894 页。

种地方的和民族的自给自足和闭关自守状态，被各民族的各方面的互相往来和各方面的互相依赖所代替了。物质的生产是如此，精神的生产也是如此。如果说在资本主义之前的人类历史还是各民族自己的历史，那么从资本主义时代开始，人类进入了世界历史的时期。资本主义所造就的这个"世界历史"的舞台，就成为社会主义产生发展的起点。

社会主义兴起和发展是一种世界性现象。社会主义思潮在资本主义社会中兴起，不是一国的现象。空想社会主义首先是在西欧较早发展资本主义的国家出现的，比如英国、法国以及德国。科学社会主义理论也不只是德国的产物，而是具有国际性质的。科学社会主义的产生，一方面基于英国和法国发展了的资本主义关系和阶级斗争状况，另一方面又继承了德国辩证思维的哲学传统。马克思主义产生之后，日益成为世界各国无产阶级及其政党的理论武器。在社会主义思想引导下的社会主义运动，也是国际性的运动，是各国无产阶级斗争的表现。《共产党宣言》提出的口号"全世界无产者，联合起来！"鲜明地体现了社会主义运动和无产阶级斗争的国际性质。

马克思主义创始人总是从世界历史的高度来看待社会主义事业。马克思、恩格斯揭示了人类历史发展的一般规律，他们从人类社会的整体上，从社会形态的整体上，去把握资本主义社会，把握社会主义社会。他们总是从世界视野来看待社会主义，把社会主义看做是解放全人类的事业；他们总是从各国的联系中，从各国无产阶级的相互支持中，来考察和设想社会主义革命的发生问题。

社会主义最终胜利以后才可能走向世界大同，人类真正的大同世界只有在共产主义社会才能实现。尽管资本主义把世界更为紧密地联系起来，但资本主义不可能造就和谐的人类统一体。因为在资本主义世界，仍然充满着不同阶级、不同民族和利益集团的较量和斗争，在资本主义各国的矛盾尖锐化的情况下，还会导致国与国之间残酷的大规模战争。只有社会主义代替了资本主义，只有实现了共产主义，人类社会内部大规模的纷争才告结束。到那时，不仅阶级对立消失，民族与民族之间，国家与国家之间的对立消失，战争也会消失，世界大同最终实现，人类真正成为自己的主人。

2. 社会主义的世界进程是通过各民族的奋斗来实现的

普遍性寓于特殊性之中，统一性存在于多样性之中，社会主义的发展也存在着普遍性与特殊性、统一性与多样性的关系问题。世界历史的形成是一个历史过程，在这个过程中民族和国家仍然存在，只是它们的联系越来越紧密了。资本主义的世界历史进程在各个国家和民族有不同的表现形式。社会主义事业和历史进程也只能通过各民族和各国人民的共同努力才能实现。因而，社会主义兴起的过程，社会主义代替资本主义的过程，在不同的民族和国家中必然会有不同的实现形式，不同的民族和国家只能走带有自己特色的具体道路。

马克思主义创始人对于资本主义产生发展及其向社会主义转变的民族性问题作过精彩的论述。马克思在《资本论》中考察了资本主义在原始积累时期对农民土地的剥夺，指出："这种剥夺的历史在不同的国家带有不同的色彩，按不同的顺序、在不同的历史时代通过不同的阶段"①。他后来在谈到国际工人协会中不同的理论观点时指出："由于每个国家工人阶级的各种队伍和不同国家的工人阶级所处的发展条件极不相同，它们目前所达到的发展阶段也不一样，因此它们反映实际运动的理论观点也必然各不相同。"② 后来，列宁进一步阐发了这个重要观点。他指出："一切民族都将走向社会主义，这是不可避免的，但是一切民族的走法却不会完全一样，在民主的这种或那种形式上，在无产阶级专政的这种或那种形态上，在社会生活各方面的社会主义改造的速度上，每个民族都会有自己的特点。"③ 他还指出："由于开始向建立社会主义前进时所处的条件不同，这种过渡的具体条件和形式必然是而且应当是多种多样的。地方差别、经

---

① 马克思：《资本论》第 1 卷，《马克思恩格斯文集》第 5 卷，人民出版社 2009 年版，第 823 页。

② 马克思：《国际工人协会总委员会致社会主义民主同盟中央局》，《马克思恩格斯全集》第 16 卷，人民出版社 1964 年版，第 393 页。

③ 列宁：《论面目全非的马克思主义和"帝国主义经济主义"》，《列宁选集》第 2 卷，人民出版社 1995 年版，第 777 页。

济结构的特点、生活方式、居民的素质、实现这种或那种计划的尝试，——所有这些都必定会在国家这个或那个劳动公社走向社会主义的途径的特点上反映出来。这种多样性愈是丰富（当然，不是标新立异），我们就能愈可靠愈迅速地达到民主集中制和实现社会主义经济。"①

事实正是如此。不论是社会主义革命还是社会主义建设，其形式在不同的国家都表现出不同特点。在革命的具体道路上，俄国的十月革命不同于中国革命，前者是中心城市起义，然后向农村扩展，后者是农村包围城市，最后夺取全国政权。在社会主义改造的方式上，俄国和中国也有很大不同，前者主要是对资本家实行暴力剥夺，后者则实现了和平赎买。在建设社会主义具体道路上，也不应只有一种。长期以来，苏联社会主义建设道路，曾经被当做社会主义国家的唯一模式，结果照搬这种模式使一些国家的社会主义建设走了弯路。事实证明，苏联模式只是社会主义的一种模式，并不是唯一的模式。各个社会主义国家，应该以马克思主义基本原理为指导，结合自己的国情，探索自身的建设道路。中国特色社会主义既坚持了科学社会主义基本原则，又根据时代特征和中国实际赋予其鲜明的特色，从而使社会主义在中国焕发出蓬勃生机。

三、东方社会发展道路及其实现条件

马克思在研究西方国家社会发展道路的同时，从 19 世纪 50 年代开始，还对俄国、印度、中国以及整个东方社会的历史和发展道路进行了初步研究。这一方面是为了解决社会发展过程中的一般规律与特殊规律的关系，深化和拓展唯物史观；另一方面也是为了解决世界无产阶级革命的战略策略问题，探求西方无产阶级革命和东方人民革命之间的相互影响和相互作用。马克思花费了很大精力考察东方社会的经济政治情况，查阅了大量关于东方社会历史的文献资料，做了数量惊人的摘录和笔记，得出一些初步的看法。马克思逝世后，恩格斯对东方社会及其发展道路问题又作了

---

① 列宁：《〈苏维埃政权的当前任务〉一文初稿》，《列宁全集》第 34 卷，人民出版社 1985 年版，第 140 页。

进一步发展和补充。

马克思、恩格斯认为，不能用"西方中心论"的眼光考察东方社会，不能把考察西欧资本主义形成发展中得出的看法完全套用于东方社会。1877年11月，马克思在致俄国《祖国纪事》杂志编辑部的信中，批驳了俄国民粹派理论家米海洛夫斯基对《资本论》中关于西欧资本主义起源的历史概述的歪曲。马克思写道："他一定要把我关于西欧资本主义起源的历史概述彻底变成一般发展道路的历史哲学理论……但是我要请他原谅。（他这样做，会给我过多的荣誉，同时也会给我过多的侮辱。）"①

马克思、恩格斯认为，东方国家特别是俄国，在一定条件下有可能跨越资本主义"卡夫丁峡谷"②，走上社会主义道路。这是东方社会特殊的发展道路。1881年，在致查苏利奇的信及复信的草稿中，马克思明确地肯定了俄国在一定条件下跨越资本主义而直接进入社会主义的可能性。他指出，在欧洲，只有俄国还广泛地保留着以公有制为基础的农村公社，"那么，它的历史环境，即它和资本主义生产同时存在，则为它提供了大规模地进行共同劳动的现成的物质条件。因此，它能够不通过资本主义制度的卡夫丁峡谷，而占有资本主义制度所创造的一切积极的成果"③。他认为，俄国如果能在保留那些进步成就的同时避免这种巨大的灾难，那将是一条更好的道路。

同时，很重要的一点是，马克思、恩格斯认为，东方国家跨越卡夫丁峡谷有赖于西欧无产阶级革命的胜利和帮助。1882年1月，他们在为《共产党宣言》俄文第二版写的序言中明确提出了这一点。"试问：俄国

① 马克思：《给〈祖国纪事〉杂志编辑部的信》，《马克思恩格斯文集》第3卷，人民出版社2009年版，第466页。

② "卡夫丁峡谷"指的是公元前321年，萨姆尼特人在意大利的卡夫丁峡谷打败了罗马军队，并强迫他们通过象征耻辱和痛苦的"轭形门"。马克思借用这个典故说明资本主义在给人类带来进步的同时也带来巨大的灾难。

③ 马克思：《给维·伊·查苏利奇的复信》，《马克思恩格斯文集》第3卷，人民出版社2009年版，第579—580页。

公社，这一固然已经大遭破坏的原始土地公共占有形式，是能够直接过渡到高级的共产主义的公共占有形式呢？或者相反，它还必须先经历西方的历史发展所经历的那个瓦解过程呢？对于这个问题，目前唯一可能的答复是：假如俄国革命将成为西方无产阶级革命的信号而双方互相补充的话，那么现今的俄国土地公有制便能成为共产主义发展的起点。"① 后来，恩格斯在 1894 年 1 月写的《〈论俄国的社会问题〉跋》等文章中，多次阐述了这一条件的重要性。他写道："不仅可能而且毋庸置疑的是，当西欧各国人民的无产阶级取得胜利和生产资料转归公有之后，那些刚刚进入资本主义生产而仍然保全了氏族制度或氏族制度残余的国家，可以利用公有制的残余和与之相适应的人民风尚作为强大的手段，来大大缩短自己向社会主义社会发展的过程，并避免我们在西欧开辟道路时所不得不经历的大部分苦难和斗争。"②

马克思、恩格斯关于东方社会发展道路的思想清楚地表明，人类社会发展的一般规律在不同的国家会有不同的实现形式。社会主义代替资本主义是人类历史发展的必然趋势，但这一趋势的实现方式，东方不同于西方，这个国家不同于那个国家。尽管这一理论对东方社会及其发展道路的分析还是初步的，但是其中所体现出来的社会主义实现形式是统一性和多样性相结合的思想，具有重要的启示意义。

思考题：

1. 为什么说社会主义代替资本主义是人类社会历史发展的必然趋势？
2. 如何认识社会主义代替资本主义的长期性和曲折性？
3. 如何理解人类社会发展的道路是一般性与特殊性的统一？

---

① 马克思、恩格斯：《共产党宣言》，《马克思恩格斯文集》第 2 卷，人民出版社 2009 年版，第 8 页。
② 恩格斯：《〈论俄国的社会问题〉跋》，《马克思恩格斯文集》第 4 卷，人民出版社 2009 年版，第 459 页。

第三章　向社会主义社会过渡的条件和途径

马克思、恩格斯在论证社会主义代替资本主义历史必然性的同时，对社会主义的实现条件和途径也进行了研究与阐述，创立了无产阶级革命和无产阶级专政理论。

第一节　无产阶级历史使命和无产阶级政党

社会主义代替资本主义，必须通过无产阶级的革命运动来实现。无产阶级只有建立独立的革命政党，才能作为一个阶级来行动，并担当起自己的伟大使命。

一、无产阶级解放全人类的历史使命

长期以来，资产阶级对无产阶级存有极端的偏见，认为无产阶级是需要由他们来养活的阶级。空想社会主义思想家虽然把无产阶级看做受苦最深、最值得同情的阶级，但却看不到无产阶级的伟大历史作用。马克思、恩格斯在科学分析无产阶级历史地位和阶级特性的基础上，发现了无产阶级的伟大力量。列宁说："马克思和恩格斯的具有世界历史意义的伟大功绩，在于他们向各国无产者指出了无产者的作用、任务和使命就是率先起来同资本进行革命斗争，并在这场斗争中把一切被剥削的劳动者团结在自己的周围。"[1] "马克思学说中的主要的一点，就是阐明了无产阶级作为社会主义社会创造者的世界历史作用。"[2]

---

[1]　列宁：《在马克思恩格斯纪念碑揭幕典礼上的讲话》，《列宁选集》第 3 卷，人民出版社 1995 年版，第 574 页。

[2]　列宁：《马克思学说的历史命运》，《列宁选集》第 2 卷，人民出版社 1995 年版，第 305 页。

1. 无产阶级的解放只能靠无产阶级自己

早在 1844 年，马克思就根据他参加政治斗争的经验和对德、法等国社会各阶级的分析，在《〈黑格尔法哲学批判〉导言》中深刻指出：人类的解放，它的头脑是哲学，"它的心脏是无产阶级"①。几乎在同一时间，恩格斯也根据他对英国工人阶级状况的考察，科学地说明了无产阶级不只是一个受苦受难的阶级，而且具有"摧毁整个资产阶级"的力量，是变革资本主义的最先进的阶级。由此决定了无产阶级在人类社会发展中的历史作用。然而，无产阶级历史作用的发挥，有赖于无产阶级自身的努力。实践证明，无产阶级的地位要得到任何可靠的改善，不能够依靠别人，而只能依靠自身的团结，通过自身的联合斗争去争取。所以，"工人阶级的解放应当是工人阶级自己的事情"②。"无产阶级能够而且必须自己解放自己。"③ 它不应该也不可能把自身解放的希望寄托在其他阶级身上。

2. 实现全人类彻底解放是无产阶级的历史使命

无产阶级的历史使命概括起来是：在无产阶级政党领导下，联合其他劳动群众，开展反对资产阶级的斗争，建立无产阶级专政的国家政权，消灭一切剥削阶级以及阶级统治和阶级差别，实现社会主义和共产主义，使全人类获得彻底解放。具体说来，无产阶级的历史使命包括三个相互联系的方面：

推翻资产阶级统治，变革资本主义生产方式。无产阶级的历史使命不是主观臆造的，而是根源于资本主义社会的物质条件，即资本主义生产方式的内在矛盾和发展趋势。资本主义生产方式，一方面是生产愈来愈社会化，另一方面是生产资料掌握在资本家私人手中。资本家凭借手中的生产资料剥削工人阶级，使资产阶级的财富不断增长。资本主义生产方式是无

---

① 马克思：《〈黑格尔法哲学批判〉导言》，《马克思恩格斯文集》第 1 卷，人民出版社 2009 年版，第 18 页。

② 马克思、恩格斯：《给奥·倍倍尔、威·李卜克内西、威·白拉克等人的通告信》，《马克思恩格斯文集》第 3 卷，人民出版社 2009 年版，第 484 页。

③ 马克思、恩格斯：《神圣家族，或对批判的批判所做的批判》，《马克思恩格斯文集》第 1 卷，人民出版社 2009 年版，第 262 页。

产阶级受奴役和社会化生产力受束缚的根源。无产阶级只有推翻资产阶级的政治统治，建立无产阶级专政，变革资本主义生产方式，才能解放和发展生产力，摆脱自身受剥削、受压迫的地位。

创建社会主义新社会。无产阶级既是资本主义的掘墓人，又是社会主义的创造者。建立无产阶级专政只是无产阶级实现自身历史使命的一种手段，而不是最终目的。无产阶级取得统治地位以后，同社会化生产紧密联系在一起，它将利用自己的政治统治，一步一步地夺取资产阶级的全部资本，变生产资料资本主义私有制为公有制。在此基础上尽可能快地解放和发展社会生产力，建设社会主义经济、政治、文化，实现经济社会的巨大发展和精神文化的巨大进步，为彻底消灭一切阶级和阶级差别创造条件。

实现全人类彻底解放。无产阶级为了谋求自己的解放，必须经过长期的斗争，经过一系列将把环境和人都加以改造的历史过程。也就是说，无产阶级不仅要消灭阶级统治，而且要消灭阶级差别，消灭产生这些差别的生产关系以及和这些生产关系相适应的社会关系，改变由这些社会关系产生出来的一切观念。只有当阶级差别已经消灭而全部生产资料集中在联合起来的社会共同体手中的时候，当公共权力失去政治性质，每个人的自由发展成为一切人自由发展的条件的时候，人类才能真正地获得解放。而只有解放了全人类，无产阶级才能最后解放自己，才能最终完成自己的历史使命。

马克思、恩格斯关于无产阶级历史使命的学说，第一次把社会主义前途同无产阶级联系起来，找到了变革资本主义社会的阶级力量。社会主义只有成为无产阶级的行动目标，才能逐步变为现实；离开了无产阶级，社会主义只能是一种空想。

第二次世界大战结束以来，在以欧美为代表的一些发达资本主义国家，无产阶级的生活条件从总体上说比以前有了明显的改善。随着科学技术的发展和资本主义经济结构的变化，资本主义社会的阶级结构也发生了重大变化。从事脑力劳动的工人大幅度增长，超过了从事体力劳动的工人；直接从事物质生产的产业工人的人数不断减少，第三产业从业人员不断增加。面对这种新的情况，对无产阶级要有一个全面科学的认识。

虽然当代资本主义社会的阶级结构发生了重大变化，无产阶级的生活水平也有了很大提高，但这既不表明无产阶级已经消失，也不表明无产阶级的阶级特性已经改变。资本主义社会阶级结构的变化和无产阶级生活水平的提高，不是资本主义制度的产物，而是社会发展和无产阶级长期斗争的结果。无产阶级逐步知识化，只是意味着发达国家脑力劳动无产者的数量在增加和科学文化素质在提高。随着脑力劳动工人的增多和觉醒，发达国家无产阶级必然会在推动社会向前发展过程中发挥更大的作用。

二、无产阶级政党

无产阶级政党是无产阶级利益和意志的集中代表。以马克思主义为指导的无产阶级政党，是无产阶级的革命政党，是科学社会主义与工人运动相结合的产物。无产阶级只有在马克思主义革命政党的正确领导下，才能完成自己的历史使命。

1. 无产阶级革命政党的性质和特点

首先，无产阶级革命政党是由无产阶级中的优秀分子所组成。这是无产阶级革命政党性质的最重要的标志。从根本上讲，无产阶级革命政党代表绝大多数人的利益，而绝大多数人中的先进部分是无产阶级，由此决定了"无产阶级的运动是绝大多数人的，为绝大多数人谋利益的独立的运动"①。因此，无产阶级的利益和绝大多数人的利益是完全一致的。在为绝大多数人谋利益的运动中组织起来的无产阶级革命政党，应当以工人阶级为基础，但是它又不同于一般的工人组织，它是各国工人运动中最坚决、始终推动运动前进的部分。无产阶级革命政党不拒绝其他阶级出身的优秀分子入党，但"如果其他阶级出身的这种人参加无产阶级运动，那么首先就要求他们不要把资产阶级、小资产阶级等等的偏见的任何残余带

---

① 马克思、恩格斯：《共产党宣言》，《马克思恩格斯文集》第 2 卷，人民出版社 2009 年版，第 42 页。

进来，而要无条件地掌握无产阶级世界观"①。它的最终目标是消灭阶级和阶级对立，实现共产主义和全人类的解放。

其次，无产阶级革命政党是以科学理论武装起来的政党。马克思说："工人的一个成功因素就是他们的人数；但是只有当工人通过组织而联合起来并获得知识的指导时，人数才能起举足轻重的作用。"② 无产阶级革命政党是无产阶级自觉斗争的启迪者和教育者，"在理论方面，他们胜过其余无产阶级群众的地方在于他们了解无产阶级运动的条件、进程和一般结果"③。如果没有科学的理论作指导，党就不可能了解无产阶级解放运动的规律、进程、方向和结果，因而也就谈不上带领人民群众沿着正确的道路前进。

第三，无产阶级革命政党是有统一的纲领和严格的组织纪律性的政党。马克思、恩格斯十分重视党的纲领建设，《共产党宣言》是他们亲自制定的无产阶级革命政党的第一个科学纲领。为了维护党纲的科学性，他们在指导德国工人政党建设的过程中，对《哥达纲领》、《爱尔福特纲领》等进行了严肃的批判。他们强调，无产阶级革命政党既要充分发扬民主，又要保持党在思想上和政治上的高度一致，要有严格的组织纪律。没有高度统一的意志和严格的组织纪律，党就会变成一个松散的毫无战斗力的团体。

2. 无产阶级政党的正确领导是革命胜利的根本保证

在历史上，无产阶级产生之后，长期处在自发斗争阶段。社会主义和工人运动最初是分离的。工人同资本家进行斗争，组织罢工和建立工会，而社会主义者则站在工人运动之外，著书立说，批判资本主义。社会主义和工人运动相脱节，使二者都软弱无力，难以发展。这种情况表明，社会

① 马克思、恩格斯：《给奥·倍倍尔、威·李卜克内西、威·白拉克等人的通告信》，《马克思恩格斯文集》第 3 卷，人民出版社 2009 年版，第 484 页。

② 马克思：《国际工人协会成立宣言》，《马克思恩格斯文集》第 3 卷，人民出版社 2009 年版，第 13—14 页。

③ 恩格斯：《美国工人运动》，《马克思恩格斯文集》第 4 卷，人民出版社 2009 年版，第 324 页。

主义学说如果不同工人运动相结合，就只能是一种善良的愿望，对实际生活产生不了重大影响；而工人运动缺乏科学的社会主义理论指导则只会陷于分散状态，无法形成强大的阶级力量。所以，社会主义理论必须同工人运动相结合。而二者结合的结果，就产生了无产阶级政党。马克思、恩格斯的重要历史功绩，就是把科学社会主义理论与工人运动相结合，建立无产阶级的革命政党。马克思说："无产阶级在反对有产阶级联合力量的斗争中，只有把自身组织成为与有产阶级建立的一切旧政党不同的、相对立的政党，才能作为一个阶级来行动。"[①] 恩格斯也说：工人阶级要摆脱资产阶级的支配，"最好的办法就是在每一个国家里建立一个无产阶级的政党，这个政党要有它自己的政策，这种政策显然与其他政党的政策不同"[②]。

无产阶级革命政党的正确领导，是无产阶级革命斗争取得胜利的根本保证。

一是只有在革命政党的正确领导下，无产阶级才能形成强大的阶级力量，才能使反对资产阶级的斗争从分散的、自发的斗争上升到有组织的、自觉的斗争；才能提出无产阶级革命斗争的目标、纲领、任务和政策，从而使无产阶级真正地从一个自在的阶级转变成为一个自为的阶级。

二是只有在革命政党的正确领导下，无产阶级的革命斗争才能彻底摆脱各种错误思潮和反动势力的影响。无产阶级政党的领导，不仅指政治上、组织上的领导，还包括思想上的领导。处在自发、分散状态的无产阶级解放斗争，往往容易受一些错误思潮的支配和利用。因此，无产阶级不仅需要组成独立的政党，而且需要在这个政党领导下，用科学的理论武装自己，不断地同各种错误思潮和流派展开思想斗争，以保持党的思想和理论的纯洁性，保证无产阶级革命运动的正确方向。

---

① 马克思：《国际工人协会共同章程》，《马克思恩格斯文集》第 3 卷，人民出版社 2009 年版，第 228 页。

② 恩格斯：《致国际工人协会西班牙联合会委员会》，《马克思恩格斯文集》第 3 卷，人民出版社 2009 年版，第 92 页。

三是只有在革命政党的正确领导下，无产阶级的革命斗争才能取得胜利。无产阶级在推翻资产阶级统治的斗争中，不但会遇到反动统治阶级的殊死反抗，而且会遇到种种难以预料的困难。要战胜前进道路上的艰难险阻，就必须有坚强的组织领导，有一个能够把各种斗争力量联成一个整体的领导核心。党就是这样一个领导核心。无产阶级革命斗争的历史表明，"无产阶级要在决定关头强大到足以取得胜利，就必须组成一个不同于其他所有政党并与它们对立的特殊政党，一个自觉的阶级政党"①。无产阶级有了自己政党的正确领导，革命斗争就有了胜利的保证。

3. 无产阶级政党的类型及相互关系

无产阶级政党包括国际性的无产阶级政党组织和民族国家范围内的无产阶级政党组织两种基本类型。世界上第一个国际性的无产阶级政党组织是 1847 年在英国伦敦成立的共产主义者同盟。马克思、恩格斯亲自为共产主义者同盟起草了党纲《共产党宣言》。共产主义者同盟的建立和《共产党宣言》的发表，标志着科学社会主义的诞生和国际共产主义运动的开始。

世界上第一个民族国家范围内以科学社会主义为指导的无产阶级政党，是 1869 年成立的德国社会民主工党。它的纲领是按照马克思主义原则制定的。它公开支持第一国际（国际工人协会）的主张，并宣布参加第一国际组织；强调德国的统一必须在无产阶级领导下，实行民主改革，依靠广大劳动人民，通过自下而上的群众斗争来实现。德国社会民主工党的建立推动了国际工人运动的发展。继德国社会民主工党之后，法国、英国、美国、意大利、葡萄牙、西班牙、比利时、荷兰、奥地利、瑞典等国也相继成立了独立的无产阶级政党。到 19 世纪 80 年代，民族国家范围内的无产阶级政党在欧美各国已普遍建立起来。

马克思、恩格斯在指导建立无产阶级政党的过程中，阐述了各国无产阶级政党相互关系的重要原则。

---

① 恩格斯：《致格尔松·特里尔》，《马克思恩格斯文集》第 10 卷，人民出版社 2009 年版，第 578 页。

一是坚持无产阶级的国际联合。马克思、恩格斯强调，由于"无产阶级反对资产阶级的斗争首先是一国范围内的斗争。每一个国家的无产阶级当然首先应该打倒本国的资产阶级"①。但与此同时，他们又强调无产阶级的解放事业是国际性的事业，它只能在各国无产阶级的联合斗争中实现。在马克思、恩格斯的指导下，各国工人政党分别于1864年、1889年建立了"第一国际"和"第二国际"两个工人运动的国际联合组织。第一国际期间，马克思、恩格斯展开同蒲鲁东主义、工联主义、拉萨尔主义和巴枯宁主义的斗争，使马克思主义在工人运动中占据了统治地位，奠定了国际无产阶级争取社会主义斗争的基础。第二国际前期，在恩格斯指导下制定了工人劳动保护方面的纲领，如八小时工作制、禁止雇用童工、取消妇女和未满十八岁男工夜班工作，等等；通过了关于庆祝"五一"国际劳动节的决议，为维护国际劳工权益、促进世界工人运动发展发挥了巨大作用。

二是坚持各国党的独立自主和完全平等。强调无产阶级国际联合，并不意味着各国无产阶级可以不顾本国实际而采取同一种斗争方式；也不意味着要求一国无产阶级的斗争从属于另一国无产阶级的斗争。各国由于文化、传统、经济社会状况和发展程度以及阶级关系、阶级力量对比状况不同，无产阶级反对资产阶级的斗争方式必然不同，应该由了解本国实际的各国无产阶级政党独立自主去探索和创造，而不应该也不可能由一个国际领导中心来发号施令。马克思曾多次强调，第一国际只是各国工人运动联络和合作的中心，而不是指挥中心。同时，各国无产阶级政党之间还应该坚持完全平等的原则。无论是大党还是小党、老党还是新党，都应该相互尊重、相互学习、取长补短。"只有在平等者之间才有可能进行国际合作，甚至平等者中间居首位者也只有在直接行动的条件下才是需要的。"②

---

① 马克思、恩格斯：《共产党宣言》，《马克思恩格斯文集》第2卷，人民出版社2009年版，第43页。

② 恩格斯：《致卡尔·考茨基》，《马克思恩格斯文集》第10卷，人民出版社2009年版，第472页。

第二节　阶级斗争和无产阶级革命

阶级斗争是在生产发展的一定阶段伴随着阶级的产生而出现的社会历史现象。在资本主义社会里，阶级斗争主要表现为无产阶级同资产阶级的斗争，它根源于无产阶级和资产阶级经济利益的根本对立。无产阶级反对资产阶级的斗争发展到一定程度就会导致无产阶级革命。

一、阶级斗争是阶级对立社会发展的直接动力

在阶级对立的社会里，阶级斗争是推动社会发展的直接动力。在资本主义社会里，推动资本主义社会进步和发展的直接动力则是无产阶级反对资产阶级的斗争。

1. 阶级和阶级斗争的存在仅仅同生产发展的一定历史阶段相联系

马克思主义认为，阶级并不是从来就有的。阶级的存在仅仅同生产发展的一定历史阶段相联系。在原始社会，生产力水平低下，生产资料公有，人们共同劳动，平均分配产品，没有阶级差别。随着生产力的提高，社会分工和交换的发展，产品有了剩余，使少数人拥有较多的生产资料并以此占有大部分人的剩余劳动成为可能，于是就出现了生产资料私有制，形成了剥削与被剥削、压迫与被压迫的关系，社会也就分裂为经济利益根本对立的阶级。

人类社会分裂为阶级之后，就有了阶级斗争。因为历史上一切剥削阶级总是凭借他们所占有的生产资料和在生产体系中所处的统治地位，对被剥削阶级实行残酷的压榨和掠夺，使其经济上的利益得到维护和最大限度的满足。而被剥削阶级为了维持自己的生存，摆脱被剥削、被压迫的地位，就不得不起来进行反对剥削者压迫者的斗争。所以，"以往的全部历史，除原始状态外，都是阶级斗争的历史"[1]。

阶级和阶级斗争既不是从来就有的，也不会永远存在。恩格斯指出：

---

[1]　恩格斯：《社会主义从空想到科学的发展》，《马克思恩格斯文集》第 3 卷，人民出版社 2009 年版，第 544 页。

"社会阶级的消灭是以生产高度发展的阶段为前提的，在这个阶段上，某一特殊的社会阶级对生产资料和产品的占有，从而对政治统治、教育垄断和精神领导地位的占有，不仅成为多余的，而且在经济上、政治上和精神上成为发展的障碍。"① 只有到了这个时候，阶级和阶级斗争才会消灭。

2. 无产阶级反对资产阶级的斗争是推动资本主义社会进步和发展的直接动力

人类社会发展的历史表明，在阶级对立的社会里，阶级斗争是阶级社会发展的直接动力。因为在阶级社会里，生产力和生产关系之间的矛盾，往往是通过阶级斗争表现出来的。通过阶级斗争，被剥削阶级推翻剥削阶级的反动统治，能够废除束缚生产力发展的生产关系和上层建筑，促进新的生产方式的建立和发展，从而推动旧社会向新社会转变。马克思、恩格斯认为，历史上封建社会代替奴隶社会、资本主义社会代替封建社会，都是通过阶级斗争实现的。正因为阶级斗争具有如此重要的历史推动作用，恩格斯说："自从原始公社解体以来，组成为每个社会的各阶级之间的斗争，总是历史发展的伟大动力"②。马克思、恩格斯在这里讲的历史，是指包括资本主义社会在内的阶级社会发展的历史。

在资本主义条件下，无产阶级反对资产阶级的斗争通常是在经济、政治、思想文化三个方面进行。经济斗争、政治斗争和思想（理论）斗争是无产阶级斗争的三种主要形式。

经济斗争是指无产阶级为改善劳动和生活条件而进行的斗争，这是无产阶级斗争的基本形式。经济斗争是资本家对工人残酷压迫和剥削的直接结果。当工人不堪忍受资本家的残酷剥削时，便联合起来对资本家展开经济斗争。要求增加工资、缩短劳动时间、改善劳动条件和生活条

① 恩格斯：《社会主义从空想到科学的发展》，《马克思恩格斯文集》第3卷，人民出版社2009年版，第563页。

② 恩格斯：《国际社会主义和意大利社会主义》，《马克思恩格斯文集》第4卷，人民出版社2009年版，第505页。

件等等，是经济斗争的目标。经济斗争最直接的效果表现为在一定时期、一定程度上能够限制资本家对工人的剥削，使工人的劳动条件和生活条件有所改善；它还可以使无产阶级在斗争中受到教育和锻炼，提高觉悟，增强团结；在一定条件下还会发展成为无产阶级政治斗争的导火线。因此，经济斗争不仅在工人运动的早期阶段有其存在的必要性，直到今日仍然是无产阶级反对资产阶级斗争的重要组成部分。但是，经济斗争有一定的局限性。经济斗争的实质是工人为争得出卖劳动力的有利条件而进行的斗争，这种斗争"反对的只是结果，而不是产生这种结果的原因；他们延缓下降的趋势，而不改变它的方向；他们服用止痛剂，而不祛除病根"①。经济斗争不能触动资本主义制度的基础，不能从根本上改变无产阶级被剥削、被压迫的地位，所以不能夸大经济斗争的作用。

政治斗争是指无产阶级以夺取政权为目标的斗争，这是无产阶级斗争的最高形式。政治斗争不局限于反对某个工厂、某个行业的资本家，而是反对整个资产阶级；不是只为了无产阶级眼前的、局部的经济利益，而是为了根本改变无产阶级的阶级地位；不是只限制资本家的剥削，而是要打碎资产阶级的国家机器，消灭雇佣劳动制度；不是只维护无产阶级一个阶级的利益，而是要彻底解放全人类。

思想（理论）斗争是指无产阶级在意识形态领域里同反马克思主义进行的斗争。在资本主义社会里，资产阶级几乎控制了所有的宣传机器和舆论阵地，宣传资产阶级意识形态，侵蚀无产阶级思想，销蚀无产阶级的革命斗志。马克思、恩格斯写的许多文章，就是直接揭穿资产阶级意识形态反动性和虚伪性的。与此同时，马克思、恩格斯十分重视在工人群众中讲解资本剥削工人的秘密，用唯物史观和剩余价值学说武装工人阶级；在工人运动中抵制和反对资产阶级思潮的影响，排除种种反科学社会主义思潮对工人运动的干扰、腐蚀和破坏，使无产阶级和广大劳动人民从剥削阶

---

① 马克思：《工资、价格和利润》，《马克思恩格斯文集》第 3 卷，人民出版社 2009 年版，第 77 页。

级思想的禁锢和影响下解放出来。

无产阶级反对资产阶级斗争的三种形式是密切联系在一起的。政治斗争是无产阶级反对整个资产阶级的斗争。只有政治斗争的胜利，才能从根本上使无产阶级在经济上获得解放。经济斗争是无产阶级最熟悉、最普遍采取的斗争形式，因为它涉及的是无产阶级的切身利益。无产阶级政党只有重视经济斗争，才不会脱离群众。思想（理论）斗争是政治斗争和经济斗争的灵魂，无产阶级政党如果忽视了它，就会迷失方向，并丧失意识形态领导权。无产阶级政党要善于根据形势的变化，把上述三种基本斗争形式结合起来，积极推动资本主义向社会主义的变革进程。

二、无产阶级革命发生的原因和条件

马克思主义认为，人类历史上任何一种革命，它的发生和发展绝不是偶然的，而是一定社会的经济、政治发展中合乎规律的现象。它的最深刻的根源在于社会内部生产力与生产关系、经济基础与上层建筑之间的矛盾。无产阶级革命也不例外。

1. 无产阶级革命是无产阶级斗争发展的结果

在资本主义社会，生产力与生产关系矛盾的表现形式，是社会化生产与生产资料资本主义占有之间的矛盾。正如马克思所说：随着社会化大生产的发展，当社会化生产力"达到了同它们的资本主义外壳不能相容的地步。这个外壳就要炸毁了。资本主义私有制的丧钟就要响了。剥夺者就要被剥夺了"[①]。因此，无产阶级反对资产阶级斗争的经济根源在于资本主义生产方式的基本矛盾。当无产阶级反对资产阶级的阶级斗争发展到一定程度的时候，就会发生无产阶级革命。从这个意义上讲，无产阶级革命的直接原因，是反映资本主义基本矛盾的无产阶级和资产阶级的对立。尽管资产阶级在不同的发展时期和发展阶段上总是千方百计地通过强力或改

---

① 马克思：《资本论》第 1 卷，《马克思恩格斯文集》第 5 卷，人民出版社 2009 年版，第 874 页。

良来调解这种对立，但是在资本主义制度框架内，这种对立是无法从根本上解决的。当无产阶级同资产阶级的对立发展到极端尖锐的程度时，无产阶级不推翻资产阶级政权就不能改变自己的悲惨命运，就不能继续生存和生活下去时，无产阶级就必然把斗争的锋芒直指资产阶级统治权，无产阶级反对资产阶级的斗争就必然上升为无产阶级革命。无产阶级革命是解决资本主义基本矛盾的决定性手段，是推动资本主义转变为社会主义的强大动力和杠杆。

应当指出，马克思关于无产阶级的阶级斗争必然导致无产阶级革命的论述，是一个高度的概括性和结论性论述，不能作简单化的理解。无产阶级反对资产阶级的斗争能否转变为无产阶级革命，需要具备许多主客观条件。同时，这种转变在一些国家里将是一个漫长和复杂的过程，需要无产阶级长期不懈的努力。

2. 无产阶级革命的根本问题是国家政权问题

这是由国家的性质和特点决定的。国家是阶级社会"从控制阶级对立的需要中产生的"①，是阶级矛盾不可调和的产物，其主要成分是军队、警察、法庭、监狱等强力机构。国家的这一特征，决定了在阶级社会里，哪一个阶级掌握了国家政权，哪一个阶级就成为统治阶级，随之而来，它的经济制度就会居于统治地位，它的思想也就成为统治社会的思想。

历史上，统治阶级与被统治阶级之间的斗争，主要是围绕着国家政权展开的。一切剥削阶级当他们掌握了国家政权之后，总是不断地加强国家机器，用以镇压被剥削阶级的反抗。对于他们来说，失去了政权，就不能保持其经济和政治的特权，就意味着阶级统治的灭亡。对于被剥削阶级来说，要改变自己被压迫、被剥削的地位，就必须推翻剥削阶级的统治，建立自己的政权。所以，国家政权问题历来是阶级斗争的焦点，是一切革命所要解决的根本问题。

---

① 恩格斯：《家庭、私有制和国家的起源》，《马克思恩格斯文集》第4卷，人民出版社2009年版，第191页。

　　无产阶级革命的根本问题也是国家政权问题。无产阶级通过革命斗争从资产阶级手中夺取国家政权，使自己组织成为统治阶级，这是无产阶级革命取得胜利的最根本前提和首要标志。

　　但是，无产阶级在夺取政权的过程中，不能简单地掌握现成的国家机器，并运用它来达到自己的目的。早在欧洲 1848 年革命期间，马克思就在考察法国资产阶级国家机器产生和演变的历史和总结法、德两国革命经验的基础上，得出了无产阶级在夺取政权过程中必须打碎旧的国家机器的结论。后来，巴黎公社的革命实践证实了马克思的这一结论。在总结巴黎公社革命经验时，马克思进一步提出："工人阶级不能简单地掌握现成的国家机器，并运用它来达到自己的目的"①。这是因为，第一，资本主义国家机器在资本主义经济发展过程中"越来越变成了资本借以压迫劳动的全国政权，变成了为进行社会奴役而组织起来的社会力量，变成了阶级专制的机器"②。对于这样一种旨在镇压无产阶级的国家机器，无产阶级绝不能简单地加以掌握，而必须用暴力将它打碎。第二，无产阶级革命"是人民为着自己的利益而重新掌握自己的社会生活的行动。它不是为了把国家政权从统治阶级这一集团转给另一集团而进行的革命，它是为了粉碎这个阶级统治的凶恶机器本身而进行的革命"③。因此，和以往任何阶级的革命不同，无产阶级必须打碎资产阶级国家机器。因为"奴役他们的政治工具不能当成解放他们的政治工具来使用"④。

　　打碎旧的国家机器，并不意味着全盘否定资产阶级所创造的一切政治

---

① 马克思：《法兰西内战》，《马克思恩格斯文集》第 3 卷，人民出版社 2009 年版，第 151 页。
② 马克思：《法兰西内战》，《马克思恩格斯文集》第 3 卷，人民出版社 2009 年版，第 152 页。
③ 马克思：《法兰西内战》，《马克思恩格斯文集》第 3 卷，人民出版社 2009 年版，第 193—194 页。
④ 马克思：《法兰西内战》，《马克思恩格斯文集》第 3 卷，人民出版社 2009 年版，第 218 页。

文明成果。马克思、恩格斯主张，要把体现资本主义本质的压迫性机关，同体现社会需要的公共管理职能区分开来："旧政权的纯属压迫性质的机关予以铲除，而旧政权的合理职能则从僭越和凌驾于社会之上的当局那里夺取过来，归还给社会的承担责任的勤务员"①。

3. 无产阶级革命的客观形势和主观条件

革命虽然根源于经济，但革命不是一个纯粹的经济过程。革命是社会经济、政治、文化和阶级力量对比综合作用的结果。因此，革命不是人们可以随心所欲制造的。无产阶级反对资产阶级的斗争，发展为无产阶级革命需要有必要的客观形势和主观条件。只有具备了必要的主客观条件，无产阶级反对资产阶级的斗争才能发展成为无产阶级革命，才能取得胜利。

无产阶级革命的客观形势，是指造成资本主义经济、政治危机的客观条件的总和。这些客观条件主要包括：第一，资本主义内在矛盾达到了尖锐化的程度。这是无产阶级革命客观形势成熟的根本标志。马克思曾指出，无产阶级革命的必备条件是社会发展已达到这样的阶段：既有的生产力同现存的社会制度不能再继续并存。也就是说，"只有在现代生产力和资产阶级生产方式这两个要素互相矛盾的时候，这种革命才有可能"②。第二，资本主义矛盾造成的社会全面危机，使无产阶级已经不能够照旧生活下去，而资产阶级作为统治阶级也已经丧失控制社会的能力，社会再不能在它的统治下生存下去了。第三，无产阶级的革命要求空前高涨。没有这些不以各个阶级及其政党的意志为转移的客观条件，爆发革命是不可能的。总之，只有当资本主义内在矛盾发展到尖锐化的程度，当资本主义生产关系已经无法容纳和促进生产力发展的时候，无产阶级革命的客观条件才算完全成熟，革命形势才会到来。

无产阶级革命要取得胜利，不仅需要客观条件的成熟，而且需要主观

---

① 马克思：《法兰西内战》，《马克思恩格斯文集》第 3 卷，人民出版社 2009 年版，第 156 页。

② 马克思：《1848 年至 1850 年的法兰西阶级斗争》，《马克思恩格斯文集》第 2 卷，人民出版社 2009 年版，第 176 页。

条件的成熟。无产阶级革命的主观条件包括：第一，有一个坚强的无产阶级革命政党。这是革命主观条件成熟的最重要因素。没有一个真正强大的无产阶级革命政党，就不能把无产阶级和人民群众充分发动起来，团结到自己的周围，形成足以摧毁反动政权的革命力量。第二，无产阶级革命政党要有一条正确的路线，制定正确的政策和策略，引导人民开展坚定不移的斗争。第三，无产阶级革命政党的路线、方针、政策要被广大工人群众所接受和掌握，转化为人民群众的自觉行为。为此，需要无产阶级革命政党做大量的组织工作和艰苦的思想政治工作。只有这样，才能在广大群众的支持和参与下，展开强大的革命群众运动，不失时机地夺取革命的胜利。

三、无产阶级革命的形式

在马克思、恩格斯看来，无产阶级革命的目的是夺取政权，但革命的形式并不是单一的。无产阶级革命可以采用暴力革命的形式，在一定条件下也可以采用和平方式夺取政权。

1. 无产阶级革命的形式取决于革命运动的实际发展状况

无产阶级革命采用何种形式夺取政权，应该根据各国无产阶级斗争的实际情况决定。恩格斯说："我们的策略不是凭空臆造的，而是根据经常变化的条件制定的。"① 因时因地灵活地采用革命的方式，这是马克思、恩格斯的一贯思想，也是被无产阶级革命斗争历史所证明的科学思想。不仅如此，各国无产阶级革命的形式要由各国无产阶级及其政党独立自主地决定，他们最了解本国国情和革命运动状况。所以，各国工人阶级选择这种解决方法"是这个国家工人阶级自己的事"②。

2. 马克思、恩格斯关于暴力革命的思想

马克思、恩格斯认为，无产阶级夺取政权，打碎资产阶级国家机器，

---

① 恩格斯：《致维克多·阿德勒》，《马克思恩格斯文集》第 10 卷，人民出版社 2009 年版，第 630 页。

② 马克思：《卡·马克思同〈世界报〉记者谈话的记录》，《马克思恩格斯文集》第 3 卷，人民出版社 2009 年版，第 611 页。

根据一般规律，需要通过暴力革命。

暴力革命的思想是马克思、恩格斯在总结历史经验的基础上提出的。在《共产党宣言》中，马克思、恩格斯明确指出：无产阶级的目的"只有用暴力推翻全部现存的社会制度才能达到"①。后来，他们又多次强调："暴力是每一个孕育着新社会的旧社会的助产婆"②。在"大多数国家中，暴力应当是我们革命的杠杆"③。"无产阶级不通过暴力革命就不可能夺取自己的政治统治。"④

马克思、恩格斯之所以强调暴力革命，主要的理由是：首先，资产阶级国家机器本身就是一种有组织的暴力，对于这种有组织的暴力，要推翻它、打碎它，就必须采用暴力，"暴力将必然伴随着整个资本主义的彻底崩溃和社会主义社会的诞生"⑤。其次，资产阶级不愿意自动退出历史舞台，当革命威胁到他们的统治时，他们总是要进行殊死的反抗，决不会自动交出国家政权。在这种情况下，无产阶级只有通过暴力革命，才能推翻资产阶级的统治，夺取政权，获得解放。最后，阶级斗争的历史表明，反动统治阶级总是首先用暴力来镇压被统治阶级的反抗斗争。对于反革命暴力，当然要用革命暴力来还击。无产阶级主张暴力，决不是因为它"偏爱"暴力，而是因为有资产阶级的反动的暴力存在这一基本事实，"如果没有必须加以反对的反动暴力，也就谈不上什么革命的暴力"⑥。

---

① 马克思、恩格斯：《共产党宣言》，《马克思恩格斯文集》第 2 卷，人民出版社 2009 年版，第 66 页。

② 马克思：《资本论》第 1 卷，《马克思恩格斯文集》第 5 卷，人民出版社 2009 年版，第 861 页。

③ 马克思：《关于海牙代表大会》，《马克思恩格斯全集》第 18 卷，人民出版社 1964 年版，第 179 页。

④ 恩格斯：《致格尔松·特里尔》，《马克思恩格斯文集》第 10 卷，人民出版社 2009 年版，第 578 页。

⑤ 列宁：《俄共（布）第七次（紧急）代表大会文献》，《列宁选集》第 3 卷，人民出版社 1995 年版，第 460 页。

⑥ 恩格斯：《致奥古斯特·倍倍尔》，《马克思恩格斯全集》第 38 卷，人民出版社 1972 年版，第 490 页。

　　3. 马克思、恩格斯不排除无产阶级用和平方式夺取政权的可能性

　　马克思、恩格斯虽然认为暴力革命是无产阶级革命的一般规律，但他们并没有因此把暴力革命绝对化。他们强调，无产阶级不应当排除在一定条件下采用和平方式夺取政权的可能性。

　　1872 年，马克思在一次群众大会的演讲中明确提出："工人总有一天必须夺取政权，以便建立一个新的劳动组织；……但是，我们从来没有断言，为了达到这一目的，到处都应该采取同样的手段。我们知道，必须考虑到各国的制度、风俗和传统；我们也不否认，有些国家，像美国、英国，——如果我对你们的制度有更好的了解，也许还可以加上荷兰，——工人可能用和平手段达到自己的目的。"① 同年，马克思在巴黎公社一周年的纪念大会上，又具体分析了英国与法国的不同，指出英国存在着运用和平方式夺取政权的可能性，他说："在英国，显示自己政治力量的途径对英国工人阶级是敞开的。在和平的宣传鼓动能更快更可靠地达到这一目的的地方，举行起义就是发疯"②。

　　在马克思、恩格斯看来，虽然存在着无产阶级用和平方式夺取政权的可能性，但这种可能性要成为现实，需要具备很多条件。

　　第一，无产阶级的力量足够强大，资产阶级无力加以抵抗并有相当的理智放弃这种抵抗。正如恩格斯所说："如果旧的东西足够理智，不加抵抗即行死亡，那就和平地代替；如果旧的东西抗拒这种必然性，那就通过暴力来代替。"③

　　第二，资本主义国家民主制度的成熟和完善。恩格斯在晚年明确指出：随着资本主义国家民主制度的发展和完善，随着工人普选权的扩大，"这里斗争的条件毕竟已经发生了根本的变化。旧式的起义，在 1848 年以

---

① 马克思：《关于海牙代表大会》，《马克思恩格斯全集》第 18 卷，人民出版社 1964
　年版，第 179 页。
② 马克思：《卡·马克思同〈世界报〉记者谈话的记录》，《马克思恩格斯文集》第 3
　卷，人民出版社 2009 年版，第 611 页。
③ 恩格斯：《路德维希·费尔巴哈和德国古典哲学的终结》，《马克思恩格斯文集》
　第 4 卷，人民出版社 2009 年版，第 269 页。

前到处都起过决定作用的筑垒巷战，现在大大过时了"①。"实行突然袭击的时代，由自觉的少数人带领着不自觉的群众实现革命的时代，已经过去。"② 既然"合法性在如此出色地为我们效劳，如果这种状况延续下去，而我们却要破坏合法性，那我们就是傻瓜"③。

第三，无产阶级政党有利用和平方式夺取政权的智慧和能力。恩格斯指出：鉴于资本主义国家普选权的扩大，无产阶级政党应该利用普选权，积极开展反对资本主义的斗争。要改变过去那种认为普选权对于工人只是"陷阱"的看法，充分利用资本主义国家议会斗争的合法性来为无产阶级服务，即在无产阶级政党具有合法性的条件下，由于议会提供了一个讲坛，无产阶级政党可以比在集会、报刊上更自由地讲话，传播自己的主张。

马克思、恩格斯关于无产阶级在一定条件下可以用和平方式夺取政权的思想表明，无产阶级革命的形式不存在固定的模式。资本主义转变为社会主义，既可以通过暴力的方式，也不排除一些资本主义国家有可能通过渐进的和平方式转变为社会主义。

四、无产阶级革命斗争的战略和策略

无产阶级革命斗争的战略和策略是无产阶级在争取社会主义的实践中形成的，是指导无产阶级革命斗争的科学。战略和策略正确与否，关系到社会主义运动的兴衰成败。正确的战略和策略，可以加速社会主义运动的发展和胜利；错误的战略和策略，则会导致社会主义运动的挫折甚至失败。

---

① 恩格斯：《卡·马克思〈1848 年至 1850 年的法兰西阶级斗争〉一书导言》，《马克思恩格斯文集》第 4 卷，人民出版社 2009 年版，第 545—546 页。
② 恩格斯：《卡·马克思〈1848 年至 1850 年的法兰西阶级斗争〉一书导言》，《马克思恩格斯文集》第 4 卷，人民出版社 2009 年版，第 549 页。
③ 恩格斯：《德国的社会主义》，《马克思恩格斯文集》第 4 卷，人民出版社 2009 年版，第 430 页。

1. 当前斗争与长远目标相结合

马克思、恩格斯在《共产党宣言》中指出："共产党人为工人阶级的最近的目的和利益而斗争，但是他们在当前的运动中同时代表运动的未来。"① 这就是说，无产阶级在开展反对资产阶级的斗争中，要善于把当前斗争与长远目标相结合。这是马克思主义关于无产阶级战略策略的一项基本原则。这个原则要求，无产阶级及其政党在为共产主义这一崇高目标奋斗时，必须高度重视和积极参加当前一切有利于无产阶级的革命斗争；同时，在参加当前斗争时，绝不忘记和脱离长远目标。如果只顾当前斗争而忘记长远目标，当前斗争就会迷失方向，甚至走向失败；如果只有长远目标而不积极参加当前斗争，长远目标也会变成空话。因此，必须把当前斗争和长远目标结合起来。

当前斗争和长远目标相结合，在资产阶级民主革命尚未完成的国家表现为：一方面无产阶级要积极参加资产阶级民主革命；另一方面要在资产阶级民主革命中保持自己的独立性，一分钟也不忽略教育工人尽可能明确地意识到资产阶级和无产阶级的对立，以便在推翻封建专制及其反动阶级之后立即开始反对资产阶级本身的斗争。为此，无产阶级政党在资产阶级民主革命中应该有自己的革命纲领。首先是要争取建立一个"人民主权"共和国，其次是要有一系列具体的民主改革要求，如扩大普选权、政教分离、普及教育、无偿取消一切封建义务等，消除现存制度中一切和人民主权的原则相抵触的东西。这些要求并没有超出资产阶级民主革命的范围，但却是无产阶级争得自身解放的一个重要前提。

当前斗争和长远目标相结合，体现了无产阶级眼前利益和长远利益的内在联系与辩证统一。实现共产主义代表着无产阶级和广大劳动人民的长远利益；当前运动则代表着无产阶级和广大劳动人民的眼前利益。长远利益决定眼前利益，眼前利益必须服从长远利益。恩格斯说，如果"为了眼前暂时的利益而忘记根本大计，只图一时的成就而不顾后果，为了运动

---

① 马克思、恩格斯：《共产党宣言》，《马克思恩格斯文集》第 2 卷，人民出版社
2009 年版，第 65 页。

的现在而牺牲运动的未来，这种做法可能也是出于'真诚的'动机。但这是机会主义，始终是机会主义"①。同时，无产阶级政党也应该认识到，长远利益的实现需要一个过程。在这个过程中，忽视现阶段的斗争和群众的眼前利益，就无法调动广大群众的积极性。所以，每个国家的共产党人应当根据本国本民族的实际情况，确定适合本国国情的现实任务和近期目标。只有这样，才能有效地动员和组织广大群众投身到革命斗争中来。

2. 团结一切可以团结的力量

无产阶级在反对资产阶级的斗争中，不仅要把当前斗争和长远目标结合起来，而且要正确认识和区分革命力量、中间力量和反动力量，团结一切可以团结的力量，调动一切积极因素，最大限度地壮大自己，孤立和打击最主要的敌人。

无产阶级必须在斗争中建立牢固的工农联盟。一般而言，在资产阶级民主革命中，农民是从属于资产阶级的。在资本主义制度下，农民既是私有者，又是被资产阶级剥削的劳动者。在无产阶级反对资产阶级的斗争中，农民，尤其是人数众多的小农，便成为这一斗争天平中的重要砝码。所以，马克思主义创始人历来是把农民问题和无产阶级运动联系起来加以考察，认为工农联盟问题是无产阶级革命的基本问题。

首先，无产阶级反对资产阶级的斗争必须得到农民的支持，否则便不能成功。尤其是在一个农民占人口多数的国家里，无产阶级反对资产阶级的斗争如果没有农民的支持，没有无产阶级同农民的合唱，无产阶级的独唱就不免要变成孤鸿哀鸣。因此，农民对无产阶级革命斗争的态度如何，农民站在哪一边，关系到无产阶级斗争的成败。无产阶级要取得反对资产阶级斗争的胜利，就必须同广大农民结成牢固的联盟。

其次，农民的经济地位决定了工农联盟的必要性和可能性。在以往的资产阶级民主革命中，常常是农民帮助资产阶级成就了革命大业，但革命后资产阶级却背叛了农民。小块土地过去曾是农民赖以生存的条件，而在

---

① 恩格斯：《1891年社会民主党纲领草案批判》，《马克思恩格斯文集》第4卷，人民出版社2009年版，第414页。

资本的剥削下却成为农民贫困破产的根源。对于农民来说，"只有资本的瓦解，才能使农民地位提高；只有反资本主义的无产阶级的政府，才能结束农民经济上的贫困和社会地位的低落"①。因此，农民和工人有着共同的利益，这是工农联盟的经济基础。

最后，无产阶级要在工农联盟中起领导作用。这是实现工农联盟的政治前提。在封建社会，农民反对地主阶级的斗争说到底只是改朝换代的工具。在资产阶级民主革命中，农民不过是资产阶级的追随者，"他们不能代表自己，一定要别人来代表他们"②。当资本主义制度基本确立、无产阶级作为独立的政治力量登上历史舞台之后，农民才有了根本利益的忠实代表，农民必然要把负有推翻资本主义制度使命的城市无产阶级看做自己的天然同盟者和领导者。

无产阶级必须最大限度地团结一切可以团结的力量。无产阶级在反对资产阶级的斗争中，要善于团结一切可以团结的力量，建立一条包括直接同盟军和间接同盟军、可靠同盟者和暂时同盟者在内的最广泛的统一战线，以便使无产阶级在斗争中立于不败之地。马克思、恩格斯在《共产党宣言》中曾说过，在资产阶级民主革命尚未完成的国家里，只要资产阶级采取革命的行动，无产阶级政党就要同它一起去反对专制君主制和封建土地所有制。只有这样，无产阶级才能最大限度地孤立和打击最主要的敌人。

3. 坚持原则的坚定性和策略的灵活性

坚持原则的坚定性和策略的灵活性，是无产阶级战略策略的又一重要内容。所谓原则的坚定性，就是始终站稳无产阶级立场，维护无产阶级和广大劳动人民的根本利益，坚持无产阶级的战略目标。所谓策略的灵活性，就是在坚持原则坚定性的前提下，根据客观形势的变化和敌我力量的

---

① 马克思：《1848年至1850年的法兰西阶级斗争》，《马克思恩格斯文集》第2卷，人民出版社2009年版，第160—161页。

② 马克思：《路易·波拿巴的雾月十八日》，《马克思恩格斯文集》第2卷，人民出版社2009年版，第567页。

对比，针对斗争的实际情况，机动灵活地运用和变换斗争的方式和方法，提出适应形势的新的斗争口号。无产阶级政党只有坚持原则的坚定性，才能在前进的道路上不迷失方向。同时，只有坚持策略的灵活性，才能适应不断变化的环境和形势，作出有利于革命斗争的正确决策，引导革命取得胜利。

坚持原则的坚定性和策略的灵活性，两者是辩证统一的。坚持原则的坚定性是一个根本的方向问题，方向不对头，"差之毫厘，失之千里"。所以策略的灵活性是在一定原则之下的灵活，是在正确方向之下的灵活。无原则的灵活，偏离正确方向的灵活，其结果只会给无产阶级革命和社会主义运动造成严重损失。同时，也不能把坚持原则绝对化，同策略的灵活性对立起来。坚定的革命原则需要灵活的策略来实现，离开了灵活性，就没有真正的原则性。因为一般性总是从特殊性当中体现出来的。只要原则性，不要灵活性，抹杀具体事物的千差万别，把不断发展变化的事物看做静止不变的，照抄照搬，把理论与实践对立起来，就必然会犯教条主义错误。所以无产阶级在反对资产阶级的斗争中，必须把原则的坚定性和策略的灵活性有机地结合起来。

第三节　过渡时期和无产阶级专政

无产阶级夺取政权之后，需要经历一个从资本主义到社会主义（共产主义社会第一阶段）的过渡时期。过渡时期的国家只能是无产阶级专政。

一、从资本主义过渡到社会主义需要经历一个革命转变时期

马克思、恩格斯认为，无产阶级夺取政权之后，不可能立即和直接建立起共产主义社会。在从资本主义社会到共产主义社会之间需要经历一个革命转变时期，即过渡时期。恩格斯早在 1847 年《共产主义原理》中就有了"过渡时期"的思想。1875 年，马克思在《哥达纲领批判》中明确

指出："在资本主义社会和共产主义社会之间，有一个从前者变为后者的革命转变时期。同这个时期相适应的也有一个政治上的过渡时期"①。这里所说的"共产主义社会"，包括共产主义社会的第一阶段和高级阶段。所以，按照马克思的原意，"过渡时期"是指从资本主义到共产主义社会的第一阶段即社会主义社会这个历史时期。

从资本主义社会到社会主义社会必须有一个过渡时期，主要是因为：第一，社会主义制度的建立需要以改造私有制为前提。人类进入阶级社会以来，封建社会代替奴隶社会，资本主义社会代替封建社会，都是一种剥削制度代替另一种剥削制度，它们的共同之处，是以生产资料私有制为基础。而社会主义社会代替资本主义社会则与此根本不同，它不是以一种剥削制度代替另一种剥削制度，而是要消灭剥削制度，废除资本主义私有制。第二，从资本主义向社会主义转变，除了改造私有制之外还要"经过一系列将把环境和人都加以改造的历史过程"，即"必须使人们普遍地发生变化"，而"这种变化只有在实际运动中，在革命中才有可能实现"。这是因为，"推翻统治阶级的那个阶级，只有在革命中才能抛掉自己身上的一切陈旧的肮脏东西，才能胜任重建社会的工作"②。可见，社会主义制度的建立，不仅要改造私有制以及由此产生的一切经济关系，而且要改造一切社会关系；不仅要改造一切社会关系，而且要改造文化，改造人本身，改造人的思想和观念。由此决定了，从资本主义社会转变为社会主义社会，需要有一个过渡时期。

二、过渡时期的国家只能是无产阶级专政

1852 年，马克思在总结 1848 年欧洲革命的经验时，明确把"过渡时期"同无产阶级专政联系起来。1875 年马克思在《哥达纲领批判》中提

---

① 马克思：《哥达纲领批判》，《马克思恩格斯文集》第 3 卷，人民出版社 2009 年版，第 445 页。

② 马克思、恩格斯：《德意志意识形态》，《马克思恩格斯文集》第 1 卷，人民出版社 2009 年版，第 543 页。

出在资本主义社会和共产主义社会之间需要有一个过渡时期之后，接着指出"这个时期的国家只能是无产阶级的革命专政"①。

无产阶级专政思想的提出，是马克思的一个理论新贡献，正如马克思1852年在致魏德迈的信中所强调的："无论是发现现代社会中有阶级存在或发现各阶级间的斗争，都不是我的功劳"。"我所加上的新内容就是证明了下列几点：（1）阶级的存在仅仅同生产发展的一定历史阶段相联系；（2）阶级斗争必然导致无产阶级专政；（3）这个专政不过是达到消灭一切阶级和进入无阶级社会的过渡。"②

马克思、恩格斯的无产阶级专政理论有一个形成和发展过程。在《德意志意识形态》中，马克思、恩格斯就提出了无产阶级必须首先夺取政权的思想。这个思想包含了无产阶级专政思想的萌芽。1847年恩格斯在《共产主义原理》中指出：无产阶级革命将首先建立民主的国家制度，"从而直接或间接地建立无产阶级的政治统治"③。上述思想在《共产党宣言》中得到了进一步阐发："工人革命的第一步就是使无产阶级上升为统治阶级，争得民主。"④ 在这里，马克思、恩格斯把无产阶级专政表述为"组织成为统治阶级的无产阶级"。1850年，马克思在《1848年至1850年的法兰西阶级斗争》一书中首次使用"无产阶级的阶级专政"的概念，并确定了它的性质和地位。他指出："社会主义就是宣布不断革命，就是无产阶级的阶级专政，这种专政是达到消灭一切阶级差别，达到消灭这些差别所由产生的一切生产关系，达到消灭和这些生产关系相适应的一切社会关系，达到改变由这些社会关系产生出来的一切观念的必然的

---

① 马克思：《哥达纲领批判》，《马克思恩格斯文集》第3卷，人民出版社2009年版，第445页。

② 马克思：《致约瑟夫·魏德迈》，《马克思恩格斯文集》第10卷，人民出版社2009年版，第106页。

③ 恩格斯：《共产主义原理》，《马克思恩格斯文集》第1卷，人民出版社2009年版，第685页。

④ 马克思、恩格斯：《共产党宣言》，《马克思恩格斯文集》第2卷，人民出版社2009年版，第52页。

过渡阶段。"①

后来，通过总结巴黎公社革命的经验，马克思在1875年《哥达纲领批判》中又进一步丰富和发展了无产阶级专政的理论。这就是说，在马克思过去的著作中过渡时期和无产阶级专政的问题，是根据社会主义代替资本主义的必然性而提出的科学设想，这个设想侧重于强调无产阶级的历史作用和历史使命。而在写作《哥达纲领批判》时，马克思在吸取无产阶级革命运动经验的基础上，指出过渡时期的存在是历史发展的客观要求，无产阶级及其政党必须适应这种历史发展的客观要求，运用无产阶级专政的力量，作为变资本主义为社会主义的主要杠杆，使之为经济发展和社会形态变革服务。

三、无产阶级专政的实质是无产阶级的国家政权

1. 无产阶级专政是无产阶级争得的民主

无产阶级专政是一个国家概念，是无产阶级建立的国家政权，是无产阶级的政治统治和政治领导，它的实质是无产阶级的民主政治制度。

首先，无产阶级是无产阶级专政的领导力量。这个观点马克思、恩格斯在《共产党宣言》中就有初步的表达。后来在总结无产阶级革命斗争的实践，尤其是巴黎公社革命失败的经验时，更是鲜明地表达了这个重要思想。无产阶级在无产阶级专政中的这种领导地位，说明无产阶级专政是一种新型的多数人的民主政权。

其次，工农联盟是无产阶级专政的基础。无产阶级专政是无产阶级同人数众多的非无产阶级劳动阶层结成的特殊联盟。无产阶级通过对农民等劳动群众的政治领导，来巩固国家政权和完成无产阶级专政的历史任务。恩格斯在1894年写的《法德农民问题》中，对这方面思想有充分的表达，说明这一政权是建立在最为广泛的群众基础之上的。

---

① 马克思：《1848年至1850年的法兰西阶级斗争》，《马克思恩格斯文集》第2卷，人民出版社2009年版，第166页。

2. 无产阶级专政是民主和专政相结合的国家政权

任何一种国家政权都是民主和专政两方面的结合，是对统治阶级的民主和对被统治阶级的专政。无产阶级专政不同于以往国家政权的地方就在于：它是建立在无产阶级和广大劳动群众多数人民主的基础上，是对资产阶级少数人的专政。

首先，无产阶级专政把民主第一次从少数人的民主变成了多数人的民主，是绝大多数人的民主。以往的民主总是统治阶级少数人的民主。奴隶社会的民主，是奴隶主阶级的民主；封建社会的民主，是封建地主阶级的民主。到了资本主义社会，虽然民主制度有了较大的发展，但事实上仍为少数资本家阶级所垄断。这是因为，资产阶级民主毕竟是建立在生产资料资本家私人占有的基础之上，由此决定了这种民主实质上只能是一种少数人的民主。唯有无产阶级专政的国家是多数人的民主。马克思、恩格斯正是从民主制的规定上高度评价了巴黎公社创造的民主。

其次，无产阶级专政第一次把少数人对绝大多数人的专政变为广大人民群众对少数敌对分子的专政。这种专政建立在无产阶级和劳动人民当家作主的基础之上，建立在广大人民群众的支持和拥护的基础之上，其目的是保卫人民取得的民主权利和革命成果。因为在无产阶级取得政权以后的相当长一段时间，国际上资产阶级的力量超过了无产阶级的力量，国内的资产阶级也还相当强大，为了镇压反动势力的破坏和反抗，防止资本主义和其他剥削阶级复辟，必须对敌对的反动势力实行专政。马克思、恩格斯在总结巴黎公社失败的教训时，就曾批评公社领导在关键时刻不能充分运用专政力量，同时也理直气壮地抨击了资产阶级对无产阶级专政的诋毁。

思考题：

1. 无产阶级的历史使命是什么？为什么说无产阶级只有解放全人类才能最后解放自己？

2. 如何理解阶级斗争是阶级对立社会发展的直接动力？

3. 为什么说无产阶级政党的正确领导是无产阶级革命斗争取得胜利

的根本保证?

4. 如何全面认识马克思、恩格斯关于暴力革命的论述?

5. 如何理解无产阶级专政的实质?

第四章　帝国主义时代的无产阶级革命

列宁在把科学社会主义运用到俄国革命实践过程中，创立了完整的无产阶级建党学说，提出了无产阶级在民主革命中的理论和策略，特别是创造性地提出了帝国主义理论和社会主义可能在一国或数国首先取得胜利的理论，提出了殖民地国家民族解放运动理论。列宁主义的问世，在新的时代条件下，把马克思主义推进到了一个新的发展阶段。列宁主义是帝国主义和无产阶级革命时代的马克思主义，是无产阶级及其政党的指导思想和理论基础。

第一节　无产阶级在民主革命中的理论和策略

列宁在领导俄国革命过程中，提出了建立新型无产阶级政党的理论，并系统阐述了无产阶级政党对资产阶级民主革命的态度以及民主革命的领导权问题，阐明了民主革命与社会主义革命的关系等，从理论上解决了俄国无产阶级政党在革命实践中遇到的一系列重大问题。

一、建设新型的无产阶级政党

要领导革命取得胜利，必须有一个统一的、革命的无产阶级政党。为了把科学社会主义和俄国工人运动结合起来，列宁在投身革命之初，就一方面批判当时在俄国工人和知识分子中颇有影响的民粹主义①和"合法马克思主义"②，努力肃清其消极影响，另一方面积极探索建立新型的无产

---

① 民粹主义是在 19 世纪俄国兴起的一股社会思潮。民粹主义把平民化和大众化作为所有政治运动和政治制度合法性的最终来源，依靠平民大众对社会进行激进改革，并把普通群众当做政治改革的唯一决定性力量。
② "合法马克思主义"又称"司徒卢威主义"，19 世纪末产生于俄国。因其代表人物司徒卢威等常在沙皇批准的合法报刊上宣传马克思主义的个别观点而得名。他们利用马克思主义的个别词句来赞扬资本主义制度，抹杀阶级矛盾，反对无产阶级革命。

阶级政党。在俄国社会民主工党成立后，列宁又同在党内一时占优势的经济主义思潮①展开旗帜鲜明的斗争，在《怎么办？（我们运动中的迫切问题）》一书中阐明了马克思主义革命理论对于党的建设和工人运动的重要意义，论证了建立集中统一的马克思主义政党的必要性。在俄国社会民主工党第二次代表大会上，以列宁为首的马克思主义者成为党内多数派（即布尔什维克），机会主义者成为党内少数派（即孟什维克）。列宁在《进一步，退两步（我们党内的危机）》这本著作中，对于会上发生的争论进行了马克思主义的剖析，集中阐述了马克思主义应该根据什么样的组织原则来建设党这一重大问题。在同第二国际机会主义和孟什维克派的斗争中，列宁坚持把马克思主义的政党理论同俄国的具体实际相结合，提出了建设新型的无产阶级政党的理论，形成了系统完整的马克思主义建党学说。

党是无产阶级的先锋队，是由无产阶级优秀分子所组成的。列宁认为，无产阶级政党是以无产阶级为"基石"和"支柱"的政党，离开无产阶级这个阶级基础，党就会失去自己的阶级本质，失去了自己的力量，就不能称其为无产阶级政党。党以阶级为基础，但不能等同于阶级。"党是阶级的先进觉悟阶层，是阶级的先锋队"②，是由无产阶级中的优秀分子组成的。所以，列宁强调，无产阶级政党在建设过程中，不要追求党员数量的增加，而要注意党员质量的提高和清除"混进党里来的人"，使党能够始终成为无产阶级的先锋队组织。

党必须坚持以科学理论为指导。列宁认为，马克思主义理论是党的行动指南，没有革命的理论就不可能有革命的运动。他指出："只有以先进理论为指南的党，才能实现先进战士的作用。"③ 列宁强调，党要完全以马克思的理论为依据，同时必须科学地对待马克思主义，要根据社会条件

---

① 经济主义主张工人阶级只进行争取提高工资、改善劳动条件等的经济斗争，否认工人阶级政党的领导作用，崇拜工人运动的自发性，反对建立集中的工人阶级政党。

② 列宁：《维·查苏利奇是怎样毁掉取消主义的》，《列宁全集》第24卷，人民出版社1990年版，第38页。

③ 列宁：《怎么办？（我们运动中的迫切问题）》，《列宁选集》第1卷，人民出版社1995年版，第312页。

的改变去运用马克思主义和发展马克思主义，绝不把马克思的理论看做是一成不变的东西和神圣不可侵犯的教条。

民主集中制是党的根本组织原则。列宁认为，无产阶级政党的党员都必须参加党的组织，并自觉地接受党组织的监督。党的组织原则，是民主制与集中制相结合的民主集中制。党只有按照这个原则组织起来，才能使党形成一个"有组织的整体"，克服涣散状态；才能使整个党组织以集体的、组织的联系原则，代替个人信任和个人关系的原则；才能集中群众的智慧，发挥群众的积极性，正确处理领导与被领导的关系。党的民主集中制原则有许多具体规定：如整个组织按照选举原则自下而上地建立；党内一切事务由一律平等的全体党员直接或者通过代表来处理；党的所有领导人员和机构是选举出来的，是可以撤换的；党的代表大会是最高权力机关，有最后决定权；党内实行讨论自由和行动一致的纪律等。列宁主张，党内既要实行民主，又要实行集中；既不能离开民主讲集中，也不能离开集中讲民主。列宁在强调坚持民主集中制的同时，还强调无产阶级政党要有严格的纪律。他认为，对无产阶级政党来说，严格的纪律是战胜资产阶级的基本条件之一。无产阶级政党不仅在夺取政权的斗争中需要铁的纪律，而且在夺取政权以后更需要铁的纪律。否认或破坏党的纪律，这就不能团结，不能统一行动，无产阶级政党的任何革命活动都会遭到失败。

坚持党的领导地位。列宁在创建新型无产阶级政党的过程中，提出了党是"无产者的阶级联合的最高形式"，在政治上负有统一领导其他组织的作用。党之所以起领导作用，是由党的无产阶级先锋队性质和党所担负的历史任务决定的。十月革命胜利后，列宁还强调："党是直接执政的无产阶级先锋队，是领导者"①。"国家政权的一切政治经济工作都由工人阶级觉悟的先锋队共产党领导。"② 只有坚持共产党的领导，无产阶级专政

---

① 列宁：《再论工会、目前局势及托洛茨基同志和布哈林同志的错误》，《列宁选集》第 4 卷，人民出版社 1995 年版，第 423 页。

② 列宁：《关于工会在新经济政策条件下的作用和任务提纲草案》，《列宁选集》第 4 卷，人民出版社 1995 年版，第 624 页。

才能顺利地、有效地进行经济的、政治的、思想文化的等各方面的斗争，全面完成自己的历史任务。

党要始终同群众保持密切联系。列宁认为，保持党同人民群众的密切联系，这是无产阶级新型政党区别于其他任何政党的根本标志之一，也是党的事业能够胜利发展的唯一保证。"先锋队只有当它不脱离自己领导的群众并真正引导全体群众前进时，才能完成其先锋队的任务。"① 党在执政过程中，只有保持同人民群众的密切联系，才能巩固自己的执政地位和取得社会主义事业的胜利。列宁告诫要防止党脱离群众、脱离实际的官僚主义等。

列宁关于党的建设的理论，对无产阶级政党的建设起到非常重要的作用，进一步丰富了无产阶级政党理论，把马克思主义党的建设理论推进到一个新的发展阶段。

二、无产阶级在民主革命中的领导权

在领导俄国革命的过程中，列宁的一个突出贡献，是系统阐明了无产阶级政党对资产阶级民主革命的态度，特别是民主革命中的领导权问题。

俄国长期以来是一个封建军事帝国主义国家，在俄国要进行社会主义革命，首先要完成资产阶级民主革命。资产阶级民主革命，也称为民主革命，是以封建主义为革命对象、以建立资本主义制度为目标的革命。1905年，俄国爆发了第一次资产阶级民主革命。孟什维克从当前的革命是资产阶级民主革命这一前提出发，认为这个革命只对资产阶级有利，只能由资产阶级领导和取得政权，无产阶级不应当力求去领导这个革命，否则就会吓跑资产阶级，缩小革命的规模。列宁为此写了《社会民主党在民主革命中的两种策略》一书，系统论述了无产阶级政党在资产阶级民主革命中的策略思想，批判了孟什维克的错误路线，并特别强调了无产阶级在资产阶级民主革命中领导权问题。他根据资产阶级革命的历史经验和对俄国

---

① 列宁:《论战斗唯物主义的意义》,《列宁选集》第 4 卷, 人民出版社 1995 年版, 第 646 页。

社会现状的深刻分析，认为在像俄国这样一些国家里，工人阶级与其说是苦于资本主义，不如说是苦于资本主义发展得不够，资产阶级革命对无产阶级是极其有利的。因此，无产阶级政党"不要对资产阶级革命漠不关心，不要把革命中的领导权交给资产阶级，相反地，要尽最大的努力参加革命，最坚决地为彻底的无产阶级民主主义、为把革命进行到底而奋斗"①。他认为，无产阶级只有积极参加资产阶级民主革命，才能使资产阶级民主革命进行得更彻底，从而为无产阶级开展反对资产阶级的斗争、争取社会主义的胜利提供更加充分的保障。

无产阶级不仅要积极参加资产阶级民主革命，还要争得资产阶级革命的领导权。无产阶级的领导权问题，是推进资产阶级民主革命的关键问题。马克思、恩格斯在《共产党宣言》中就把无产阶级看做是能够领导其他一切被压迫者和被剥削者的解放斗争的阶级。在欧洲 1848 年革命中，他们又进一步指出，无产阶级要积极投身资产阶级民主革命，只有无产阶级才能领导人民把民主革命进行到底。列宁认为，资产阶级一方面为了发展资本主义而要求改变封建专制制度，另一方面又害怕彻底消灭专制制度的民主进步会加强无产阶级。资产阶级的这种两面性就决定了俄国资产阶级不愿意彻底消灭沙皇制度。如果领导权掌握在资产阶级手中，革命就不会取得彻底胜利。而俄国无产阶级由于已经成为一个独立的阶级并表现出在革命中的英勇精神，还有组织严密的独立政党，并为革命制定了正确的路线、方针和政策，完全具有实现领导权的条件。

同农民结成巩固的联盟，是实现无产阶级领导权最基本的条件。列宁分析了俄国农民的经济地位和对民主革命的态度，认为农民有极大的革命性，是彻底的民主主义者，无产阶级只有同农民结成联盟，把农民作为无产阶级在民主革命中的可靠同盟军和后备力量，才能实现民主革命的领导权，取得革命的彻底胜利。列宁批驳了孟什维克认为发动农民会把资产阶级吓跑、迫使资产阶级退出革命而使革命"规模缩小"的谬论。列宁指

---

① 列宁：《社会民主党在民主革命中的两种策略》，《列宁选集》第 1 卷，人民出版社 1995 年版，第 558 页。

出，如果谁真正了解农民在俄国革命中的作用，他就不会说革命的规模会因资产阶级退出而缩小。因为只有当资产阶级退出领导舞台，而农民群众以积极革命者资格同无产阶级一起奋斗的时候，俄国革命的规模才会真正发展起来。总之，革命的结局将取决于工人阶级是成为政治上软弱的资产阶级的助手，还是成为人民革命的领导者。

三、武装夺取政权和建立工农民主专政

列宁指出："一切革命的根本问题是国家政权问题。不弄清这个问题，便谈不上自觉地参加革命，更不用说领导革命。"[①] 无产阶级在民主革命中不仅要取得领导权，而且要最终夺取国家政权。

国家政权问题之所以是一切革命的根本问题，是由国家的本质和作用决定的。国家是一个阶级压迫另一个阶级的工具，是上层建筑的重要部分，是为一定经济基础服务的。历史上一切统治阶级都把国家政权当做自己的命根子，利用它来巩固自己的政治统治，维护其赖以生存的经济基础。对于剥削阶级来说，失去政权，就不能保持经济和政治特权，就意味着阶级统治的灭亡；对于被剥削阶级来说，要改变自己被压迫、被剥削的地位，就必须推翻剥削阶级的统治，建立自己的政权。无产阶级如果不夺取政权，既不能改变旧的经济制度，更不能改变自己的处境。列宁说："政权在哪一个阶级手里，这一点决定一切。"[②] 正是国家政权的这种实质和作用，决定了它是革命的根本问题。列宁认为，无产阶级要完成民主革命，最终应当夺取政权，因为政权会使他们居于主人的地位，使他们能够排除走向自己伟大目的的道路上的一切障碍。

列宁同时认为，无产阶级要取得资产阶级民主革命的彻底胜利并夺取全国政权，必须实行武装起义。这是因为，一切反动派通常都是自己首先使用暴力，发动内战，把刺刀提到议事日程上来，无产阶级如果不采取武

---

① 列宁：《论两个政权》，《列宁选集》第 3 卷，人民出版社 1995 年版，第 19 页。
② 列宁：《革命的一个根本问题》，《列宁全集》第 32 卷，人民出版社 1985 年版，第 158 页。

装起义，而是迷恋议会斗争，那只能是出卖革命。列宁在强调武装起义重要性的同时，并没有否定在一定条件下利用议会斗争和其他斗争形式的必要性。

列宁强调，起义一旦获得胜利，就要成立临时革命政府来代替沙皇政府，而这样的政府应当是工农民主专政的政府。为什么要建立工农民主专政？因为革命对于沙皇制度的彻底胜利，就一定会引起地主、大资产者和沙皇制度方面的拼命反抗。没有专政，就不可能摧毁这种反抗，就不可能打破反革命的企图。工农民主专政的阶级基础是无产阶级和农民阶级，其任务就是镇压一切反革命的反抗，巩固民主革命的成果，实现党的最低纲领。对于工农民主专政的临时政府如何组织的问题，列宁把当时俄国各地建立苏维埃的革命行动看做是夺取政权和建立工农民主专政的开始，把苏维埃看做是新型政府机关的萌芽。

四、从民主革命向社会主义革命的转变

在民主革命的问题上，俄国布尔什维克党还遇到了怎样正确处理民主革命与社会主义革命的关系这一更为复杂的问题。

马克思、恩格斯在总结 1848 年欧洲革命经验时曾经提出过"不断革命"的口号，要求无产阶级不仅要把资产阶级民主革命进行到底，而且要进一步开展反对资产阶级的斗争，直到取得无产阶级社会主义革命的彻底胜利，绝不能在某一革命发展阶段停顿下来。第二国际修正主义和俄国孟什维克从右的方面歪曲马克思、恩格斯的思想，认为资产阶级革命胜利后将会出现一个资产阶级专政的时期，这个时期将长达 50—100 年。只有等到无产阶级在全国居民中占大多数的时候才能结束这个时期。托洛茨基则从极"左"方面提出他的所谓"不断革命"论，歪曲马克思、恩格斯的思想，混淆民主革命和社会主义革命的界限，企图在民主革命阶段就同时进行反对资本主义私有制的社会主义革命。列宁根据 1905 年革命的具体情况，批驳了这样一些"左"的和右的错误思想。

列宁认为，资产阶级民主革命和社会主义革命是一个链条上的两个环节，是俄国革命发展的完整过程。推翻沙皇制度的民主革命是俄国革命的

第一步，而推翻资本主义私有制的社会主义革命则是革命的第二步。在民主革命尚未完成的情况下，无产阶级应当积极开展民主革命，而不应当提出立即实现社会主义革命这类激进的主张。对于社会民主主义者来说，除了经过民主主义，没有其他途径可以加速社会主义的到来。

但是，无产阶级又不应当使革命运动局限于和停留在民主革命的阶段，而应当尽快地走过这一步，创造进行社会主义革命的条件。"无产阶级应当把民主革命进行到底，这就要把农民群众联合到自己方面来，以便用强力粉碎专制制度的反抗，并麻痹资产阶级的不稳定性。无产阶级应当实现社会主义革命，这就要把居民中的半无产者群众联合到自己方面来，以便用强力摧毁资产阶级的反抗，并麻痹农民和小资产阶级的不稳定性。"① 这就是说，无产阶级在实行民主革命时不要忘记社会主义前途，民主革命胜利后必须转变为社会主义革命；社会主义革命是民主革命的必然趋势和发展方向。列宁的这些思想是在新的历史条件下对马克思、恩格斯"不断革命"思想的发展。

第二节　马克思列宁主义的帝国主义理论

19 世纪末 20 世纪初，资本主义由自由竞争阶段发展到垄断阶段。"同盟国"和"协约国"两大帝国主义集团为重新瓜分世界和争夺势力范围，在 1914—1918 年进行了第一次世界大战。列宁为批判第二国际思想领袖考茨基的"超帝国主义论"，运用马克思主义的观点，分析了资本主义发展到垄断阶段出现的新情况新问题，于 1916 年写下了《帝国主义是资本主义的最高阶段》一书，创立了马克思列宁主义的帝国主义理论。

---

① 列宁：《社会民主党在民主革命中的两种策略》，《列宁选集》第 1 卷，人民出版社 1995 年版，第 606 页。

一、资本主义从自由竞争阶段到垄断阶段的发展

在资本主义生产方式建立以后的一个很长时期里，资本主义的经济运行是以自由竞争为主要特征的。这种以自由竞争为特征的资本主义，被称为自由资本主义。伴随着社会化大生产的发展，资本主义逐渐走向生产和资本的集中。这是由于自由竞争推动了生产力的发展和科学技术的进步，必然要求扩大企业的规模，促使资本的积累和集中；同时，自由竞争也加剧了企业之间的分化和优胜劣汰，形成了资本的积累和集中。而"集中发展到一定阶段，可以说就自然而然地走到垄断。因为几十个大型企业彼此之间容易达成协议；另一方面，正是企业的规模巨大造成了竞争的困难，产生了垄断的趋势"①。

19 世纪末 20 世纪初，随着资本主义由自由竞争向垄断的转变，资本主义的发展进入到以垄断为特征的帝国主义时代。列宁精辟地指出，在一般资本主义转变为帝国主义的过程中，"经济上的基本事实，就是资本主义的自由竞争为资本主义的垄断所代替"。"如果必须给帝国主义下一个尽量简短的定义，那就应当说，帝国主义是资本主义的垄断阶段。"② 垄断资本主义是资本主义发展的最高阶段，是资本主义的基本矛盾发展到一定阶段的必然结果。更具体地说，它是在资本主义生产力和生产关系的矛盾进一步发展的基础上，在生产和资本加速集中的过程中形成起来的。因为生产社会化程度的提高，必然要求有比一般私人资本形式社会化程度更高的资本形式与之相适应，这就是垄断资本形成的根本原因。

列宁指出帝国主义即垄断资本主义有以下几个基本特征：

一是生产和资本的集中发展到这样的高度，以致造成了在经济生活中起决定作用的垄断组织。在生产和资本高度集中的基础上形成的资本主义垄断组织，是指那些掌握着一个或几个部门大部分产品的生产和销售的资

① 列宁：《帝国主义是资本主义的最高阶段》，《列宁选集》第 2 卷，人民出版社 1995 年版，第 585 页。

② 列宁：《帝国主义是资本主义的最高阶段》，《列宁选集》第 2 卷，人民出版社 1995 年版，第 650 页。

本主义大企业或联合企业，这些企业能够凭借垄断地位来获取大大超过平均利润的高额垄断利润。

二是银行资本和工业资本已经融合起来，在这个金融资本的基础上形成了金融寡头。随着工业资本的集中，银行业通过竞争也加快了资本的集中。结果就是少数大银行在金融业占据了垄断地位。随着银行业的发展及其集中于少数机构，银行就由中介人的普通角色发展成为势力极大的垄断者，它们支配着所有资本家和小业主的几乎全部的货币资本，以及本国和许多国家的大部分生产资料和原料产地。在帝国主义时代，金融寡头成为社会经济生活的真正统治者。

三是和商业输出不同的资本输出具有特别重要的意义。列宁指出，对自由竞争占统治地位的旧资本主义来说，典型的是商品输出。对垄断占统治地位的最新资本主义来说，典型的则是资本输出。资本输出之所以具有特别重要的意义，一方面是由于垄断资本获取了高额利润，特别是少数最富有的帝国主义国家凭借在世界市场的垄断地位，攫取了巨额利润，积累了大量资本。另一方面是由于在帝国主义大国内部，资本竞争的加剧，使得"有利可图的"投资场所已经不够了。而在世界上的落后国家里，"利润通常都是很高的，因为那里资本少，地价比较贱，工资低，原料也便宜"①。列宁指出，通过资本输出获取高额利润，这就是帝国主义压迫和剥削世界上大多数民族和国家的坚实基础，这就是极少数最富有国家的资本主义寄生性的坚实基础。

四是瓜分世界的资本家国际垄断同盟已经形成。各国垄断资本在扩张和争夺中，为维护国内的垄断地位，要极力阻止外国资本和商品的输入；同时又要极力争夺世界市场和投资场所，这必然引起各国垄断资本在世界市场的尖锐斗争。为避免两败俱伤，它们往往达成暂时的妥协，从而形成瓜分世界市场的国际垄断同盟。列宁指出，国际垄断同盟是一种"超级垄断"，是全世界资本和生产集中的一个新的、比过去高得多的

———————

① 列宁：《帝国主义是资本主义的最高阶段》，《列宁选集》第 2 卷，人民出版社 1995 年版，第 627 页。

阶段。

五是最大资本主义大国已把世界上的领土瓜分完毕。国际垄断资本从经济上瓜分世界，是同瓜分世界领土和争夺殖民地紧密联系的。帝国主义对世界领土的瓜分，形成了帝国主义的殖民体系。整个世界被分为两极：一极是少数帝国主义宗主国，另一极是广大受剥削、受压迫的殖民地和半殖民地。帝国主义对世界领土瓜分完毕并不意味着斗争的完结。帝国主义对殖民地的占领和对世界的瓜分，是按资本和实力进行的，而帝国主义各国的实力则是随着经济和政治的发展而变化的。伴随着帝国主义实力的变化，帝国主义之间必然会掀起重新瓜分世界、争夺世界霸权的斗争。"在这种情况下，帝国主义战争，即争夺世界霸权、争夺银行资本的市场和扼杀各弱小民族的战争是不可避免的。1914—1918 年的第一次帝国主义大战就是这样的战争。"①

二、帝国主义的实质和历史地位

垄断是帝国主义的实质。列宁认为："帝国主义就其经济实质来说，是垄断资本主义。"② 为什么说垄断是帝国主义的实质呢？因为垄断是资本主义发展到帝国主义阶段的经济根源；上述帝国主义的基本特征，都是垄断这个实质的不同表现；作为垄断资本主义的帝国主义，其经济活动乃至政治活动的决定性动机和目的是获取高额垄断利润。

垄断不仅表现在经济生活中，还表现在政治领域内。垄断组织不仅控制了资本主义国家的各个工业部门和银行系统，成为全部经济生活的基础，而且一小撮金融寡头还控制了国家的政治生活，使得阶级压迫和民族压迫空前加强。垄断资本主义的实质还决定了帝国主义掠夺、侵略和争夺世界霸权的本性。列宁指出："'世界霸权'是帝国主义政治的内容，而

---

① 列宁：《俄共（布）纲领草案》，《列宁全集》第 36 卷，人民出版社 1985 年版，第 80 页。

② 列宁：《帝国主义是资本主义的最高阶段》，《列宁选集》第 2 卷，人民出版社 1995 年版，第 683 页。

帝国主义政治的继续便是帝国主义战争。"①

资本主义由自由竞争发展到垄断，归根到底是资本主义基本矛盾发展的客观要求。垄断形成和发展的结果，一方面使生产更加社会化，另一方面又使社会财富更加集中到少数金融寡头的手里，促使资本主义的基本矛盾更加尖锐化。列宁指出："这就决定了帝国主义的历史地位，因为在自由竞争的基础上、而且正是从自由竞争中生长起来的垄断，是从资本主义社会经济结构向更高级的结构的过渡。"② 根据列宁的分析，帝国主义的历史地位表现为：帝国主义是寄生的或腐朽的资本主义，帝国主义是垂死的资本主义。

帝国主义是寄生性或腐朽性的资本主义。列宁指出："垄断，寡头统治，统治趋向代替了自由趋向，极少数最富强的国家剥削愈来愈多的弱小国家，——这一切产生了帝国主义的这样一些特点，这些特点使人必须说帝国主义是寄生的或腐朽的资本主义。"③ 帝国主义的寄生性和腐朽性主要表现为这样几个方面：一是垄断在一定程度上会失去技术进步的动因，因而使生产和技术的发展出现停滞的趋势；二是垄断带来食利者阶层增长，甚至会出现少数食利国，这种国家的资产阶级愈来愈靠资本输出和"剪息票"为生；三是政治上趋向反动；四是帝国主义的寄生性和腐朽性还会影响到工人运动中来，形成工人贵族，滋长机会主义思潮。

列宁在指出帝国主义必然造成腐朽趋势的同时，认为这一腐朽趋势并不排除"资本主义的迅速发展"。他说："如果以为这一腐朽趋势排除了资本主义的迅速发展，那就错了。不，在帝国主义时代，某些工业部门，某些资产阶级阶层，某些国家，不同程度地时而表现出这种趋势，时而又表现出那种趋势。整个说来，资本主义的发展比从前要快得多，但是这种

① 列宁：《论面目全非的马克思主义和"帝国主义经济主义"》，《列宁全集》第28卷，人民出版社1990年版，第125页。

② 列宁：《帝国主义是资本主义的最高阶段》，《列宁选集》第2卷，人民出版社1995年版，第683页。

③ 列宁：《帝国主义是资本主义的最高阶段》，《列宁选集》第2卷，人民出版社1995年版，第684页。

发展不仅一般地更不平衡了，而且这种不平衡还特别表现在某些资本最雄厚的国家（英国）的腐朽上面。"①

帝国主义是垂死的资本主义。列宁在《帝国主义是资本主义的最高阶段》一书的最后，总结性地指出："根据以上对帝国主义的经济实质的全部论述可以得出一个结论，即应当说帝国主义是过渡的资本主义，或者更确切些说，是垂死的资本主义"②。列宁作出这一论断，是因为帝国主义已经发展到资本主义的最高阶段，在这一阶段将发生社会主义革命，开始从资本主义到社会主义的过渡。列宁指出："不难理解为什么帝国主义是垂死的资本主义，向社会主义过渡的资本主义，因为从资本主义中成长起来的垄断已经是资本主义的垂死状态，是它向社会主义过渡的开始。"③

需要指出的是，列宁说资本主义已经出现"垂死状态"，既不是指资本主义会立即死亡，也不是说资本主义会自然死亡，而是指无产阶级要清醒地看到垄断资本主义在这种新资本主义掩盖下的矛盾，并通过革命来促其死亡。第二次世界大战以来，当代西方资本主义国家吸取了 20 世纪上半叶资本主义陷入危机和战争、促发社会主义革命的教训，在不触动资本主义根本制度的前提下，进行了一些生产关系上的调整和改良。这表明帝国主义经济制度虽然已经日益成为生产力发展的障碍，但在垄断资产阶级及其所掌握的国家机关，还在一定程度上有可能调节这种经济制度的某些方面，以适应生产力的发展。同时，帝国主义在某一国家的实际死亡取决于多种因素，其中最重要的是革命形势的形成。而革命条件的成熟，需要一个相当长的时期。列宁在分析没有革命形势就不可能爆发革命这一问题时，指出革命形势的形成至少要具备这样三个条件：一是统治阶级不能照旧不变地维持自己的统治，统治阶级的政治危机给被压迫阶级的革命造成

---

① 列宁：《帝国主义是资本主义的最高阶段》，《列宁选集》第 2 卷，人民出版社1995 年版，第 684—685 页。

② 列宁：《帝国主义是资本主义的最高阶段》，《列宁选集》第 2 卷，人民出版社1995 年版，第 686 页。

③ 列宁：《帝国主义和社会主义运动中的分裂》，《列宁选集》第 2 卷，人民出版社1995 年版，第 706 页。

了一个突破口；二是被压迫阶级的贫困和灾难超乎寻常地加剧；三是由于以上两个原因，群众的积极性大大提高，以致促使他们去进行革命的行动。很显然，形成无产阶级革命形势的这些客观和主观的条件，不仅需要相当长的时期，而且也是一个曲折的过程。因此，帝国主义的最后灭亡，是一个逐步的、曲折的、复杂的过程。

帝国主义理论的提出，是列宁主义形成的一个重要标志。这一理论深刻地分析和概括了帝国主义的本质、特征和基本矛盾，揭示了帝国主义产生、发展和必然灭亡的客观规律，批判了考茨基的"超帝国主义论"等错误思想，是对马克思主义的一个划时代发展。正是在列宁帝国主义论的指引下，俄国布尔什维克党领导俄国人民才取得了十月革命的伟大胜利，建立了世界上第一个社会主义国家，开辟了人类历史的新纪元；世界各国共产党人才据此制定了无产阶级革命的正确路线、方针和政策，才有了20世纪无产阶级革命和反帝反殖民主义的民族解放运动的发展。列宁提出的帝国主义理论虽然已经有近百年历史，他在书中引用的一些客观材料同现在各国的经济发展情况有所不同，然而当代资本主义的实质仍然是垄断资本主义，帝国主义的本质属性——垄断，以及由垄断所产生的帝国主义的寄生性、腐朽性和垂死性并没有根本改变。尤其是列宁在分析帝国主义问题的立场、观点和方法，对于今天科学认识当代资本主义的发展变化，依然有重要的理论价值和指导意义。

第三节　殖民地国家民族解放运动的理论

列宁在对帝国主义问题的研究中，根据资本主义经济政治发展不平衡规律，根据帝国主义国家与殖民地国家的新情况，提出了殖民地国家民族解放运动的理论。

一、把压迫民族和被压迫民族区别开来

民族问题的理论是马克思主义的重要组成部分。列宁进一步阐明了帝

国主义时代的民族问题，明确提出必须将民族划分为压迫民族和被压迫民族；殖民地国家民族解放运动是世界无产阶级革命的一部分。这些重要思想丰富和发展了马克思主义民族理论。

19世纪末20世纪初，帝国主义进一步加剧了对殖民地的掠夺。仅从1876年至1914年，英、美、法、德、俄五个殖民帝国先后掠夺了2500万平方公里的土地，统治着5亿以上的殖民地人民。由于帝国主义已经将世界领土瓜分完毕，整个世界出现了帝国主义宗主国和广大殖民地半殖民地两极。残酷的压迫与剥削，激化了各宗主国与殖民地的矛盾，也唤醒了殖民地人民。这样，民族问题由欧美地区一国内的民族问题发展成世界范围的民族殖民地问题。第一次世界大战爆发后，民族殖民地问题空前尖锐，许多殖民地爆发了争取民族独立的斗争。形势的发展要求各宗主国无产阶级的革命斗争与殖民地半殖民地人民的民族解放斗争联合起来，加强反帝斗争，争取共同胜利。但是，战争也加速了民族主义的泛滥，第二国际大多数党的右派领袖，积极拥护帝国主义侵略政策，公然为殖民主义辩护。

列宁于1915年七八月间，在《和平问题》一文中，提出无产阶级政党在考察、处理民族问题时，必须把它同帝国主义时代联系起来。认为这一时代的一个重要特点就是世界各民族已划分为压迫民族与被压迫民族两部分。出现这种状况是由帝国主义的本质决定的。自世界资本主义进入帝国主义时代以来，少数发达的资本主义国家已经积累起数量巨大的金融资本，这些国家凭借他们雄厚的财力和武装力量，剥削压迫世界的绝大多数居民。而占世界人口绝大多数的殖民地半殖民地人民，成了少数帝国主义掠夺的对象，沦为被压迫民族，民族独立解放是他们的迫切要求。

列宁之所以强调这种区别，是为了同第二国际机会主义和资产阶级民主派划清界限。第二国际机会主义者所关心的只是欧洲范围的一些民族问题，如爱尔兰人、匈牙利人、波兰人、芬兰人、塞尔维亚人的问题。对于遭受更为残酷压迫的亚洲、非洲的被压迫民族并不关心。他们把欧洲人称为"文明民族"，把殖民地半殖民地的人民称为"非文明民族"，认为"文明民族"统治"非文明民族"是必要的。他们不谴责任何殖民政策，反而认为殖民政策可以起到传播文明的作用。资产阶级民主派则抽象地、形式地提出平等，包括民族平等问题。他们用资产阶级伪善的平等来掩盖压迫民族与被压迫民族的区别，宣布压迫的、享有充分权利的民族与被压迫的、没有充分权利的民族之间形式上、法律上的平等，散布在资本主义制度下各民族能够和平共处和一律平等的幻想，从而欺骗广大被压迫人民。

列宁关于必须将世界民族划分为压迫民族和被压迫民族的思想，扩大了民族问题的范围，把它从仅仅局限于欧洲一些弱小民族的问题扩大为全世界一切被压迫民族的独立解放问题，从而为无产阶级革命找到了更为广大的同盟军。

二、民族解放斗争是世界无产阶级革命的一部分

压迫民族和被压迫民族的对立必然促进被压迫民族和民族解放运动的觉醒，促进反对一切民族压迫的斗争，这已成为资本主义发展过程中民族问题的一个重要趋势。20 世纪初，列宁根据帝国主义和无产阶级革命时代的特点，进一步强调把争取社会主义的革命斗争同民族问题联系起来。他指出："帝国主义意味着资本的发展超出了民族国家的范围，意味着民族压迫在新的历史基础上的扩大和加剧。""我们应当把争取社会主义的革命斗争同民族问题的革命纲领联系起来。"① 他在谈到殖民地革命的重要意义时说，从 20 世纪初叶开始，殖民地国家的革命运动已经发生了很大的变化，占世界人口绝大多数的千千万万人民，现在已经作为独立的、积极的革命因素出现了。十分明显，在未来世界革命的决战中，占世界人口多数的人民运动，最初是为了争取民族解放，将来一定会转而反对资本主义和帝国主义，它所起的革命作用，也许比我们所希望的要大得多。

殖民地民族解放斗争作为世界无产阶级革命的一部分，意味着全世界无产者和被压迫民族联合起来，共同进行反对帝国主义的斗争。列宁指出，共产国际在民族和殖民地问题上的全部政策，主要应该使各民族和各国无产者与劳动群众彼此接近起来，共同进行革命斗争去打倒地主和资产

---

① 列宁：《革命的无产阶级和民族自决权》，《列宁全集》第 27 卷，人民出版社 1990 年版，第 77、78 页。

阶级。因为只有这样，才能保证战胜资本主义，如果没有这一胜利，便不能消灭民族压迫和不平等现象。他还强调，共产国际有不少殖民地国家革命运动的代表参加，这是先进资本主义国家的革命无产者同东方各殖民地国家的被压迫群众联合起来的开始。因此，必须使资本主义国家无产阶级的革命斗争同被压迫民族的民族解放运动联合起来。1920 年 9 月，共产国际执委会在巴库召开东方各民族代表大会，决定出版《东方杂志》，根据列宁的上述思想，提出了一个简明的纲领性口号："全世界无产者和被压迫民族联合起来！"列宁高度赞扬了这一口号，认为它正确概括了共产国际在民族殖民地问题上的全部政策，丰富和发展了马克思、恩格斯提出的"全世界无产者联合起来！"的口号。

列宁坚决支持东方的民族解放运动，热情地赞颂亚洲人民的觉醒和革命运动的高涨。从 20 世纪初期开始，土耳其、波斯、中国相继发生了革命，印度人民也展开了争取独立的人民革命运动，世界未来的发展在很大程度上取决于占人口多数的中国和印度等国家。为此，列宁指出："在亚洲，强大的民主运动到处都在发展、扩大和加强。那里的资产阶级还在同人民一起反对反动势力。数亿人正在觉醒起来，追求生活，追求光明，追求自由。这个世界性的运动使一切懂得只有通过民主才能达到集体主义的觉悟工人多么欢欣鼓舞！一切真诚的民主主义者对年轻的亚洲是多么同情！""亚洲数亿劳动者，却有着一切文明国家里的无产阶级做他们的可靠的同盟者。世界上没有任何力量能阻止无产阶级的胜利，而这一胜利一定能够把欧洲各国人民和亚洲各国人民都解放出来。"[①]

列宁关于殖民地和民族解放运动的理论，是列宁主义的重要组成部分，也是对马克思主义的重大贡献。这一理论对殖民地半殖民地国家和地区的民族解放运动产生了重大而深远的影响。在这一理论鼓舞和指引下，亚非拉一大批国家通过不断的斗争，取得了民族独立，改变了世界的格局。列宁的有关思想，对于我们认识当今世界错综复杂的民族问题和民族

---

① 列宁：《落后的欧洲和先进的亚洲》，《列宁选集》第 2 卷，人民出版社 1995 年版，第 318—319 页。

矛盾依然具有指导和启发意义。

第四节　社会主义在一国或数国首先胜利理论和十月革命

列宁在深入研究帝国主义问题过程中，揭示了资本主义经济政治发展不平衡的规律，并依据这一规律揭示了帝国主义的薄弱环节，提出社会主义可以在一国或数国首先取得胜利的思想。这一理论，为俄国十月社会主义革命的胜利奠定了理论基础，也为经济文化比较落后的国家进行社会主义革命提供了理论指导。

一、社会主义在一国或数国首先取得胜利的基本依据

19 世纪 40 年代，马克思、恩格斯根据对自由竞争时期资本主义国家经济政治发展情况的分析和研究，探讨了无产阶级革命的发生问题。他们认为，资本主义的工业的发展，形成了世界市场，同时也把资本主义各个国家的人民紧密地联系在一起，每一个国家的人民都将受到另一个国家革命的影响；而且大工业的发展，也使所有资本主义国家的社会发展程度不相上下。因此，作为国际无产阶级共同事业的社会主义革命，将是在一切资本主义国家，至少在英、美、法、德等国同时发生的革命。无产阶级的联合行动，是社会主义革命获得胜利的条件之一。在相当长的时期里，列宁也一直坚持马克思主义创始人关于社会主义革命进程的这些看法。但通过对帝国主义问题的深入研究，他根据帝国主义时代无产阶级革命条件的发展变化，提出社会主义可以在一国或数国首先取得胜利的理论。

资本主义经济政治发展不平衡的规律，必然导致帝国主义战争。帝国主义之间的战争，将为社会主义在一国或数国首先胜利带来有利的国际形势。经济政治发展不平衡，是资本主义的一个规律。列宁发现，到了帝国主义阶段，各资本主义国家的经济政治发展不平衡进一步加剧，表现得更为明显和突出。一些后起的资本主义国家迅速崛起，而一些老牌资本主义

国家发展相对缓慢。如美国、德国的经济发展速度很快，在不到半个世纪里就超过了英国、法国，成为新兴的帝国主义国家。列宁根据诸多事实材料明确指出，这种经济政治发展不平衡是资本主义的绝对规律，它不仅对国际关系的变化产生重大影响，而且对世界革命的进程也会产生深远影响。经济发展的不平衡，必然会引起政治、军事力量发展的不平衡，并改变资本主义各国的实力对比。各帝国主义国家的实力对比发生新的巨大变化，必将引起它们之间的矛盾激化。因为后起的帝国主义国家必然要求重新划分势力范围，而在世界已被瓜分完毕的情况下，这种矛盾冲突加剧就不可避免地导致战争的爆发。帝国主义之间的战争，会使帝国主义国家相互削弱，使它们不能联合起来镇压革命；战争同时也会加重社会的灾难，造成政治和经济危机，促使革命的爆发，这就为社会主义在一国或数国首先取得胜利带来有利的形势和条件。

资本主义经济政治发展不平衡，形成了帝国主义体系的薄弱环节。这种薄弱环节的存在，为社会主义在一国或数国首先胜利提供了可能。列宁认为，在帝国主义时代，已经形成了一种世界性的经济体系。无论是发达国家，还是不发达国家，全都卷入了这个世界性的资本主义经济体系中。这是因为帝国主义到处伸手，把落后国家变成了自己的殖民地，使得这些国家的经济也纳入了世界资本主义经济的轨道，个别国家和个别民族的经济已不再是一个独立自主的单位，而成为组成帝国主义体系的总链条中的各个环节。由于受经济政治发展不平衡规律的影响，不仅各帝国主义国家之间存在着经济实力、军事实力上的差距，各国统治阶级统治的巩固程度和无产阶级的成熟程度也会存在着差距，这就决定了在帝国主义这个总链条中有薄弱环节的存在。列宁认为，帝国主义整个链条的强度，不是由最强的那个环节决定的，而是由最弱的那个环节决定的。因此，帝国主义的统治是可以在最薄弱的环节被打破的。也就是说，革命是可以从帝国主义链条的薄弱环节开始的。

已经具备了革命形势和革命力量的国家，就可以在帝国主义体系的薄弱环节首先进行革命并获得胜利。列宁认为，所谓帝国主义体系的薄弱环节，不一定是发达资本主义国家，因为这里统治阶级的统治能力较强；但也不会是连大工业和现代无产阶级都没有的经济文化非常落后的国家，这样的国家不具备搞社会主义的起码条件。有条件的往往是经济文化比较落后、但又有一定的社会化大生产以及与此相联系的现代无产阶级，并且阶级矛盾异常尖锐、激烈的国家。当被统治阶级和统治阶级都面临生存危机的时候，被统治阶级不愿照旧生活下去而统治阶级也不能照旧维持下去了，有强有力的无产阶级政党能够把无产阶级和一切被压迫或对统治阶级不满的群众动员组织起来，形成强大的革命力量，就可以首先从帝国主义体系的薄弱环节上实现突破。而当一个国家突破了帝国主义体系中的薄弱环节，取得社会主义革命的胜利，就会成为世界社会主义革命的起点，必将引起已具备革命条件的国家发生连锁式的革命。

1915 年 8 月，列宁在《论欧洲联邦口号》一文中，根据资本主义经济政治发展不平衡规律，首次提出了社会主义可以在一国或数国首先取得胜利的思想。他指出："经济和政治发展的不平衡是资本主义的绝对规律。由此就应得出结论：社会主义可能首先在少数甚至在单独一个资本主义国家内获得胜利。"[1] 一年以后，列宁在《无产阶级革命的军事纲领》一文中再次强调："资本主义的发展在各个国家是极不平衡的。而且在商品生产下也只能是这样。由此得出一个必然的结论：社会主义不能在所有国家内同时获得胜利，它将首先在一个或者几个国家内获得胜利，而其余的国家在一段时间内将仍然是资产阶级的或资产阶级以前的国家"[2]。

在列宁提出社会主义可以在一国或数国首先取得胜利思想时，俄国资产阶级民主革命还没有完成，所以列宁并没有认为俄国可以成为首先取得社会主义革命胜利的国家，而是认为俄国无产阶级的任务是把俄国的民主

---

[1] 列宁：《论欧洲联邦口号》，《列宁选集》第 2 卷，人民出版社 1995 年版，第 554 页。

[2] 列宁：《无产阶级革命的军事纲领》，《列宁选集》第 2 卷，人民出版社 1995 年版，第 722 页。

革命进行到底，使无产阶级领导的俄国民主革命成为"未来欧洲革命的序幕"。1917 年俄国二月革命胜利后，社会主义革命很快被提上了实践日程。在这样的情况下，列宁对经济文化比较落后的俄国能否首先取得社会主义革命胜利的问题进行了新的探索和回答。列宁认为，俄国虽然不是资本主义经济最发达的国家，但却是帝国主义时代一切矛盾的集合焦点，是统治阶级的统治能力较弱的国家。由于各种矛盾错综复杂地交织在一起，极大地削弱了统治阶级的统治能力，再加上俄国的无产阶级有布尔什维克党的领导，这个无产阶级又拥有千百万农民这样一个重要的同盟者。因此，在俄国这样一个经济文化比较落后的国家，已经具备革命形势和革命的力量，可以先于欧洲其他国家开始社会主义革命。也正是在这一理论的指导下，俄国取得了十月革命的胜利。

列宁关于社会主义可以在一国或数国首先取得胜利的理论，科学地解答了帝国主义时代无产阶级社会主义革命面临的新问题，为经济文化比较落后国家率先走上社会主义道路指明了方向，是对马克思主义关于无产阶级革命理论的继承与发展。

二、十月革命的伟大胜利和第一个社会主义国家的诞生

第一次世界大战爆发之前，俄国沙皇专制统治已经陷入深刻的危机，革命出现高潮。大战爆发后，俄国社会矛盾日益尖锐，革命形势迅速成熟。

1917 年 2 月，俄国人民在以列宁为首的布尔什维克党的领导下，进行了二月革命，推翻了沙皇专制统治。二月革命爆发的时候，列宁尚在国外。当他得知沙皇专制政府已被推翻，随即迅速研究了国内情况并得出结论：俄国民主革命的任务已经完成，应当立即采取切实步骤将革命推向第二阶段，逐步实现社会主义革命。4 月，列宁结束长期在国外的流亡生活回到俄国，发表了著名的《四月提纲》，制订了从资产阶级民主革命向社会主义革命过渡的明确路线和具体计划，明确提出"全部政权归苏维埃"的口号。根据《四月提纲》的指示，布尔什维克党在群众中展开了组织和教育工作，彼得格勒和莫斯科苏维埃逐步转到了布尔什维克党方面。9

月到 10 月间，工人罢工、农民起义、士兵骚动此起彼伏，革命形势完全成熟。布尔什维克党在全国各地着手准备武装起义。

1917 年 11 月 7 日（俄历 10 月 25 日），俄国首都彼得格勒（圣彼得堡）的工人赤卫队和士兵在列宁和布尔什维克党领导下首先举行武装起义。以停泊在涅瓦河上的"阿芙乐尔号"巡洋舰的炮声为信号，彼得格勒的工人和士兵开始向冬宫发起攻击，深夜攻入冬宫，逮捕临时政府成员，临时政府首脑克伦斯基逃亡。当晚，在斯莫尔尼宫召开第二次全俄苏维埃代表大会，宣布临时政府被推翻，中央和地方全部政权已转归苏维埃。第二天，列宁在大会上作报告，大会通过了《和平法令》和《土地法令》，组成了以列宁为主席的第一届苏维埃政府——人民委员会，世界上第一个社会主义国家宣告诞生。彼得格勒武装起义的胜利，奠定了苏维埃政权胜利前进的基础。从 1917 年 10 月到 1918 年 2 月，革命扩展到俄国各地。十月革命取得胜利。

十月革命的胜利，创立了世界上第一个工人阶级领导的人民当家作主的新政权，开辟了人类历史的新纪元，掀开了社会主义历史的新篇章。它不仅把俄国亿万工农劳动大众，包括被压迫的少数民族从封建主义和资本主义的剥削压迫下解放了出来，而且对国际无产阶级和被压迫民族的解放斗争也是一个极大的鼓舞和推动。

三、十月革命的历史经验

十月革命的胜利，实现了科学社会主义从理想到现实的巨大飞跃，验证了列宁的帝国主义理论和社会主义可以在一国或数国首先取得胜利的理论，并为帝国主义时代经济文化比较落后的国家走上社会主义道路提供了宝贵经验。列宁对此曾作过多次总结。其中主要有这样几个方面：

第一，当革命形势和条件成熟时，经济文化比较落后的国家可以率先进行社会主义革命。社会主义可以在一国或数国首先取得胜利理论的提出，使俄国这样的经济文化比较落后的国家进行社会主义革命有了可靠的理论依据。俄国二月革命以后，列宁充分地认识到，革命形势的发展为俄国进行社会主义革命创造了十分有利的条件，俄国完全可以先于西欧开始社会主义革命，首先取得政权。他认为，"革命在几个月以内就使得俄国在政治制度方面赶上了先进国家"①。十月革命胜利以后，列宁对此又作了进一步的总结。他指出，和各先进国家相比，俄国是一个比较容易开始社会主义革命的国家。其主要原因是：由于经济落后，俄国不像先进国家那样有力量收买工人上层分子；非常落后的沙皇君主制的政治制度使得群众的革命攻击力量异常强大；俄国的落后又使无产阶级反对资产阶级的革命能够和农民反对地主的革命结合起来，便于从资产阶级革命过渡到社会主义革命；俄国人民经历过 1905 年革命的"总演习"，俄国的地理条件也使它能够长久地对抗资本主义先进国家的军事优势。在这样的情况下，俄国无产阶级不失时机地夺取政权、开始社会主义革命，是完全正确的。针对第二国际机会主义者以"俄国生产力还没有发展到足以实现社会主义的水平"为借口来攻击俄国革命的论调，他特别明确地强调，既然帝国主义战争造成了使俄国能够实现工农联合的环境，并且十倍地增强了工农的力量，俄国无产阶级为什么不能首先用强力夺取政权，然后利用工农政权和苏维埃制度这个条件，使俄国的发展水平追上别国呢？列宁指出："世界历史发展的一般规律，不仅丝毫不排斥个别发展阶段在发展的形式或顺序上表现出特殊性，反而是以此为前提的。"② 正是掌握和运用了这一历史的辩证法，布尔什维克党才能领导俄国无产阶级和广大群众取得十月社会主义革命的胜利。

第二，必须有一个马克思主义武装的、具有铁的纪律的、得到人民群众拥护的工人阶级政党。列宁认为，这是布尔什维克党成功的基本条件之一。俄国的革命者由于遭到沙皇政府的迫害，许多都长期侨居国外，在 19 世纪下半叶就有了广泛的国际联系，对世界各国革命运动的形势和理论也十分熟悉。从 1903 年到 1917 年，布尔什维克党已经有了十几年的革命斗争历史，经历了合法的和不合法的、和平的和激烈的、地下的和公开

① 列宁：《大难临头，出路何在？》，《列宁选集》第 3 卷，人民出版社 1995 年版，第 271 页。

② 列宁：《论我国革命》，《列宁选集》第 4 卷，人民出版社 1995 年版，第 776 页。

的、小组的和群众的、议会的和武装的等多种斗争形式的磨炼，积累了丰富的斗争经验。更为重要的是，党有铁的纪律。正如列宁所说，如果我们党没有极严格的、真正的铁的纪律，如果我们党没有得到整个工人阶级全心全意的拥护，也就是说，没有得到工人阶级中所有一切善于思考、正直、有自我牺牲精神、有威信并且能带领或吸引落后阶层的人的全心全意的拥护，那么布尔什维克别说把政权保持两年半，就是两个半月也保不住。布尔什维克之所以具有这种品格，一是靠它的觉悟和对革命的忠诚，靠它的坚韧不拔、自我牺牲和英雄气概；二是靠它善于同最广大的劳动群众密切联系，甚至打成一片；三是靠党实行的政治领导的正确，靠它的政治战略和策略的正确。

第三，无产阶级政党必须掌握革命的领导权，进行彻底的资产阶级民主革命，并及时将革命推进到社会主义革命阶段。工人阶级政党掌握革命的领导权是革命取得胜利的关键，只有掌握革命的领导权，才能够有效实施党的思想和政治纲领，否则，就将一事无成。掌握领导权的工人阶级政党，必须将革命进行到底。1921 年，列宁在《十月革命四周年》一文中总结了这方面的经验。他指出，俄国革命第一阶段的直接的迫切任务是资产阶级民主性的任务，即打倒阻碍一切文化发展和一切进步的中世纪的残余，彻底肃清这些残余，扫除俄国的这种野蛮现象。具体来说，这些现象就是封建农奴制度、君主制、等级制、土地占有制、土地使用权、妇女地位、宗教和民族压迫。列宁认为，俄国革命对于中世纪封建主义的清除工作比一百多年前的法国大革命要坚决、迅速、大胆、有效、广泛和深刻得多。"我们比谁都更彻底地进行了资产阶级民主革命。我们完全是自觉地、坚定地和一往直前地向着社会主义革命迈进，我们知道社会主义革命和资产阶级民主革命之间并没有隔着一道万里长城。""前一革命可以转变为后一革命。后一革命可以顺便解决前一革命的问题。后一革命可以巩固前一革命的事业……苏维埃制度就是由一种革命发展为另一种革命的明证或表现之一。"[1]

---

[1]　列宁：《十月革命四周年》，《列宁选集》第 4 卷，人民出版社 1995 年版，第 563—564、566 页。

第四，为了争取广大群众，必须善于学会和掌握无产阶级的正确的革命策略。列宁明确指出，不能把自己同群众隔离开来，革命家不应拒绝，反而应当在反动工会中做工作，去开展群众工作；在广大群众还没有摆脱资产阶级议会制的偏见时，共产党人应当积极参加议会斗争和议会选举，以教育群众。共产党人应当为了革命的目的而对敌人善于采取妥协的策略，必须使自己的策略具有最大的灵活性，以便通过灵活的妥协来利用敌人的内部矛盾和争取同盟者。谁不懂得这一点，谁就是丝毫不懂得马克思主义，丝毫不懂得一般的现代科学社会主义。

十月革命为无产阶级和劳动人民寻求解放展现了一条新道路，推动了马克思列宁主义在全世界的传播。十月革命的历史经验至今仍然闪耀着真理的光辉。

思考题：

1. 列宁在无产阶级政党的建设方面有哪些新的理论贡献？
2. 无产阶级应该如何对待资产阶级民主革命？
3. 结合当今时代，谈谈你对列宁关于帝国主义本质的论断的认识。
4. 如何理解经济文化比较落后的国家率先走上社会主义道路的必然性与合理性？

第五章 苏联东欧社会主义发展及其挫折

十月革命胜利以后，列宁围绕俄国如何建立新型的无产阶级政权以及如何向社会主义过渡、如何建设社会主义等问题，以实践为基础进行了积极的探索，提出了一系列重要思想。斯大林领导苏联人民继续推进列宁开创的社会主义事业，取得了巨大成就，同时也有许多失误和教训。20 世纪 50 年代之后，苏联社会主义有所发展，但各种矛盾和问题也日益凸显，特别是 80 年代末 90 年代初由于领导层的错误，最终导致苏共垮台、苏联解体，使世界社会主义运动遭受严重挫折，留下了许多令人深思的经验教训。

第一节 列宁的过渡时期理论和无产阶级专政学说

列宁在十月革命胜利前，就提出并思考了革命胜利后建设什么样的新型国家政权以及如何向社会主义过渡的问题。十月革命胜利以后，列宁对这些问题进行了集中思考，他深刻分析了俄国向社会主义过渡所面临的经济政治状况，充分论证了建立和巩固无产阶级专政的必要性和重要性，进一步丰富和发展了马克思主义过渡时期理论和无产阶级专政学说，解决了建立和巩固社会主义制度的一系列重大问题。

一、无产阶级革命胜利后必然要经历一个过渡时期

无产阶级夺取政权以后，实现从资本主义到社会主义的革命转变，必然要经历一个过渡时期，这是一切走向社会主义的国家不可逾越的发展阶段。马克思在《哥达纲领批判》一书中对这一思想作过明确阐述。列宁在领导俄国无产阶级革命的实践中，对这一思想作了进一步发展。

十月革命前夕，列宁在《国家与革命》一书中，系统考察了马克思关于过渡时期的论述，着重阐述了过渡时期的必要性和无产阶级专政的历

史作用。他认为，马克思用历史唯物主义的观点，研究从资本主义到社会主义、共产主义的发展，十分明确地作出了这样一个判断：从资本主义向共产主义过渡即到社会主义制度的建立，必然会有一个革命的转变时期，也就是过渡时期。

十月革命胜利后，列宁在实践经验的基础上，对过渡时期的认识逐步加深。

首先，列宁强调了过渡时期的必要性和艰巨性。他指出："在资本主义和共产主义之间有一个过渡时期，这在理论上是毫无疑义的。"① 也就是说，在一切国家，无产阶级取得胜利以后都要经历这样一个过渡时期。但实现这样的过渡，是前所未有的新事业，必然要遇到很多困难。他认为："由于历史进程的曲折而不得不开始社会主义革命的那个国家愈落后，它由旧的资本主义关系过渡到社会主义关系就愈困难。"② "怎样实际地从旧的、习惯了的、大家都熟悉的资本主义向新的、还没有产生的、没有牢固基础的社会主义过渡，却是一个最困难的任务。"③

其次，列宁深入分析了过渡时期的经济结构及其特点。1918 年 5 月，在《论"左派"的幼稚性和小资产阶级性》一文中，他分析了俄国过渡时期的经济结构，认为俄国主要存在五种经济成分：（1）宗法式的，即在很大程度上是自然的农民经济；（2）小商品生产，包括经营粮食的个体农民；（3）私人资本主义；（4）国家资本主义；（5）社会主义。1919 年 10 月，在《无产阶级专政时代的经济和政治》一书中，他把俄国过渡时期的基本经济形式概括为资本主义、小商品生产和共产主义三种。他强调，每个国家从资本主义向社会主义过渡的时期，都不可避免地存在着多种经济成分。尽管各个国家的特点有所不同，但过渡时期的经济结构和阶

---

① 列宁：《无产阶级专政时代的经济和政治》，《列宁选集》第 4 卷，人民出版社 1995 年版，第 59 页。

② 列宁：《俄共（布）第七次（紧急）代表大会文献》，《列宁选集》第 3 卷，人民出版社 1995 年版，第 436 页。

③ 列宁：《在第七届全俄中央执行委员会第一次会议上的报告》，《列宁全集》第 38 卷，人民出版社 1986 年版，第 113 页。

级关系基本上是相同的。就俄国来说，过渡时期"经济的基本形式就是资本主义、小商品生产和共产主义。这些基本力量就是资产阶级、小资产阶级（特别是农民）和无产阶级"①。这样的经济结构，决定了俄国过渡时期的基本特点。

再次，列宁强调要对小农经济实行社会主义改造。他认为苏维埃政权建立以后，废除了土地私有制，剥夺了大地主、大资产阶级的生产资料，建立了社会主义经济，但小商品生产还大量存在着和发展着，资本主义能够在这个基础上重新复活起来，要战胜资本主义，还必须对小生产进行社会主义改造。只有对小农经济进行社会主义改造，才能建立、巩固和发展社会主义公有制经济。他强调："这个过渡时期不能不是衰亡着的资本主义与生长着的共产主义彼此斗争的时期，换句话说，就是已被打败但还未被消灭的资本主义和已经诞生但还非常幼弱的共产主义彼此斗争的时期。"②

二、建立和巩固无产阶级专政

无产阶级专政是马克思主义的一个重要问题。在十月革命前后，列宁先后写了《国家与革命》、《无产阶级革命和叛徒考茨基》等著作，提出了"承认不承认无产阶级专政是检验是不是马克思主义者试金石"的命题。在建立和巩固无产阶级专政过程中，列宁根据俄国社会主义革命和建设的实践经验，深刻阐明了实行无产阶级专政的必然性和必要性、无产阶级专政的形式和实质、无产阶级专政与民主、无产阶级专政的阶级基础和领导力量等问题，进一步发展了马克思主义的无产阶级专政理论。

第一，在从资本主义到社会主义的过渡时期，以及在进入共产主义高

---

① 列宁：《无产阶级专政时代的经济和政治》，《列宁选集》第4卷，人民出版社1995年版，第60页。
② 列宁：《无产阶级专政时代的经济和政治》，《列宁选集》第4卷，人民出版社1995年版，第59页。

级阶段以前，都要坚持无产阶级专政。一方面，列宁坚持和发展了马克思、恩格斯关于过渡时期无产阶级专政的思想，认为在从资本主义到社会主义的过渡时期中，无产阶级已经推翻了资产阶级的统治，掌握了国家政权，支配着大量的生产资料，剥削阶级的生产资料基本上被剥夺，但他们没有被消灭，还有一定的力量，还有同国际资本的联系，必然进行拼死反抗；过渡时期的农民和其他小资产阶级，作为劳动者有摆脱地主资本家压迫的要求，作为小私有者又在无产阶级与资产阶级之间动摇不定，为了维护无产阶级的统治，反对和防止敌对势力的破坏活动，同时也是为了实现对小生产者的社会主义改造，必须坚持无产阶级专政。这个时期的无产阶级专政不是阶级斗争的结束，而是阶级斗争在新形势下的继续。另一方面，列宁在研究共产主义社会第一阶段的国家问题时，提出在过渡时期结束以后，"还需要有国家在保卫生产资料公有制的同时来保卫劳动的平等和产品分配的平等"①，无产阶级专政的国家不仅不能消亡，还要不断巩固和发展，但是任务和形式都将发生变化。只有坚持无产阶级专政，才能创造消灭阶级差别的物质基础和社会条件，才能实现向无阶级社会的转变，使国家自行消亡。

第二，苏维埃政权是无产阶级专政的一种实现形式。马克思曾经指出，巴黎公社实质上是工人政府，是可以使劳动者在经济上获得解放的政治形式。列宁在领导俄国无产阶级革命的过程中，同样发现了苏维埃是俄国无产阶级专政的具体组织形式。苏维埃是俄国劳动人民在反对沙皇专制统治的革命斗争过程中创造出来的领导武装起义的机关。列宁一开始就把它看成是"临时革命政府的萌芽"②。他认为，苏维埃作为新型国家机构，同广大人民群众有极其密切的联系，它的成员依据民意选出和更换，体现着更充分的民主；它可以把议会制的长处和直接民主制的长处结合起来，通过人民代表把立法的职能和执行法律的职能结合起来；它可以成为无产

---

① 列宁：《国家与革命》，《列宁选集》第 3 卷，人民出版社 1995 年版，第 196 页。
② 列宁：《我们的任务和工人代表苏维埃》，《列宁全集》第 12 卷，人民出版社 1987 年版，第 57 页。

阶级先锋队用来实现对广大群众领导的途径。十月革命胜利当天召开的全俄苏维埃第二次代表大会，通过了列宁起草的《告工人、士兵和农民书》，明确宣布全部政权归苏维埃。从此，苏维埃成为俄国无产阶级专政的政权组织形式。列宁认为，苏维埃是无产阶级专政的俄国形式，而每个民族在向社会主义过渡时，将会创造适合于自己民族特点的无产阶级专政形式。在无产阶级专政的这种或那种类型上，每个民族都会有自己的特点。

　　第三，无产阶级专政是新型民主和新型专政的结合。列宁认为无产阶级专政是"新型民主的（对无产者和一般穷人是民主的）和新型专政的（对资产阶级是专政的）国家"①。所谓新型民主和新型专政的国家，都是相对于资本主义国家而言的。资产阶级的民主是只供少数富人享受的民主，而无产阶级的民主才是无产阶级和大多数人享受的民主。资产阶级专政是少数人对多数人的专政，而无产阶级专政是最广大人民对少数被推翻的压迫者、剥削者的专政。因此，列宁指出，"无产阶级专政的实质不仅在于暴力，而且主要不在于暴力。它的主要实质在于劳动者的先进部队、先锋队、唯一领导者即无产阶级的组织性和纪律性"②。从整个无产阶级专政的任务来看，除了镇压剥削阶级反抗以外，更大量的、更重要的任务是组织广大群众参加对国家的民主管理，创造比资本主义更高的劳动生产率。"无产阶级专政决不只是推翻资产阶级或推翻地主……无产阶级专政是要保证建立秩序、纪律，提高劳动生产率，实行计算和监督，建立比过去更巩固更坚强的无产阶级苏维埃政权。"③ 他强调，无产阶级专政的实质主要在于无产阶级代表着并实现着比资本主义更高的社会劳动组织。只有吸引广大的人民群众参加国家事务的管理，参与政治生活，无产阶级专政才能获得广泛而牢固的社会基础。

---

① 列宁：《国家与革命》，《列宁选集》第 3 卷，人民出版社 1995 年版，第 140 页。
② 列宁：《向匈牙利工人致敬》，《列宁选集》第 3 卷，人民出版社 1995 年版，第 835 页。
③ 列宁：《在全俄中央执行委员会会议上苏维埃政权的当前任务的报告》，《列宁全集》第 34 卷，人民出版社 1985 年版，第 242 页。

　　第四，无产阶级专政是特殊形式的阶级联盟，是无产阶级与广大人民结成的联盟，其中主要的是工人阶级同农民的联盟。列宁认为，在俄国的情况下，无产阶级同其他劳动阶层结成广泛的阶级联盟，无产阶级专政才会有深厚的阶级基础和社会基础。他说：无产阶级专政是"无产阶级同人数众多的非无产阶级的劳动阶层（小资产阶级、小业主、农民、知识分子等等）或同他们的大多数结成的特种形式的阶级联盟"①。在农民占多数的国家里，工人阶级和农民联盟尤为重要。列宁把维护工农联盟看做是无产阶级专政的最高原则。无产阶级只有得到农民的支持，结成巩固的工农联盟，才能形成强大革命力量。他认为，由于无产阶级和农民的根本利益是一致的，因此无产阶级在社会主义革命和建设中能够得到贫苦农民的支持。

　　第五，实现无产阶级专政，必须有无产阶级政党的领导。列宁认为，无产阶级只有在自己政党领导下，才能实现自己的历史使命；无产阶级专政只有在无产阶级政党的领导下，才能发挥它的作用。"只有这个先锋队才能抵制这些群众中不可避免的小资产阶级动摇性，抵制无产阶级中不可避免的种种行业狭隘性或行业偏见的传统和恶习的复发，并领导全体无产阶级的一切联合行动，也就是说在政治上领导无产阶级，并且通过无产阶级领导全体劳动群众。不这样，便不能实现无产阶级专政。"② 所以，坚持无产阶级专政，必须坚持无产阶级政党的领导。列宁还指出，党要领导全体无产阶级和广大劳动群众去完成无产阶级专政的历史任务，必须通过苏维埃、工会、共青团、非党工农代表会议等组织，同广大劳动群众取得密切联系，这也是实现无产阶级专政的重要环节。后来，列宁还针对当时出现的党政不分、以党代政的情况，明确提出要正确划分党组织和苏维埃的职权范围问题，强调党的任务"是对所有国家机关的工作进行总的领

---

①　列宁：《〈关于用自由平等口号欺骗人民〉出版序言》，《列宁全集》第 36 卷，人民出版社 1985 年版，第 362—363 页。

②　列宁：《俄共（布）第十次代表大会文献》，《列宁选集》第 4 卷，人民出版社 1995年版，第 474 页。

导，不是像目前那样进行过分频繁的、不正常的、往往是琐碎的干预"①。
列宁的这些思想对于俄国无产阶级政权的建立和巩固，起到了重要的指导
作用。

第二节　列宁的新经济政策

率先取得社会主义革命胜利的俄国，是一个经济文化比较落后的国
家。在这样一个国家，怎样建设、巩固和发展社会主义，既是一个崭新的
课题，也是一个历史性的难题。围绕这个问题，列宁从"战时共产主义"
的实践中总结经验教训，提出了新经济政策，形成了建设和发展社会主义
的新思路，并积累了在经济文化比较落后国家巩固和发展社会主义制度的
重要经验。

一、从"战时共产主义"到新经济政策

1918 年夏天，帝国主义发动了对苏维埃政权的武装干涉，国内白卫
军也乘机叛乱，苏维埃俄国欧洲部分 3/4 的领土被帝国主义和叛乱者占
领，重要的产粮区和工业原料产地被切断，苏维埃俄国陷入极其困难的境
地。在这种情况下，为了保卫新生的政权，把有限的财力物力用于战争，
苏维埃政府陆续推出了一系列适应战时需要的非常措施。这些措施带有按
军事共产主义原则调整产品生产和分配的特点，因而被称为"战时共产
主义"政策。

这个政策的主要内容包括：（1）实行余粮收集制，农民要按照国
家规定的数量交售粮食和其他农产品，禁止粮食买卖。（2）把所有工
厂企业收归国有，由国家集中管理，进行统一的生产和分配等。（3）
限制市场，取消私人贸易，实行粮食和日用工业品的配给制。（4）实

---

① 列宁：《就党的十一大政治报告提纲给莫洛托夫并转中央全会的信》，《列宁全集》
第 43 卷，人民出版社 1987 年版，第 64 页。

行劳动义务制，凡有劳动能力的人必须参加劳动。"战时共产主义"的推行，当时主要为了适应战争需要。作为战争环境下的应急措施，"战时共产主义"对于捍卫和巩固新生的苏维埃政权发挥了重要作用。不采取"战时共产主义"措施，苏维埃政府不可能取得军事上的胜利。

但是，在战争结束后，依然实行这样的政策，并把它作为向社会主义直接过渡的措施来看待，就引发了严重的政治经济危机。危机的产生，促使列宁对"战时共产主义"政策进行了深刻的反思，使他认识到通过"战时共产主义"政策实现向社会主义的直接过渡是错误的尝试。列宁指出："我们计划（说我们计划欠周地设想也许较确切）用无产阶级国家直接下命令的办法在一个小农国家里按共产主义原则来调整国家的产品生产和分配。现实生活说明我们错了。"[①] 他还说："'战时共产主义'是战争和经济破坏迫使我们实行的。它不是而且也不能是一项适应无产阶级经济任务的政策。它是一种临时的办法。"[②] 在总结经验教训的基础上，列宁转变了思路，实行了新的经济政策。

1921年3月8日，俄共（布）召开第十次代表大会，大会根据列宁的报告通过决议，废止余粮收集制，实行粮食税。同年5月下旬，俄共（布）召开第十次全国代表会议，列宁在会上作了关于粮食税的专题报告，明确提出新经济政策，并对新经济政策的目标和任务作了阐述。他强调，从粮食税开始的政策转变并非权宜之计，新的政策是必须认真地和长期地实行的政策。会议通过了《关于新经济政策问题的决议》。由此，新经济政策被作为一项长期政策确定下来，其实施范围也从农业扩展到整个国民经济领域。

新经济政策的主要内容有：（1）用粮食税代替余粮收集制。农民按国家规定交纳一定的粮食税，超过税额的余粮归个人所有，可以自由支

---

① 列宁：《十月革命四周年》，《列宁选集》第4卷，人民出版社1995年版，第570页。

② 列宁：《论粮食税》，《列宁选集》第4卷，人民出版社1995年版，第502页。

配。这项政策大大减轻了农民的负担，缓和了社会矛盾。1922 年政府又通过《土地法令大纲》，允许农民自由使用土地和在苏维埃监督下出租土地和雇佣工人。（2）对中小企业采取非国有化措施。凡是关系国家经济命脉的重要厂矿企业仍归国家所有，由国家经营，而中小企业和国家暂时无力兴办的企业则允许私人经营，一部分小企业发还原主经营。（3）允许自由贸易，恢复商品货币关系。新经济政策实施初期，国家主要通过合作社组织工业品同农民手中余粮直接交换，同时允许私人在地方范围内进行商业往来。后因国家没有足够的工业品可资交换，遂放弃产品交换的做法，并取消商业的地区范围限制，允许私人自由贸易。（4）废止劳动义务制，改变平均主义分配方式，实行工资级别制度。（5）实行租让制，允许外国资本家经营租让企业或同苏维埃国家组织合营股份公司，加强同资本主义国家的交往和合作。

列宁提出的新经济政策符合俄国经济社会发展的实际。这一政策的实施，满足了劳动者的经济要求，有效地恢复和发展了工农业生产，稳定了国内动荡不安的政局，巩固了工农联盟，使新生的苏维埃政权有了稳定的阶级基础和社会基础。

新经济政策的提出和实施，实际上也是列宁领导苏维埃俄国探索建设社会主义新道路、新方法的过程。列宁曾明确指出："通过新的途径来建设社会主义经济已经绝对必要了……我们还没有找到建设社会主义经济、建立社会主义经济基础的真正途径，但我们有找到这种途径的唯一办法，这就是实行新经济政策。"[①] 对于列宁的探索，邓小平有过充分肯定。他认为，列宁的思路比较好，搞了个新经济政策。

二、关于建设社会主义的初步思考

随着新经济政策的实施，列宁对无产阶级取得政权以后，尤其是在俄国这样一个经济文化比较落后的国家如何建设社会主义问题进行了深入思

---

① 列宁：《俄共（布）第十一次代表大会文献》，《列宁选集》第 4 卷，人民出版社 1995 年版，第 660 页。

考，初步形成了建设和发展社会主义的基本思路。他思考的成果，集中反映在他有关新经济政策的论述以及他晚年的几篇重要文章中。

第一，发展大工厂，实现电气化。社会主义的巩固和发展要有强大的物质基础作保障，而工业化是社会主义物质基础的重要体现。俄国是一个不发达的国家，工业基础相对比较薄弱。革命胜利以后，一个重要任务就是集中力量发展大工厂，为社会主义奠定坚实的基础。早在实施新经济政策之前，列宁就把建设社会主义与发展大工业联系在一起，他用"社会主义＝苏维埃政权＋全国电气化"这样一种简明的语言，表达了社会主义和工业化的关系。他后来更加明确强调："建立社会主义社会的真正的和唯一的基础只有一个，这就是大工业。如果没有资本主义的大工厂，没有高度发达的大工厂，那就根本谈不上社会主义，而对于一个农民国家来说就更是如此。"① 在"战时共产主义"时期，列宁主要通过国有化和消除小生产的方式来推进工业化。新经济政策实施以后，列宁改变了建设社会主义的方式，也改变了发展大工业、实现工业化的途径和方法。比如，他从俄国生产力发展水平和农民人口占多数的情况出发，主张把外国资本和私人资本引入中小企业，强调要尽可能考虑农民利益，在支持和提高中小企业和小农生产发展的基础上，发展大工业，实现国家的工业化。在1923年的《宁肯少些，但要好些》一文中，他把落后的俄国建设成工业化的强国，比喻为是从农民的、庄稼汉的、穷苦的马上，跨到大机器工业、电气化的马上。并且说："我们的希望就在这里，而且仅仅在这里。"②

第二，发展农业合作社，引导农民走社会主义道路。如何对农业进行社会主义改造，引导农民走社会主义道路，这是经济文化比较落后的国家建设社会主义面临的一个现实问题。列宁提出了通过合作社的发展，对农业进行社会主义改造，逐步把农民引上社会主义道路的思想。他认为：

① 列宁：《俄共(布)第十次全国代表会议文献》，《列宁全集》第41卷，人民出版社1986年版，第301—302页。

② 列宁：《宁肯少些，但要好些》，《列宁选集》第4卷，人民出版社1995年版，第797页。

"合作社在资本主义国家条件下是集体的资本主义机构"，而在无产阶级取得政权以后，生产资料都掌握在无产阶级的国家手中，这种合作社就成为社会主义的经济组织，"合作社的发展也就等于（只有上述一点'小小的'例外）社会主义的发展"。① 在列宁看来，用合作社这种组织形式吸引农民参加社会主义建设，农民十分熟悉，便于接受，也是把农民个人利益和国家利益结合起来的最好形式。他认为："要是完全实现了合作化，我们也就在社会主义基地上站稳了脚跟。"②

第三，大力发展商业，建立工业和农业的结合点。实行新经济政策以后，列宁认识到，商业是形成社会主义经济关系的基础，是建设和发展社会主义"必须全力抓住的环节"③。只有充分利用市场和商品货币关系，大力发展商业，才能促进工农业产品的流通，满足城乡居民的生活需要。他提出要通过发展市场，活跃商业，使社会主义大工业和小农经济结合起来，利用商品货币关系来建设社会主义。这也是列宁晚年提出的推进社会主义建设的一个重要思路。同时，他还特别强调，共产党人要学会管理经济，学会文明经商。

第四，开展文化革命，提高城乡居民的文化水平。俄国经济文化比较落后的一个突出表现，就是文盲和半文盲在城乡居民中占多数，这成为建设社会主义的一个重要制约因素。列宁特别强调文化建设的问题，并把加强文化建设视为一场文化革命。他认为，在建设社会主义过程中，只有通过开展一场文化革命，使全体居民的文化水平和基本素质得到不断提高，并创造出比资本主义更高的劳动生产率，才能从根本上巩固社会主义事业。从列宁的主张来看，这种文化革命的内容很多，包括扫除文盲、普及科学文化知识、培养各方面的建设人才、进行社会主义思想道德教育等，但最重要的是发展国民教育，促进教育事业繁荣。他强调要

---

① 列宁：《论合作社》，《列宁选集》第4卷，人民出版社1995年版，第772、773页。
② 列宁：《论合作社》，《列宁选集》第4卷，人民出版社1995年版，第773页。
③ 列宁：《论黄金在目前和在社会主义完全胜利后的作用》，《列宁选集》第4卷，人民出版社1995年版，第614页。

重视国民教育工作，不断加大对教育的投入，提高教师的社会地位，改善教师的物质条件。他明确提出，要"把我国国民教师的地位提到在资产阶级社会里从来没有、也不可能有的高度……既要振奋他们的精神，也要使他们具有真正符合他们的崇高称号的全面修养，而最最重要的是提高他们的物质生活水平"①。列宁还强调，建设社会主义文化要继承人类的优秀文明成果，指出"无产阶级文化应当是人类在资本主义社会、地主社会和官僚社会压迫下创造出来的全部知识合乎规律的发展"②。他认为："只要实现了这个文化革命，我们的国家就能成为完全社会主义的国家了。"③

第五，加强民族团结，反对大俄罗斯主义。苏联是个多民族国家，民族问题十分复杂，民族矛盾也十分尖锐。苏维埃政权建立以后，列宁提出了各民族一律平等、维护各民族利益的思想，并以此作为解决民族问题的主要原则。1922 年 10 月，列宁在接见英国记者 M. 法尔布曼时谈道："我们的经验使我们坚信，只有对各个民族的利益极其关心，才能消除冲突的根源，才能消除互不信任，才能消除对某种阴谋的担心，才能建立语言不同的人们，特别是工人农民的互相信任，没有这种信任，无论各族人民之间的和平关系，或者现代文明中一切珍贵事物的比较顺利的发展，都是绝对不可能的"④。列宁在病重期间，对民族问题依然十分关心和重视，专门阐述了处理民族问题的主张。他强调民族平等是社会主义国家存在的现实基础，苏维埃共和国联盟应当是平等自愿参加的民族联盟，包括俄罗斯联邦在内的各苏维埃共和国应在平等的基础上加入苏维埃共和国联盟。他还对党内存在的大俄罗斯思想提出了严厉的批评，特别强调了要反对旧俄国遗留的大俄罗斯沙文主义，维护好少数民族的权益，认为要取得少数民

---

① 列宁：《日记摘录》，《列宁选集》第 4 卷，人民出版社 1995 年版，第 764 页。
② 列宁：《青年团的任务》，《列宁选集》第 4 卷，人民出版社 1995 年版，第 285 页。
③ 列宁：《论合作社》，《列宁选集》第 4 卷，人民出版社 1995 年版，第 774 页。
④ 列宁：《答〈观察家报〉和〈曼彻斯特卫报〉记者 M. 法尔布曼问》，《列宁全集》第 43 卷，人民出版社 1987 年版，第 239—240 页。

族的信任，"在对少数民族让步和宽容这方面做得过些比做得不够要好"①。

第六，开展国际贸易，加强同世界各国的经济交往与合作。20 世纪初，经济全球化的发展，进一步扩大了世界市场，推动了各国经济关系的国际化。列宁敏锐地看到和把握了这一变化，提出了要利用世界市场、加强国际贸易的主张。他认为，俄国的发展和世界各国的发展有着相互需要。俄国恢复和发展国民经济，需要利用外国资金，引进科学技术，学习先进管理经验，而西方一些国家则需要俄国的矿产资源，这就必然要进行贸易往来。列宁说："我们要做生意，他们也要做生意。"② 他认为："有一种力量胜过任何一个跟我们敌对的政府或阶级的愿望、意志和决定，这种力量就是世界共同的经济关系。"③ 正是因为有了共同的经济关系的存在，也就有了超越社会制度和意识形态的经济交往、技术合作的可能。

第七，改革国家机关，加强国家政权建设。苏维埃政权建立后，旧的官僚机构被摧毁了，但官僚主义的影响依然存在。由于俄国经济文化比较落后，广大群众的文化水平不高，新政权缺乏有文化、懂管理的人才，因此接受和使用了大量旧政权的工作人员。他们进入苏维埃机关，自然也会把旧政权的官僚主义作风带入其中，熏染着共产党人，也对苏维埃政权产生着危害。列宁十分清醒地认识到，"我们的国家是带有官僚主义弊病的工人国家"④。他指出："官僚不仅在苏维埃机关里有，而且在党的机关里也有。"⑤ 他认为，我们内部最可恶的敌人就是官僚主义者，并一再告诫全党，共产党人成了官僚主义者，就会毁掉我们的国家和

---

① 列宁：《关于民族或"自治化"问题》，《列宁选集》第 4 卷，人民出版社 1995 年版，第 759 页。

② 列宁：《俄共（布）第十一次代表大会文献》，《列宁选集》第 4 卷，人民出版社 1995 年版，第 657 页。

③ 列宁：《全俄苏维埃第九次代表大会文献》，《列宁全集》第 42 卷，人民出版社 1986 年版，第 332 页。

④ 列宁：《论工会、目前局势及托洛茨基同志的错误》，《列宁选集》第 4 卷，人民出版社 1995 年版，第 373 页。

⑤ 列宁：《宁肯少些，但要好些》，《列宁选集》第 4 卷，人民出版社 1995 年版，第 791 页。

事业。根据党员干部队伍文化水平低下、缺乏管理本领的情况，列宁提出要克服官僚主义，提高工作效率，努力提高国家机关工作人员的素质，培养新生力量，挑选和使用高素质人才。他对精简机构、加强监督等方面也提出了许多新的要求，强调要建立健全各项规章制度，明确国家机关的工作内容和职责范围，要创造条件让工农群众参与和监督国家事务。

第八，加强执政党的建设。共产党是建设社会主义的领导力量，要巩固和建设社会主义事业，就必须不断地加强党的建设。列宁清楚地认识到，党执政后，很容易产生骄傲自大、脱离群众、贪污腐化和官僚主义的倾向，因此必须善于看到自己的弱点，不断加强与人民群众的密切联系。同时，要注意纯洁自己的队伍，提高党员的质量，不让那些不可靠的、企图升官发财的分子钻进党里来，及时地把官僚化分子、不忠诚和不坚定的分子从党内清除出去。他认为，苏维埃政权建立以后，党的中心任务是经济建设。为了适应新的要求，党在组织形式和工作方法上要作相应的改变，尽力提高工作水平。1920年9月和1921年3月，列宁先后为俄共（布）第九次、第十次全国代表大会起草了《关于党的建设和当前任务》和《关于党的建设问题》的决议，就党的建设问题提出了许多新的要求。他晚年的几篇重要文章，对党的组织制度和党内的民主制度建设作了进一步的论述，提出了一系列建议、措施。他提出，党应该领导国家政权的全部政治、经济工作，但是党不能代替政权，党政之间应有各自的职权范围；集体领导是党的领导的最高原则，但同时要实行个人负责制度；要采取上下结合的方式，共同监督党的领导机关和领袖人物等。

列宁的这些思想，是在总结建设社会主义初步经验的基础上形成的，反映了他在实践的基础上对社会主义认识的不断深化，对今天进行社会主义建设仍有很大的启示。

第三节　斯大林时期的社会主义理论和实践

列宁去世以后，在斯大林领导苏联时期，社会主义建设取得了许多重大进展和成就。苏共采取新的措施，加速推进国家的工业化和农业集体化，建立了社会主义制度，为苏联成为世界强国奠定了基础。苏联人民同国内外敌对势力进行了坚决的斗争，取得了反法西斯战争的伟大胜利，保卫了世界上第一个社会主义国家。斯大林在领导苏联社会主义建设过程中，坚持和发展了马克思列宁主义，但在认识和实践上也出现了一些严重失误。

一、国家工业化和农业集体化的推进

只有加快实现国家工业化，才能为社会主义奠定坚实的物质基础，在这个问题上，斯大林的认识和列宁的思路是一致的。在推进工业化过程中，斯大林出于对当时国际形势的判断，对社会主义俄国处境的考虑，明确提出了优先发展重工业、高速推进工业化的方针，并由此带动和加快了农业集体化的进程。

随着新经济政策的实施，苏联国民经济得到了基本恢复，苏联党和政府随即把实现国家工业化的任务提上了日程。1925 年 12 月，联共（布）十四大提出实现社会主义工业化的方针，决定把苏联从农业国变为工业国。随后联共（布）中央全会又制定了实现社会主义工业化的具体纲领，苏联工业化的进程由此开始。对于苏联来说，实现社会主义工业化意义重大，但难题很多。围绕工业化问题，斯大林提出一系列新的看法和观点，这些看法和观点成为苏联加快推进工业化进程的指导思想。

斯大林认为，实现工业化的出发点，就是要迅速改变苏联的落后状态，使苏联成为一个独立自主的工业强国，巩固社会主义制度。他说："工业化的任务不仅要增加我国整个国民经济中工业的比重，而且要在这种发展中保证受资本主义国家包围的我国在经济上独立，使我国不致变成世界资本主义的附属品。处于资本主义包围中的无产阶级专政的国家，如果自己国内不能生产生产工具和生产资料，如果停留在这样一个发展阶段，即不得不使国民经济受制于那些生产并输出生产工具和生产资料的资本主义发达的国家的阶段，就不可能保持经济上的独立。停留在这个阶段

就等于让自己隶属于世界资本。"① 他明确指出，工业化的中心和基础，是优先发展重工业。资本主义国家的工业化过程，一般都是从轻工业开始的，有了积累以后，再转向重工业。而斯大林之所以强调要优先发展重工业，主要是从苏联所处的国际环境出发的。他曾总结说："没有重工业就无法保卫国家，所以必须赶快着手发展重工业，如果这件事做迟了，那就要失败。"② 实现工业化，还要有高速度。在斯大林看来，工业化的速度在很大程度上决定着苏联国家的命运和前途。"延缓速度就是落后，而落后者是要挨打的。"③ 他认为苏联有丰富的资源，有共产党和苏维埃政权的领导，有能够避免资本主义经济危机的计划经济，而且工业化发展完全符合全社会的利益，实现高速度发展不仅是必要的，而且是可行的。

从1928年开始，苏联通过五年计划的方式，有计划、有步骤地展开了大规模工业化建设。经过两个五年计划，苏联建成了一大批新的工业部门，基本完成了国民经济的技术改造，建立起比较牢固的工业化基础，使苏联从一个落后的农业国迅速转变为一个强大的工业国。到1937年，苏联的工业总产值跃居欧洲第一位、世界第二位。

苏联的工业化道路是在特定的历史条件下形成的，它创造了工业化的奇迹，为苏联能在险恶的国际环境中立于不败之地，能最终战胜法西斯的侵略奠定了重要的基础。在苏联工业化过程中，确立优先发展重工业的方针，强调高速度、高积累等，具有一定的必要性与合理性，但在许多方面也违背了经济建设的客观规律，产生了严重的片面性，使国民经济出现了结构性的失调。同时，由于工业化完全是在国家计划指导下进行的，逐渐形成了一个无所不包、中央高度集权的计划经济管理体制。这些问题在短时期发展中并不明显，但在长期的持续发展中必然会产生不良的影响，甚

---

① 斯大林：《关于苏联经济状况和党的政策》，《斯大林选集》上卷，人民出版社1979年版，第462页。

② 斯大林：《在莫斯科市斯大林选区选举前的选民大会上的演说》，《斯大林选集》下卷，人民出版社1979年版，第496页。

③ 斯大林：《论经济工作人员的任务》，《斯大林选集》下卷，人民出版社1979年版，第273页。

至会带来严重的隐患。

在推进国家工业化的同时，苏联也开始了农业集体化的进程。1927年12月，联共（布）召开了第十五次代表大会，着重讨论了农业问题。大会通过了《关于农村工作》的决议，决定开展农业集体化。在农业集体化开展初期，斯大林并没有急于推进，而是主张逐步展开。但他很快改变了思路，加快了集体化的进程。因为随着工业化的迅速推进，对粮食和其他各种农产品的需求不断增多。而当时农业生产发展很缓慢，跟不上工业化发展的要求，出现粮食短缺的问题。斯大林认为，加速集体化是解决工业化用粮和其他农产品采购问题的根本途径，只要建立起大规模的、机械化的集体农庄和农场，就可以使苏联农业有一个大发展，就可以一劳永逸地解决粮食问题。据此，他提出了全盘实现农业集体化的方针。1929年11月，斯大林发表了关于在全国开展农业集体化运动的讲话，集体化速度开始加快。

1930年1月，联共（布）中央通过《关于集体化的速度和国家帮助集体农庄建设的办法》的决议。决议根据各地不同的情况，把全国分为三类地区，要求在三年内分别完成集体化。决议指出土地使用权和生产资料公有的农业劳动组合为现阶段集体农庄的主要形式，并规定对富农由限制政策变为消灭政策。这样，苏联农业全盘集体化迅速展开。到1932年年底，加入集体农庄的农户已占全国总农户的60%以上，集体农庄的耕地面积已占全国总耕地面积的70%以上。1933年1月，联共（布）中央宣布：把分散的个体小农经济纳入社会主义大农业的轨道的历史任务已经完成。

苏联农业集体化的实现，完成了对传统农业的深刻改造，使苏联的农业从个体经济变为集体经济。它为苏联的工业化创造了条件，也为苏联农业机械化、现代化的发展打下了基础。但苏联农业集体化的推进，从任务的提出到解决任务的方式，不完全是基于农业发展的自身要求，而主要是从实现工业化的现实需要出发的。因此，农业集体化本身就隐含了对农业改造和发展规律认识不足的弊端，必然带有急于求成的因素，也就不可避免地要出现违反自愿原则、忽视农民利益、过多地采用行政命令手段等问题。这样一些问题的存在，伤害了农民的积极性，也对后来的苏联农业发展产生了很大的负面影响。

与此同时，斯大林还逐步改善和拓展了苏联的外交关系。苏联先是同英、法逐步改善了关系，1933 年又同美国正式建交。1934 年苏联被接纳加入国际联盟并担任常任理事国，完全走出了建国初期被孤立的处境，并以大国身份进入了国际舞台。

二、社会主义制度的建立和苏联模式的形成

斯大林在担任苏联党和国家主要领导人之后，在与反对派的论战中，对苏联一国能否建成社会主义问题作了探索性的解答。在实现了国家工业化和农业集体化的基础上，他领导苏联党和苏联人民建立了社会主义制度，并逐步形成了苏联模式。

斯大林继承和发展了列宁关于社会主义可能在一国或数国首先取得胜利的思想，形成了较为完整的"一国建成社会主义"理论。他认为，俄国虽然处在资本主义包围中，但俄国拥有建成完全社会主义所必需的一切，它能够依靠自身的力量，克服内部矛盾，在一国范围内建成社会主义。这一理论正确地解答了时代提出的重大课题，从总体上把握了苏联社会主义的前途和命运，符合劳动人民群众要求建设社会主义的强烈愿望，并直接指导苏联人民开创了社会主义建设的新局面。

随着国家工业化和农业集体化的实现，苏联社会发生了重大变化，生产资料公有制已在国民经济中占绝对支配地位。为了把社会主义改造和建设的成就用法律的形式固定下来，1936 年 11 月苏维埃召开第八次非常代表大会，通过苏联新宪法。斯大林在《关于苏联宪法草案》的报告中指出："我们苏联社会已经做到在基本上实现了社会主义，建立了社会主义制度，即实现了马克思主义者又称为共产主义第一阶段或低级阶段的制度。这就是说，我们已经基本上实现了共产主义第一阶段，即社会主义。"① 新宪法明确规定，苏联是工农社会主义国家，它的经济基础是生

---

① 斯大林：《关于苏联宪法草案》，《斯大林选集》下卷，人民出版社 1979 年版，第399 页。

产资料的社会主义所有制，实行各尽所能、按劳分配的原则；它的政治基础是各级劳动者代表苏维埃。新宪法的颁布，标志着社会主义制度在苏联已经建立起来。斯大林继承了列宁开创的事业，顺利完成了苏联的社会主义改造，创立了社会主义制度，这是他的重要历史功绩之一。苏联社会主义制度的建立，对世界社会主义运动的发展产生了极大的影响，发挥了巨大的榜样作用。

随着社会主义制度的建立，苏联的社会发展进入一个新的历史时期。但随即发生的第二次世界大战，打乱了苏联社会主义建设的进程。在第二次世界大战中，斯大林领导苏联人民打败法西斯，取得了反法西斯战争的胜利，保卫了世界上第一个社会主义国家，并帮助东方国家打败了日本军国主义，大大地动摇了帝国主义的统治。在反法西斯战争中，苏联社会主义制度经受了严峻的考验，也展现了它的优越性。在战后极端困难的条件下，斯大林领导苏联人民恢复和发展了国民经济，提前完成了第四个五年计划。到1950年年底，苏联的工业产量超过第二次世界大战前的73%，国民收入比1940年增加64%，科技、教育和文化事业也都有了长足的发展，苏联的大国地位得到进一步的全面加强。1949年苏联成功研制试爆了自己的第一颗原子弹，1953年又成功试爆了第一颗氢弹，打破了美国的核垄断，跻身世界主要核大国行列。苏联的社会主义建设和发展，鼓舞了其他社会主义国家的建设，鼓舞了全世界的社会主义运动、民族殖民地解放运动和一切争取人类进步的运动。

斯大林在领导建立苏联社会主义制度过程中，坚持发展了科学社会主义基本原则，但其思想认识上也存在片面性，在执行的方针政策上出现了某些重大失误，实践中产生了一些严重偏差，对苏联社会主义制度的发展造成不良影响。

在经济方面，苏联社会主义制度实行的是公有制和计划经济体制。全民所有制和集体所有制是苏联公有制的两种实现形式。全民所有制主要采取国家所有形式，它的生产资料和产品归代表全体人民的国家所有，在整个社会主义国民经济中居主导地位；集体所有制主要是生产资料归一个集体经济单位的劳动群众所有，主要是农村在土地国有基础上的集体农庄所有。把社会主义公有制具体化为国家和集体两种实现形式，这在没有任何经验可供借鉴的情况下，是对社会主义公有制原则的重要创新。但在实践中，斯大林过早地提出了要消灭私人经济和个体经济，而且他把集体经济又看成是公有制的低级形式，并急于向全民所有制过渡，脱离了生产力发展水平，产生盲目追求单一公有化的错误倾向。在建立两种公有制的同时，苏联实行了高度集中的计划经济体制。生产资料实行了国有或国家能够控制的集体所有，国家就可以实现对企业和个人经营活动的直接控制，就可以建立起自上而下的、以行政管理为特征的计划经济。由国家对经济进行统一管理和调度，有利于经济的稳定，有助于集中力量加快建设。但国家的高度干预，必然排斥市场机制，限制商品货币关系，妨碍生产力的进一步发展。

在政治方面，苏联社会主义制度坚持了共产党的领导和无产阶级专政。苏联社会主义制度是苏联共产党领导下建立起来的，只有坚持共产党的领导地位，才能坚持社会主义道路，推进社会主义事业发展。苏联社会主义制度体现了这种要求，而且明确了党对国家政权的领导主要是政治领导、组织领导和思想领导。但在实际工作中，却产生了党政不分、以党代政的弊端。党包揽了国家和社会事务，管了许多不应管的事情，削弱了最高苏维埃和各级地方苏维埃的实际作用，客观上也削弱了党的领导。党的权力过分集中，也导致了个人专断和个人崇拜，出现了破坏党的民主集中制的现象。坚持无产阶级专政，是巩固社会主义制度的根本要求。但在剥削阶级作为阶级被消灭以后，斯大林仍然强调阶级斗争的尖锐性，片面强调专政职能，妨害了社会主义民主的健全和发展。尤其是肃反的扩大化，严重混淆敌我矛盾，制造了大量冤假错案，极大地破坏和践踏了社会主义民主法制，给苏联社会主义事业的发展留下了抹不去的阴影。

在思想文化方面，苏联社会主义制度确立了马克思列宁主义的指导思想地位；坚持党管意识形态的原则，强调党员在思想理论上要高度一致；提倡共产主义道德和价值观念，提倡集体主义精神，反对个人主义；提倡为社会主义事业勤奋工作、忘我献身，并通过树立典型人物的方法，引导和激励人民成长为健康、高尚的人。同时，组织出版了一批系统阐述马克思列宁主义基本原理的教科书。这些做法和主张，在全社会普及了马克思列宁主义，符合社会主义的内在要求，有利于社会主义建设事业的发展。但是，在这一过程中，斯大林对马克思列宁主义采取了一些教条化、简单化的解读和阐释，过分强调思想理论上的高度一致，而且主要依靠行政手段来管理思想文化工作，用政治权威来判断和裁决学术是非，不容许有任何怀疑和批评意见，为社会科学和自然科学的研究设置了许多禁区，使思想理论产生了僵化的倾向，影响了思想文化的发展和繁荣。

斯大林在领导苏联建立社会主义制度的同时，形成了一种苏联模式。苏联模式与苏联社会主义制度是两个不同的范畴，两者既有联系又有区别。苏联社会主义制度是科学社会主义在苏联的具体体现，苏联模式是苏联建设社会主义的实践形式和具体体制。苏联模式的显著特点，就是用高度集中的经济政治体制来推进社会主义建设和发展。应该讲，这种模式在当时的出现，具有一定的历史必然性和合理性，在特定的历史条件下起到了巩固社会主义制度的作用，也促进了苏联国民经济和整个社会生活的高速发展。但这种模式的缺陷和弊端也是十分明显的，如经济上统得过死，管得过严，使经济生活缺乏动力和活力，效益低下；政治上过分集权，缺乏民主，失去监督，容易导致个人独断专行，官僚主义盛行。虽然斯大林晚年在《苏联社会主义经济问题》等著作中，对社会主义社会的矛盾特别是发挥商品和价值规律等重大问题提出了一些重要观点，但并没有根本改变苏联模式。

苏联模式是在斯大林时期形成的，虽然斯大林给这一模式留下了很深的个人烙印，但促使这种模式形成的主要原因，是当时苏联所处的国际环境、国内历史条件以及苏联共产党对建设社会主义的认识水平。从国际环境来看，当时苏联处于资本主义的包围之中，如同资本主义汪洋大海中的一个孤岛。帝国主义国家一直企图把它扼杀在摇篮中，它必须随时准备应付各种风浪的冲击，迎接来自帝国主义国家的挑战。采用高度集中的体制，可以在短时间内使国力得到迅速增强，保卫社会主义制度。从基本国情来看，经济文化落后和小农人口占多数的社会条件，对苏联模式的形成产生了直接影响。国弱民贫的落后状况，激发苏联党和人民产生了加快发展、尽快赶上和超过资本主义发达国家的强烈愿望和要求，但同样的情况也会促使人们产生急于求成、盲目冒进的倾向。从历史传统来看，俄国长期以来是一个军事封建的帝国主义国家，民主法制传统比较少，专制主义影响比较深。这样的历史传统，对人们的价值取向和心理偏好产生了很大影响，从而使苏联模式的框架中不可避免地带有浓厚的历史传统色彩。从社会主义实践来看，社会主义在苏联建立和发展，是一种开创性的事业，既没有现成的道路，又没有现成的经验，一切都要靠在实践中去摸索、去创造，在解决新矛盾、新问题的时候，难免会出现一些偏差和失误。从思想理论建设来看，斯大林和苏联党在坚持科学社会主义的同时，也对科学社会主义创始人的一些观点产生了教条化、简单化的理解，如限制商品经济发展、把计划经济绝对化等。这种教条式、简单化的理解，对苏联模式的形成不能不造成理论上的误导。

由于苏联是世界上第一个社会主义国家，因此在社会主义由一国向多国发展的过程中，后来的社会主义国家大都仿照苏联模式进行社会主义建设，大都建立了高度集中的政治经济体制。苏联模式的推广产生过积极作用，曾帮助没有经验的新兴社会主义国家建立起社会主义基本制度。但由于在学习中出现了把苏联模式绝对化，照抄照搬、机械套用的做法，特别是苏联以大党主义、大国主义的方式迫使一些国家接受苏联政治经济模式，而一些做法并不适合这些国家的国情，给这些国家的社会主义发展埋下了隐患。

第四节　苏联东欧国家改革的兴起和失败

任何社会制度建立以后都不是完美无缺的，都要通过改革来进行不断的发展和完善，社会主义制度也是如此。斯大林晚年已经意识到这个问题。斯大林去世后，从20世纪50年代中期开始，苏联和一些东欧国家针对经济社会发展中的问题，相继开始进行体制上的尝试性改革。但始终没有形成正确的指导思想，没有取得根本性突破，并发生了许多严重失误，最终更是由改革走上了改向的歧途，导致苏东社会主义的失败。

一、苏联东欧的改革及其偏向

苏联的改革有内外两个原因：内部原因就是僵化的体制束缚着苏联经济社会快速发展；外部原因就是西方国家的经济社会发展给苏联带来了严峻挑战，造成了巨大压力。

第二次世界大战结束后，医治战争创伤，恢复国民经济，成为苏联的当务之急。怎样恢复国民经济？是继续推行高度集权的管理体制，还是适应当时的世界潮流进行渐进的革新，这是苏联面临的一次重大选择。特定的历史条件，加上冷战的展开导致东西方对抗，使斯大林继续坚持走20世纪30年代的老路，沿用并强化了高度集中的体制。在这个时期，资本主义国家开始进行不断的调整和改革，逐步完善经济和社会管理体制，加大国家对经济和社会生活的干预，进一步完善和健全了社会福利机制，缓和了阶级矛盾。同时，一些资本主义国家积极利用科技进步的成果，促进了劳动生产率的提高，使经济社会出现了稳定发展的局面。西方资本主义国家的快速发展，无疑也给苏联的经济社会发展带来了巨大压力，使其面临着严峻的竞争。

从东欧国家的情况来看，改革的动因主要有两个：一个就是要改变高度集权的体制，促进经济社会发展；再一个就是要摆脱苏联大党大国主义的控制，争取独立自主的发展权利。

第二次世界大战结束后的初期，东欧国家在民主政权建设和国民经济恢复过程中，实行了一些有别于苏联体制的做法和政策。许多国家在政治上选择了人民民主制度，保留了议会民主制，实行多党联合。但随着冷战的加剧，西方大国加紧了向东欧的渗透，并以马歇尔计划诱导东欧国家靠向西方。为了应对冷战局势，苏联开始加强对东欧各国的控制，强化东欧同苏联在各方面的一致性，并在东欧各国推行苏联模式。到20世纪50年代初，东欧各国基本上确立了苏联模式的政治经济体制，并形成了与苏联趋同的社会结构。苏联对东欧国家的长期控制，不仅使东欧国家失去了应有的独立性，而且也深深地伤害了东欧国家人民的民族感情。对东欧一些国家来说，实行改革在很大程度上也是为了摆脱苏联的控制。东欧各国的改革，始终交织着争取民族自主权利和要求突破苏联模式这两股潮流。正是在这两种潮流的冲击下，体制的变革与摆脱外来控制所引发的矛盾，成为东欧国家发展进程中一系列重大事件的动因和内在根源。

赫鲁晓夫接手苏联党和国家的领导权以后，看到了苏联经济社会发展中存在着一些问题，特别是苏联农业发展缓慢、工业发展缺乏活力等情况。针对这些问题，他实行了有限的调整，但许多措施带有很大的主观随意性。1956 年召开的苏共二十大，批判了个人崇拜和斯大林的错误，起到了解放思想的作用。但赫鲁晓夫在秘密报告中把苏联社会主义发展中出现的各种问题、产生的各种失误，都归咎于斯大林的个人品质，并对斯大林及其历史作用采取了全盘否定的态度。这个秘密报告造成了党和人民思想的严重混乱，导致了党的领导地位的动摇，同时也给世界社会主义运动造成了混乱。他所进行的以下放经济权力为主要内容的经济政治改革以失败告终。他搞的历史虚无主义和"解冻"思潮，培育出了一大批"持不同政见者"，在思想理论上为后来苏联的剧变留下了祸根。

在勃列日涅夫当政时期，苏联已是与美国并驾齐驱的超级大国，综合国力达到了顶峰。但勃列日涅夫未能把握住机遇，对高度集中的体制进行全面彻底的改革。他推行的集约化生产、农工综合体试验，大都是体制上的修修补补，并没有使体制发生根本性变化。相反，在同西方发达国家开展军备竞赛的过程中，他还使苏联模式中的一些弊端进一步放大，使苏联由发展的顶峰开始滑向危机的边缘。苏联始终以争夺世界霸权为其全球战略，庞大的军费开支和援外负担使苏联力不从心；当发达国家开始进行新科技革命的时候，苏联却依旧把增加重工业产品的产量作为赶超西方国家的战略目标，并继续沿用粗放型的发展模式；人民生活水平长期得不到提高，社会不满情绪有所增加；苏联内部的大俄罗斯主义长期存在，少数民族的经济社会权利没有得到切实的保障，民族矛盾不断加深，民族分裂主义势力不断增长。

在勃列日涅夫之后，苏联经历了安德罗波夫和契尔年科的短暂过渡。1985 年，戈尔巴乔夫出任苏共中央总书记。戈尔巴乔夫上台后，苏联出台了一系列推进经济体制改革的决定，但没有取得预期的成效。在经济体制改革遇到种种困难的情况下，苏共领导人认为经济改革进程缓慢的主要原因是政治体制有问题，改革重点也随后转向了政治体制。1988 年，戈尔巴乔夫在苏共第十九次代表会议上推出了"人道的、民主的社会主义"的路线，并把"社会主义多元论"、"民主化"和"公开性"作为三大"革命性倡议"。戈尔巴乔夫的这种"新思维"，不仅导致了党内外思想上的迷乱，而且把苏联的政治体制改革推上了歧途，引发了社会动荡。社会上出现了各种各样的非政府政治组织，党内也产生了"反对派"，并要求取消苏共的执政地位，实行多党制。面对这种情况，戈尔巴乔夫在错误路线上越走越远，他明确认定实行多党制是"正常的历史进程的结果，符合社会的需求"。1990 年 2 月，戈尔巴乔夫在苏共中央全会上正式承认实行多党制的可行性，放弃了共产党的领导地位。同年 3 月，苏联人民代表大会决定修改宪法，取消苏共的法定领导地位，实行多党制。苏共的法定领导地位被取消以后，反对党派纷纷成立，这些党派大多公开声明反共反社会主义。更为严重的是，政治上的分裂和纷争也挑起了各民族间的积怨，揭开了历史上留下的伤疤，煽起了民族主义情绪，民族分裂主义势力乘机崛起。至此，戈尔巴乔夫的所谓改革使苏联彻底走到了改向和解体的不归之路。

东欧国家的改革首先是从南斯拉夫开始的。南斯拉夫实行了"工人自治"制度，由工人自己管理企业，企业成为独立的生产单位。后来，这种自治又被进一步扩展为"社会自治"。南斯拉夫进行的这种体制改革，虽有过度分散的缺陷，但对苏联模式产生了很大冲击。在南斯拉夫的影响下，其他东欧国家也出现了要求改革的呼声和探索。波兰和匈牙利相继进行了改革尝试，但改革的力度和深度都很有限。20 世纪 60 年代末，捷克斯洛伐克通过了全面改革的《行动纲领》，掀起了被称为"布拉格之春"的改革运动，表达了要摆脱苏联模式的束缚和争取独立自主的要求。这一改革遭到了苏联的反对和遏止。经济社会发展的困境，迫使人们只能走改革的道路；而改革的一些成效，也在不断强化着人们推进改革的愿望。进入 20 世纪 80 年代，改革在东欧国家逐步形成了一股潮流。南斯拉夫针对改革中出现的新问题，进行了一些新的经济调整，通过了一些改革的法律和决议，旨在稳定经济的基础上进一步发展自治制度。匈牙利提出了进一步完善经济管理体制的一系列任务，并通过了进一步改革经济体制的决议。波兰也开始进行新一轮经济改革，取消了"指令加统配"的计划管理制度，实行中央计划加市场调节的体制。捷克斯洛伐克在扩大企业权限、发挥价值管理手段等方面，采取了一些更灵活的措施。处于同北约对峙前沿、受苏联控制较严的民主德国，也根据本国情况，进行了一定程度的改革。保加利亚提出了所有权和经营权分开的理论，并把它写进具有法律效力的《经济机制章程》。

东欧国家的这些改革取得了一些成效，但都未能实现体制上的根本突破。这些国家的改革始终没有形成明确的指导思想，难以跳出高度集中的计划经济的框架。很多时候，一面进行改革，一面仍然在按照原来的模式开展建设。恶劣的冷战环境，加上苏联对东欧国家一直奉行大党主义、大国主义，对其内部事务横加干涉，也使东欧国家的改革受到了很大制约。后来，由于受到戈尔巴乔夫"新思维"和苏联错误改革路线的影响，这些国家的改革也演变为改向，最终滑向资本主义。

二、苏联东欧剧变的过程

苏东剧变，是指 20 世纪 80 年代末 90 年代初的东欧社会主义国家瓦解和苏联解体，其本质表现就是改旗易帜，放弃社会主义制度，放弃共产党的领导。从过程来看，苏东剧变是从东欧开始的。但实际上，苏东剧变最早是从苏联萌发的，主要是由戈尔巴乔夫的"新思维"引起的。

1990 年 7 月苏共召开了二十八大，大会通过了《走向人道的民主的社会主义》的纲领。叶利钦等人在大会还没有结束时就宣布退党。对苏共来说，二十八大的结束，就是它四分五裂和失去政权的开始。如果说导致苏联演变的因素早已存在，那么把演变的悲剧变成现实，则是戈尔巴乔夫执政造成的。

1990 年 3 月，立陶宛宣布独立后，苏联其他各加盟共和国的离心倾向也迅速增强，拉脱维亚、爱沙尼亚、格鲁吉亚、亚美尼亚、摩尔多瓦的议会相继发表主权宣言，要求退出苏联。1991 年 3 月，戈尔巴乔夫提出了新联盟条约草案，计划于 8 月 20 日签署。这个条约草案把国名"苏维埃社会主义共和国联盟"改为"苏维埃主权共和国联盟"。为了避免苏联解体的命运，8月19日清晨，为赶在新联盟条约签定之前，苏联副总统亚纳耶夫等人发动了"8·19"事件，但8月21日便宣告失败。

"8·19"事件的发生，原以维护苏联为初衷，最后却成了加速苏联瓦解的催化剂。事件发生后，苏联解体速度骤然加快。叶利钦下令中止俄罗斯共产党活动；戈尔巴乔夫宣布辞去苏共中央总书记职务并要求苏共中央自行解散；苏联最高苏维埃决定"暂停苏共在苏全境的活动"，并对苏共领导机关进行审查。继俄罗斯之后，各共和国的共产党有的被中止活动，有的被宣布为非法，有的则宣布脱离苏共并更换党名。叶利钦把苏共和俄共全部财产收归俄罗斯政府，并接管了苏联国家银行，苏联军队、内务、安全、外交、财政等重要部门都被改组。同时，叶利钦宣布俄罗斯联邦承认爱沙尼亚和拉脱维亚独立。此后，苏联各加盟共和国纷纷宣布独立。1991年12月，俄罗斯等11个独立国家领导人在阿拉木图举行独立国家首脑会议，正式宣告建立独立国家联合体，苏联不复存在。

东欧剧变，首先是从波兰和匈牙利开始的。1988年，波兰团结工会在西方国家的大力支持和鼓动下，利用波兰改革中出现的问题、面临的困难，挑起组织了三次全国性大罢工，向波兰统一工人党施加压力，导致政局动荡。1989年，波兰统一工人党十中全会作出重大妥协，通过两项决定：一是实行政治多元化和工会多元化；二是承认被禁止七年之久的团结工会为合法组织。随后，统一工人党主持召开了由各党派和社会团体参加的圆桌会议，决定于1989年6月举行大选。大选结果出乎预料，统一工人党失利，团结工会获胜。原来与统一工人党结盟几十年的统一农民党、民主党倒向团结工会，统一工人党成了少数派，丧失了对国家的领导权。

如果说促使波兰发生剧变的原因是党外出现了反对力量，那么，在匈牙利则是党内产生了反对派。1988年，匈牙利社会主义工人党党代会通过了实行政治多元化的决议，党内反对派进入党的最高领导层，执政党内部一步步走向分裂。1989年，匈牙利国会通过集会法和结社法，并接受多党制要求。同年10月，社会主义工人党提前召开党的非常代表大会，在多数人的要求下，宣布改变党的性质，改名为社会党。在随后举行的大选中，最大的反对党民主论坛获胜，而改名后的社会党成为议会中力量微弱的小党，彻底失去了政权。

在波兰、匈牙利政局变化的影响下，从 1989 年 9 月下旬开始，民主德国的局势发生恶化。反对派纷纷成立组织，示威游行事件接连发生，许多居民开始逃往联邦德国。1989 年 10 月，德国统一社会党召开中央全会，承认反对派组织"新论坛"的合法地位，决定实行多党制，开放东西德边界，拆除"柏林墙"。这些措施的实行，并没有使东德局势得到缓和。同年 12 月，德国统一社会党再次召开中央全会，宣布集体辞职；随后于 1990 年 2 月决定将党的名称改为德国民主社会主义党，宣布走民主社会主义道路。

捷克斯洛伐克的演变，是以要求为 1968 年事件平反为开端的。1989 年，反对派成立了"公民论坛"组织，以要求为 1968 年事件平反为缘由，发表宣言，组织示威，向捷共发起进攻。在反对势力的压力下，捷共作出了原则性让步，不仅为 1968 年事件平反，而且承认"公民论坛"的合法地位。11 月 29 日，捷联邦议会又批准了宪法修正案，取消了共产党的领导地位。1990 年 6 月，捷克举行大选，捷共被完全排斥在政府之外，失去了政权。

从 1989 年下半年开始，保加利亚的政局也发生了动荡。1989 年 12 月，反对派宣布组成"民主力量联盟"，向保加利亚共产党施加压力。保共同意与该反对派举行圆桌会议，并于 1990 年 1 月提前召开党的第十四次全国代表大会。大会提出取消党的领导地位，放弃民主集中制，实行多党制、议会民主和民主社会主义。同年 4 月，保共正式改名为社会党。1990 年 6 月，社会党在选举中获得了胜利，但在第二年 10 月的大选中失败成为在野党，财产也被没收。

进入 20 世纪 80 年代以后，罗马尼亚经济发展连年遇到困难，引起人民不满，而西方国家又不断利用人权对罗马尼亚施加压力，使其不稳定因素逐步增多。1989 年 12 月 21 日，齐奥塞斯库总统出席官方组织的数万人的集会，不料集会变成了反对总统的示威，示威者占领了电台、电视台和党中央大厦等重要设施。反对派乘机宣布成立"救国阵线委员会"，接管政权。齐奥塞斯库夫妇被特别军事法庭判处死刑，罗马尼亚共产党自行解散。

1990 年年底，在东欧剧变的大气候下，阿尔巴尼亚政局也开始急剧动荡。1991 年 4 月，阿尔巴尼亚人民议会通过《宪法主要条款》，对国家体制、社会政治制度等作了重大修正：更改国名，取消社会主义制度，实行三权分立和总统制，推行国家机构非意识形态化等。同年 6 月，阿尔巴尼亚共产党改为社会党，放弃马克思列宁主义。在 1992 年 3 月举行的大选中，社会党失去政权，成为反对党。

在南斯拉夫，铁托去世以后，民族主义势力渐趋抬头，中央政权逐步削弱。在 1990 年 1 月召开的十四大上，南斯拉夫共产主义者联盟发生严重分裂。此后，各联盟共和国纷纷独立改名，进行了多党制选举，南共联盟自行解体。1991 年 6 月，以克罗地亚和斯洛文尼亚宣布独立为开端，南斯拉夫也开始解体。

三、苏联东欧剧变的教训

苏联东欧剧变，是 20 世纪后期震撼世界的重大事件。苏东剧变有历史原因，也有现实原因。从历史原因来说，苏东国家在思想理论、体制制度上长期处于僵化状态，改革的成效不大，经济上的困难诱发政治危机和民族矛盾，使社会主义逐渐失去了应有的活力；从现实原因来说，苏东国家主动放弃了马克思主义在意识形态领域的指导地位，结果导致非马克思主义和反马克思主义的思潮甚嚣尘上，思想理论的混乱引起政治上混乱，从而失去了社会发展的基本准则和方向；从外部原因看，西方发达资本主义国家以贷款、贸易、科技和意识形态渗透等各种手段进行诱压，促使苏东国家向他们靠拢，向资本主义"和平演变"。深入研究苏东剧变的教训，对于巩固和发展社会主义具有重大而又深远的意义。

第一，总结历史经验而不能否定历史。社会主义的发展和成熟离不开对历史经验的总结。通过总结历史经验，可以避免重走前人走过的弯路，也有助于人们加深对社会发展规律尤其是社会主义建设和发展规律的认识，从而把握社会发展的正确方向。对历史经验的总结，要着重探寻产生历史问题的原因，从中找出解决问题的新思路。那种非善即恶的单向思维，那种否定一切的态度，根本无助于对历史问题的认识和解决，都是不足取的。如果不加分析地全盘否定自己的历史，不仅会引起党内外的思想混乱，还会导致对社会主义基本制度的否定。邓小平曾经指出："每个党、每个国家都有自己的历史，只有采取客观的实事求是的态度来分析和总结，才有好处。"① 但是，苏东国家在总结历史经验过程中却几度掀起了"历史虚无主义"风潮，从否定斯大林转向否定十月革命和列宁主义，甚至把所谓"原罪"归向了马克思主义，全面否定共产党和社会主义。赫鲁晓夫当年对斯大林的否定，不仅造成了人们思想上的混乱，而且引发了党内外的政治危机。到了戈尔巴乔夫那里，则从全盘否定斯大林进一步扩大到否定现实的社会主义。他指责苏联的社会主义制度造成了"政治垄断"、"经济垄断"和"精神垄断"，是"扭曲了的社会主义"，提出了"必须根本改造我们的整个社会大厦"② 的主张。他所推行的改造，实际上是一种自我否定、自我毁灭。因为一旦否定了社会主义的全部历史，否定了苏联人民建设社会主义的全部成就，共产党也就把自己摆到了历史的审判台上，失去了执政的政治基础，最终肯定也要葬送自己。

第二，坚持改革而不能迷失方向。社会主义作为一种新的社会制度产生以后，必然要经历一个从不成熟到成熟、从不完善到完善的过程。现实的社会主义大多脱胎于经济文化比较落后的国家，其完善和成熟更需要一个长期的历史过程。在这个过程中，无疑将伴随着一系列的改革。苏联社会主义制度建立以后，对世界社会主义发展产生了巨大的榜样效应，但那种高度集权的体制也隐含着许多弊端。随着时代发展和历史条件的变化，对这种体制进行全面改革，是巩固、建设和发展社会主义的必然选择。苏东各国在改革之初，总体上坚持了社会主义方向。但改革始终局限在对原有体制的修修补补，并没有实现体制的创新，成效不大。到后来，经济发

① 邓小平：《总结历史是为了开辟未来》，《邓小平文选》第 3 卷，人民出版社 1993年版，第 272 页。

② 戈尔巴乔夫：《社会主义思想与革命性变革》，《真理报》1989 年 11 月 26 日。

展日趋缓慢，甚至出现滑坡，人民群众没有从改革中得到应有的实惠和利益；而高度集权的政治体制又使官僚主义得到了滋生膨胀，导致特权和腐败现象出现并日益严重，以致积弊愈重、危机日深。到 20 世纪 80 年代末，苏联东欧国家的共产党放弃了对社会主义基本原则的坚持，使改革逐步变成了改向——政治上自动取消了党的领导和法定的执政地位，经济上急速转向私有化，思想文化上放弃了马克思主义和社会主义价值理念。在国内外反共势力的裹胁下，社会的转向在数月乃至更短的时间里完成。改革变成改向，使苏东国家付出了沉重的代价，导致了一些国家的分裂，有的还引发了内战，留下许多难以消除的创伤和隐患。苏东剧变的历史教训深刻说明：发展社会主义必须坚持改革开放，但改革开放必须始终坚持社会主义方向，即在任何时候任何情况下，都必须始终坚持共产党的领导地位不动摇，坚持无产阶级专政不动摇，坚持以公有制为主体、多种所有制经济共同发展不动摇，坚持以马克思主义为指导和社会主义核心价值观不动摇。

　　第三，坚持和发展马克思主义而不能教条主义地对待马克思主义，不能动摇马克思主义的指导地位。马克思主义是指导社会主义事业的理论基础。如果抛弃了马克思主义，社会主义国家的共产党就会思想混乱，人民就会失去团结奋斗的共同思想基础和政治基础，从而必然遭到失败。但坚持马克思主义必须正确地对待马克思主义，坚持把马克思主义同自己的实践和时代特征结合起来，与时俱进地丰富和发展马克思主义。如果教条化地对待马克思主义，思想僵化、迷信盛行，必然使马克思主义失去生机和活力，不能正确指导实践。从苏联党的情况来看，上述两种情况都先后出现了。在斯大林时期思想僵化、唯书唯上就已经是一个比较突出的问题。在相当长的一个时期，苏联共产党对马克思主义采取了教条主义的态度，没有很好地把马克思主义与自己的实际特别是时代发展结合起来，不能提出和创造新的理论，形成了许多僵化甚至是扭曲的认识。这不仅禁锢了人们的思想，束缚了人们的手脚，也严重制约了社会主义改革的发动和深入推进。对待马克思主义的这种僵化态度，对东欧各国党乃至社会主义运动也产生了广泛的影响。这就导致，在经济科技急剧变化的时代条件下、在最具有革命性的马克思主义指导下的大多数社会主义国家，却长期固守教条，没有多少创新和变革。后来，在认识到存在的不足、力图进行改革的过程中，这些社会主义国家又不能根据实践发展马克思主义、发展社会主义理论，以致于改革成效不大，一些矛盾和问题长期得不到解决。面对这些困扰，苏东共产党尤其是苏联共产党的一些领导人，又从一个极端走向另一个极端：否定马克思主义的指导作用，放弃马克思主义指导地位，企图照搬西方的经济政治理论来解决问题。戈尔巴乔夫在 1991 年 7 月苏共中央全会报告中提出"与过去的意识形态教条和陈规俗套坚决决裂"，理论上则套用民主社会主义、新自由主义的理念，鼓吹用"人道的、民主的社会主义思想"取代马克思主义。失去了马克思主义，苏联共产党就失去了思想上的统一，国家和社会也失去了精神纽带，对东欧各党在指导思想上的蜕变也起到了催化作用。这不仅引发了党内外的全面政治危机，也为国内外敌对势力颠覆苏联社会主义制度打开了缺口。历史教训说明，无论过去、现在还是未来，以马克思主义为指导，在实践中坚持和发展马克思主义，是共产党必须始终坚守的一个最基本的政治原则。

第四，发展民主政治而不能否定党的领导。民主是社会主义的生命。没有民主，就没有社会主义。建设和发展社会主义民主政治，是社会主义的本质要求。共产党是社会主义国家的核心领导力量，不能把发展民主与坚持党的领导对立起来。发展社会主义民主同坚持和改善党的领导有着内在的一致性。发展社会主义民主要依靠党的领导，同时也需要党内民主的带动和推进。党内缺少民主，是苏东各国执政党建设上的一个很大的缺陷。这个缺陷长期得不到有效的弥补和矫正，成为苏东执政党的一个致命弱点。这不仅制约了社会主义民主的建设和发展，也为反对派和西方敌对势力攻击共产党和社会主义提供了口实。在苏东改革过程中，发展民主的呼声很高，但也存在着一种把发展民主与党的领导对立起来的错误思潮。认为是党的领导妨碍了民主的发展，取消了党的领导，才能有民主的发展。这种错误思潮的影响逐步扩大，并形成了各种反对派势力，最终迫使苏东共产党或主动或被迫地放弃了领导地位。实行多党制，搞西方式的民主，首先是从东欧一些国家开始的，并得到了苏联党的赞同和支持。当苏联自己也主张实行多党制、走西方民主道路以后，东欧国家更是受到了极大鼓励。苏东执政党都以为，全面移植西方国家的政治制度，不仅能实现真正的民主，而且可以化解矛盾，避免冲突，但结果恰恰相反。多党制一实行，造成了社会政治的混乱，反对派如虎添翼，各种各样与共产党对抗的党派和政治组织纷纷出笼，诱发了社会的全面危机，使整个社会陷入极为严重的失控状态。当苏联和东欧国家的共产党认为自己在推进民主的时候，人们看到的却是共产党纷纷垮台，社会主义民主的彻底丧失。对共产党执政的社会主义国家来说，搞西方式民主，搞多党竞争，是一种灾难性选择，因为它背离了社会主义道路和共产党的领导。正是这种极端化的跳跃，造成了苏东悲剧的发生。

第五，尊重不同民族权利、反对大民族主义而不能助长民族分裂主义。社会主义的建设和发展，必须要以维护和加强民族团结为基础。民族和民族问题的存在是一个长期复杂的历史现象，在社会主义制度下也是这样。20 世纪走上社会主义道路的国家，大都是多民族国家，能否正确地处理好民族问题，既尊重不同民族的权利，反对大民族主义，又能有效地反对民族分裂主义，是一个关系到社会主义兴衰成败的大问题。列宁在领导无产阶级革命过程中，在为工农群众争取自身权利的同时，也为一切被压迫的民族争取平等的权利。他曾严厉谴责沙皇俄国是各民族的监狱，极其憎恨大俄罗斯主义，主张俄国境内各民族应该享有平等的权利。但列宁之后，苏共领导人都未能正确认识和处理好民族问题。一度是大民族主义抬头，后来又走向另一极端。民族分裂主义泛滥，严重的民族问题成了苏联解体的催化剂。苏联的解体表明，社会主义国家和执政的共产党，如果不能正确对待、妥善处理民族问题，会给社会主义发展造成灾难性的后果。在社会主义条件下，各民族在政治上是平等的，在根本利益上是一致的，但在某些具体权益方面，在经济文化发展方面，在风俗习惯和语言文字等方面仍然存在着一些矛盾，存在着一些差异。因此在反对大民族主义的过程中，既要充分体现对各民族权利的尊重，又必须反对民族分裂主义。民族分裂主义和大民族主义一样，从本质上说，都是反对社会主义制度、分裂国家和破坏各民族团结的行为，是国家稳定发展的祸根，是各民族人民的共同敌人。

第六，对西方国家开放和加强联系时，不能放松对西化、分化的警觉。社会主义要在开放中发展，要把自己的发展与世界的发展联系在一起。远离世界，搞自我封闭，必然会导致落后。但是，在扩大与世界联系的过程中，社会主义国家要对西方敌对势力西化、分化的图谋保持高度警觉。西方国家的一些敌对势力往往通过经贸合作、经济援助、人员交往等渠道，进行思想渗透、政治施压，诱使社会主义国家接受资本主义价值观，瓦解社会主义制度的思想基础，甚至会直接培养和扶持与共产党抗衡的政治力量，促使社会主义国家从内部发生渐进的演变。社会主义国家出现政治问题，产生经济社会危机，往往是西方敌对势力进行西化、分化的有利时机。从苏东剧变中不难看到西方敌对势力为颠覆社会主义国家无所不用其极，并在实际上产生了重要影响。在苏东国家出现严重社会动荡的时候，西方敌对势力曾明确声称，谁同我们站在一起，谁就会得到支持。一些敌对势力曾以各种名义向波兰团结工会提供活动经费。对其他东欧国家的反对派，西方敌对势力也程度不同地给予了经济上的援助。苏东剧变留下了一个警示：对于西方敌对势力的西化、分化图谋，社会主义国家必须始终保持高度警觉，绝不能掉以轻心。

第七，坚持和改善党的领导而不能放弃党的领导、忽视党的自身建设。走社会主义道路，不能没有共产党的领导。共产党是社会主义事业的领导核心，社会主义事业能否成功，关键在于坚持和加强党的领导。只有坚持党的领导，才能保证社会主义的性质，才能保证各项事业的发展不偏离社会主义方向，才能保证社会主义建设有一个稳定的政治环境和良好的社会秩序。坚持党的领导，必须不断加强党的自身建设。苏联和东欧国家的共产党在执政过程中，长期忽视党的自身建设，对党内矛盾缺少正确认识和解决办法，产生并积累了许多问题。如：思想建设没有跟上时代的要求，一些党员干部特别是一些中高级领导干部理想信念淡薄、党性意识缺乏，一些党的领导人思想上政治上蜕化变质，背弃马克思主义、背弃社会主义事业、背弃工人阶级和劳动人民的根本利益；党的基层组织凝聚力和战斗力不强，不能充分发挥先锋模范作用；民主集中制没有得到有效贯彻，党内缺乏民主和有效监督；官僚主义和形式主义严重，腐败现象增多等。这些问题由于长期没有从根本上得到逐步解决，使共产党逐步丧失了先进性，失去了人民群众的信任和支持，这是导致苏联和东欧国家共产党垮台的一个根本原因。在社会主义国家里，共产党的前途命运同社会主义前途命运是紧密连在一起的，党的自身建设搞不好，不能始终保持党的先进性，执政水平和执政能力跟不上事业发展的要求，社会主义建设就搞不好，党就会失去人民的支持和认同，就会丧失政权，亡党亡国。

思考题：

1. 列宁在无产阶级专政理论上有哪些新的贡献？
2. 谈谈列宁实施新经济政策的历史背景和重要意义。
3. 试述列宁关于建设社会主义思考的当代价值。
4. 如何认识斯大林在社会主义理论和实践方面的贡献与失误？
5. 有人认为苏联东欧剧变是历史的必然，是共产主义的终结。谈谈你的看法。

第六章　中国的新民主主义革命和社会主义革命与建设

20 世纪初，马克思主义传入正在苦苦寻找真理的中国。"中国人找到了马克思列宁主义这个放之四海而皆准的普遍真理，中国的面目就起了变化了。"① 中国共产党成立以后，以毛泽东为主要代表的中国共产党人，从中国的基本国情和中国革命的具体实际出发，运用科学社会主义基本原理，找到了新民主主义革命的正确道路，完成了反帝反封建的任务，建立了新中国，并实现了从新民主主义到社会主义的历史性转变。确立社会主义基本制度后，又从实际出发探索社会主义建设道路，积累了极其丰富的历史经验。在长期的革命、建设实践中，形成了被实践证明为正确的关于中国革命和建设的理论原则和经验总结，创立了毛泽东思想，实现了马克思主义中国化的第一次历史性飞跃。

第一节　近代中国的基本国情和面临的重大历史课题

鸦片战争后，在西方列强的侵略下，近代中国从封建社会沦为半殖民地半封建社会。为了实现民族复兴的历史重任，一个多世纪以来，中华民族面临着求得民族独立、人民解放和实现国家繁荣富强、人民共同富裕两大历史性课题。

一、近代中国的基本国情

中华民族是一个伟大的民族。中国作为世界文明古国，在很长一段时间里处于世界领先地位，对人类文明作出过重大贡献。在 17—18 世纪，

---

① 毛泽东：《论人民民主专政》，《毛泽东选集》第 4 卷，人民出版社 1991 年版，第 1470 页。

中国的国力居于世界的前列。1820 年，中国的生产总值占当时世界的三分之一左右。但是，随着世界上资本主义的兴起，工业革命风起云涌的发展，改变了这种局面。一方面，当时的清朝统治者仍然以天朝自居，故步自封，闭关自守，错过了工业革命的机会，导致中国的发展大大落后于西方国家；另一方面，资本主义的发展是一部血腥的历史，它对内残酷地剥削本国劳动人民，对外推行野蛮的殖民主义，发动侵略战争，掠夺落后国家人民的财富，用坚船利炮敲开了中国的大门，使中国逐渐沦为半殖民地半封建社会。从 1840 年鸦片战争起，到 1949 年中华人民共和国成立，中华民族经历了一个多世纪的苦难岁月。

中国沦为一个半殖民地半封建的国家，不是被某一个西方国家所独占，而是被众多西方列强所侵略和蚕食。西方列强通过清朝统治者战败后的屈膝投降，签订了一系列不平等条约，强占和租借大片土地，获得驻兵权和治外法权，划分势力范围，瓜分中国领土，强行开辟通商口岸，占领中国市场，勒索大量赔款，控制中国经济命脉。在帝国主义入侵和封建主义的腐朽统治下，中国已完全陷入丧权辱国、任人宰割的境地。中华民族与帝国主义的矛盾、人民大众与封建主义的矛盾、农民阶级与地主阶级的矛盾、工人阶级与资产阶级的矛盾以及在华西方列强之间的矛盾等各种矛盾交织在一起，其中中华民族与帝国主义、人民大众与封建主义的矛盾是主要矛盾。

二、中国人民的历史选择

亡国灭种的严重威胁，沉重地笼罩在中国爱国者们的心头，唤醒了中华民族的觉醒。为了挽救民族的危亡，实现中华民族的复兴，中国无数仁人志士向西方寻找真理，前赴后继，进行了可歌可泣的斗争。期间有三次大的斗争。第一次是 1851 年至 1864 年，洪秀全领导的太平天国运动，曾占领南京，纵横 18 个省份，显示了中国农民阶级反侵略、反压迫的英勇精神和巨大力量，但终因提不出彻底的民主革命纲领、农民阶级的软弱性以及内部争斗而失败。第二次是以康有为、梁启超、谭嗣同为代表的资产阶级改良派，1898 年在光绪皇帝支持下实行"戊戌变法"，主张兴民权，设议会，试图走君主立宪的道路，但却被扼杀，前后百日就失败了。第三次是以孙中山为代表的资产阶级革命派，发出"振兴中华"的呼喊，提出了比较完整的资产阶级民主革命纲领——三民主义，并在连续 10 次反对清王朝武装起义的基础上，终于通过 1911 年的辛亥革命，推翻了统治中国近三百年的清王朝，成立了中华民国，结束了两千多年的君主专制制度。但这并没有改变中国社会的半殖民地半封建性质和中国人民的悲惨命运。随后不久，革命果实又被北洋军阀所窃取，中国长期陷于军阀混战，国家四分五裂。一些倡导"实业救国"、"教育救国"的爱国人士，更是一筹莫展、难有作为。"百日维新"和辛亥革命曾经以兴资本主义的"新学"给先进的知识分子带来新的希望，但都没有成功。实践证明，在中国走资本主义道路是根本行不通的。

为什么在近代中国仿效西方走资本主义道路行不通？一是帝国主义不允许，他们把中国作为他们的殖民地和附属国，不愿意中国成为资本主义国家，成为他们的竞争对手；二是封建势力不甘心退出历史舞台，让资本主义取而代之；三是民族资本主义先天不足，民族资产阶级软弱，没有能力领导民主革命取得胜利。特殊的历史条件，排除了中国走资本主义道路的可能。

历史的重任落在中国无产阶级身上。中国无产阶级虽然人数不多，但和社会化生产相联系，是先进生产力的代表；是一无所有的劳动者，具有彻底的革命性；由于他们大多数来自农民，和广大农村有天然的联系，因而便于和农民结成亲密联盟。1919 年 5 月 4 日，以反对北洋军阀政府准备在巴黎和会上屈辱签字的卖国行径为导火线，爆发了五四运动。五四运动从学生运动开始，而后发展为强大的工人运动，中国工人阶级开始以独立的政治力量登上历史舞台。这是中国近代历史上中国人民第一次彻底的反对帝国主义、反对封建军阀的爱国运动，是中国旧民主主义革命的结束和新民主主义革命的开端。

五四运动期间，中国正徘徊在十字路口，在民族危亡的关键时刻，迫切需要寻找新的理论指导实践，提出救国方案，回答中国向何处去的问题。1917 年爆发的俄国十月社会主义革命，给中国人民带来希望。当时，中国正处在社会大变动、大变革年代，新旧社会思潮不仅空前活跃，而且斗争异常激烈。中国的先进分子对各种主义和方案进行反复比较和推求，从各种各样的主义中选择了马克思列宁主义，从各种各样的社会主义中选择了科学社会主义，从各种各样的方案中选择了俄国十月革命道路。这是中国人民作出的郑重历史选择，决定了中国未来的走向和命运。正如毛泽东所说的："十月革命一声炮响，给我们送来了马克思列宁主义。十月革命帮助了全世界的也帮助了中国的先进分子，用无产阶级的宇宙观作为观察国家命运的工具，重新考虑自己的问题。走俄国人的路——这就是结论。"①

历史有力地证明，科学社会主义一经与中国实际相联系，就把无产阶级的社会主义和共产主义理想与中华民族复兴的历史重任结合了起来，成为实现中华民族伟大复兴的强大思想武器和必由之路。

第二节　新民主主义革命和毛泽东思想的诞生

在马克思列宁主义与中国工人运动相结合的基础上诞生的中国共产党，科学分析近代中国基本国情，提出了中国革命必须分两步走，即先进行资产阶级民主革命，而后进行无产阶级社会主义革命。以毛泽东为主要代表的中国共产党人，在领导中国人民进行新民主主义革命的伟大实践中，创立了新民主主义理论，并用这个理论指导实践，取得了新民主主义革命的彻底胜利。

一、新民主主义革命的实践

五四运动促进了马克思主义在中国的传播，推动了中国共产党的建立。五四运动后，各地纷纷成立社团，创办刊物，介绍和宣传马克思主义经典著作和学说。1920 年 8 月，陈望道翻译的《共产党宣言》第一个全译本由社会主义研究社在上海出版。同月，上海群益出版社出版了恩格斯的《社会主义从空想到科学的发展》节译本。中国的先进分子开始接受

---

① 毛泽东：《论人民民主专政》，《毛泽东选集》第 4 卷，人民出版社 1991 年版，第 1471 页。

马克思主义，认识到工人阶级代表先进的生产力，决定中国的未来，并准备筹建中国工人阶级政党。1920 年以后，上海、北京、广州、长沙、武汉、济南等地先后建立共产主义小组。1921 年 7 月 23—31 日，各地共产主义小组的代表，在上海召开中国共产党第一次全国代表大会，中国工人阶级政党——中国共产党正式诞生了。"自从有了中国共产党，中国革命的面目就焕然一新了。"①

中国共产党成立后，立即投入到新民主主义革命的斗争中。新民主主义革命，即新式的资产阶级民主革命，它是针对旧民主主义而言的。"新式"或"新"主要体现在三个方面：一是就领导权来说，新民主主义革命不是由资产阶级领导，而是由无产阶级领导，这一点具有决定意义；二是就革命前途来说，不是建立资产阶级共和国和资本主义社会，而是建立无产阶级领导下的各革命阶级的联合专政，并最终过渡到社会主义社会；三是就所属世界革命范畴来说，在第一次世界大战和俄国十月革命之后，它已不属于世界资产阶级革命的一部分，而属于世界无产阶级革命的一部分。新民主主义革命就其任务和性质来说，既是反对帝国主义的民族革命，又是反对封建主义的民主革命，是民族民主革命。后来以"蒋、宋、孔、陈"四大家族为代表的官僚资本主义，也成为新民主主义革命的主要对象。正如毛泽东所指出的，新民主主义革命就是"无产阶级领导的，人民大众的，反对帝国主义、封建主义和官僚资本主义的革命"②。

在大革命和土地革命时期，也就是中国共产党的幼年时期，由于理论上政治上不成熟，中国共产党曾经犯过陈独秀右倾投降主义和王明"左"倾冒险主义的严重错误，使中国革命事业遭受重大挫折。历史反复证明，以毛泽东为主要代表的中国共产党人提出的思想和理论，代表了中国革

---

① 毛泽东：《全世界革命力量团结起来，反对帝国主义的侵略》，《毛泽东选集》第 4 卷，人民出版社 1991 年版，第 1357 页。

② 毛泽东：《在晋绥干部会议上的讲话》，《毛泽东选集》第 4 卷，人民出版社 1991 年版，第 1313 页。

命的正确方向。早在大革命时期，毛泽东就曾指出无产阶级领导农民革命斗争的极端重要性；大革命失败后，面对"四·一二"反革命政变后国民党反动派对共产党人的大屠杀，以及南昌起义的失利，他果断率领秋收起义的队伍上了井冈山，建立了第一个农村革命根据地，把党的工作重心由城市转移到农村，逐步开辟了一条具有中国特色的革命道路，即农村包围城市、最后夺取全国胜利的道路。1935 年 1 月，在中国共产党处于生死存亡的危难时刻召开的具有转折意义的遵义会议，确立了毛泽东在全党的实际领导地位，这是中国共产党在政治上走向成熟的重要标志。从此，中国革命转危为安，排除了无数艰难险阻，取得了一个又一个辉煌胜利。在中国共产党的领导下，中国人民经过北伐战争、土地革命、抗日战争和解放战争，经过 28 年的浴血奋战，付出巨大牺牲和沉重代价，终于推翻了帝国主义、封建主义、官僚资本主义三座大山，推翻了国民党反动统治，于 1949 年 10 月 1 日建立了中华人民共和国。

二、新民主主义革命理论和毛泽东思想的形成

毛泽东在不断总结中国革命经验的基础上，写出了许多不朽著作，为科学社会主义在中国的应用和发展作出了重要贡献。特别是在 1939 年的《中国革命和中国共产党》和 1940 年的《新民主主义论》中，他系统阐述了新民主主义理论。这一理论指出，中国革命的第一步是实行新民主主义革命，而不是社会主义革命。新民主主义革命理论的形成，是中国共产党在民主革命时期思想理论上走向成熟的重要标志。

毛泽东的新民主主义革命理论的基本内容是：

1. 关于近代中国的社会性质

毛泽东指出：认清"中国社会的性质，亦即中国的特殊的国情，这是解决中国一切革命问题的最基本的根据"[①]。中国是一个古老的东方大

---

① 毛泽东：《中国革命和中国共产党》，《毛泽东选集》第 2 卷，人民出版社 1991 年版，第 646 页。

国，封建专制主义统治了几千年。从 19 世纪中叶以后，随着帝国主义的入侵，中国社会的性质发生了变化，成为一个极为特殊的社会。既不是原来单一的封建主义社会，也没有步入西方的资本主义社会。在帝国主义和封建主义勾结下，中国成为半殖民地半封建社会。毛泽东指出："帝国主义列强侵略中国，在一方面促使中国封建社会解体，促使中国发生了资本主义因素，把一个封建社会变成了一个半封建的社会；但是在另一方面，它们又残酷地统治了中国，把一个独立的中国变成了一个半殖民地和殖民地的中国。"① 半殖民地半封建的社会性质决定了中国社会的主要矛盾必然是帝国主义和中华民族的矛盾，封建主义和人民大众的矛盾。毛泽东关于中国社会性质的科学结论，是中国共产党人依据马克思主义对中国社会性质得出的最为深刻的认识，为推动新民主主义革命提供了科学指导。

2. 关于中国革命的对象、任务、动力和性质

基于中国社会的性质，毛泽东认为，中国革命的对象，主要是帝国主义和封建主义，还有后来形成的以"蒋、宋、孔、陈"四大家族为代表的官僚资本主义。中国革命的任务，"就是对外推翻帝国主义压迫的民族革命和对内推翻封建地主压迫的民主革命"②。这个革命就其性质来说，是资产阶级民主革命，而不是无产阶级社会主义革命。但是由于中国的资产阶级承担不了这一革命的领导责任，在革命的动力方面工人阶级已经成为领导阶级，农民是主力军和最可靠的同盟者，资产阶级中的官僚资产阶级已经成为革命的对象，只有民族资产阶级是革命的重要力量，因此中国的民主革命自五四运动后，已不是资产阶级领导的旧民主主义革命，而是无产阶级领导的新民主主义革命。毛泽东关于中国的民主革命是新民主主义革命的科学判断，是对马克思主义的创造性贡献。

3. 关于中国革命的步骤和前途

中国共产党建党初期，党的领导人陈独秀受第二国际和俄国孟什维克

---

① 毛泽东：《中国革命和中国共产党》，《毛泽东选集》第 2 卷，人民出版社 1991 年版，第 630 页。

② 毛泽东：《中国革命和中国共产党》，《毛泽东选集》第 2 卷，人民出版社 1991 年版，第 637 页。

的影响，认为现实的革命既然是资产阶级民主革命，就应由资产阶级领导，革命之后建立的是资本主义社会，等待无产阶级成为人口大多数后再进行社会主义革命，因而需要进行"两次革命"。毛泽东坚决反对这种错误观点，坚持列宁从资产阶级民主革命向社会主义革命转变的理论，认为在新的历史条件下，中国革命要分两步走，第一步是进行新民主主义革命；第二步转变为社会主义革命。毛泽东同时也反对在革命过程中出现的两个革命"毕其功于一役"的"左"倾错误，指出："中国共产党领导的整个中国革命运动，是包括民主主义革命和社会主义革命两个阶段在内的全部革命运动；这是两个性质不同的革命过程，只有完成了前一个革命过程才有可能去完成后一个革命过程。民主主义革命是社会主义革命的必要准备，社会主义革命是民主主义革命的必然趋势。而一切共产主义者的最后目的，则是在于力争社会主义社会和共产主义社会的最后的完成"①。

4. 关于中国革命的道路

毛泽东认为，在旧中国，无议会可以利用，更没有组织工人罢工的合法权利，无产阶级和劳动人民要获得解放，不可能搞什么和平过渡，只能通过暴力革命武装夺取政权。但是，在中国这个半殖民地半封建社会，武装夺取政权的道路应当怎样走，是中国共产党人面临的一个难题。大革命失败后党先后组织和发动的南昌起义和广州起义，走的都是中心城市武装起义的道路，但最终都没取得成功。毛泽东在秋收起义后，带领工农武装开辟了井冈山根据地，并在这一崭新的实践中创造性地开辟了一条经过长期的农村包围城市、最后夺取全国政权的革命道路。实践证明，这条道路是中国革命唯一正确的道路。

5. 关于新民主主义革命的总路线

为了使全党准确地认识和把握党在革命过程中的各项方针政策，毛泽东创造性地依据对社会主要矛盾的分析确定革命发展各个阶段党的总路线。总路线或基本路线关系全局、指导全局、决定全局，是党在一个历史

---

① 毛泽东：《中国革命和中国共产党》，《毛泽东选集》第2卷，人民出版社1991年版，第651—652页。

发展阶段全局性的根本指导方针。毛泽东在解放战争的关键时期，于
1948 年提出了完整的新民主主义革命的总路线，即无产阶级领导的，人
民大众的，反对帝国主义、封建主义和官僚资本主义的革命。正是在这条
总路线的指引下，我国取得了新民主主义革命的彻底胜利。

6. 关于中国革命的基本问题和基本经验

以毛泽东为主要代表的中国共产党人在领导中国革命的过程中，积累
了丰富的历史经验。1939 年 10 月，毛泽东为党内刊物《共产党人》写了
一篇著名的发刊词，回顾了党走过的 18 年革命历程，提出了统一战线、
武装斗争、党的建设是中国共产党在中国革命中战胜敌人的三个主要法
宝。他指出："统一战线问题，武装斗争问题，党的建设问题，是我们党
在中国革命中的三个基本问题。正确地理解了这三个问题及其相互关系，
就等于正确地领导了全部中国革命。"他强调："统一战线和武装斗争，
是战胜敌人的两个基本武器。统一战线，是实行武装斗争的统一战线。而
党的组织，则是掌握统一战线和武装斗争这两个武器以实行对敌冲锋陷阵
的英勇战士。这就是三者的相互关系。"① 中国革命的三个基本问题或称
三大法宝，也就是中国革命的基本经验。

在这些理论创新中，毛泽东作出了杰出的贡献。在民主革命时期，针
对把马克思主义教条化和共产国际与苏联经验神圣化的错误倾向，他创造
性地提出了把马克思主义的普遍真理和中国革命的具体实践相结合的思想
原则。他坚持以实事求是的科学态度，独立自主地思考中国革命的问题，
形成了一整套适合中国国情的路线、方针、政策，推进了马克思主义中国
化。这些都是他对中国共产党和中国革命事业的独创性贡献。

以毛泽东为主要代表的中国共产党人在领导中国人民进行长期革命斗
争中，实现了马克思列宁主义和中国实践相结合的第一次历史性飞跃，形
成了毛泽东思想。经过 1942 年开展的全党整风运动，特别是党的领导机
关和高级干部对党的历史问题的讨论，实现了在马克思列宁主义基础上全

---

① 毛泽东：《〈共产党人〉发刊词》，《毛泽东选集》第 2 卷，人民出版社 1991 年版，
　第 605—606、613 页。

党认识的高度统一。1945 年 4 月召开的党的六届七中（扩大）全会通过的《关于若干历史问题的决议》指出："中国共产党自 1921 年产生以来，就以马克思列宁主义的普遍真理和中国革命的具体实践相结合为自己一切工作的指针，毛泽东同志关于中国革命的理论和实践便是此种结合的代表。"随后召开的党的七大决定把毛泽东思想确立为党的指导思想。在七大通过的党章中明确规定："中国共产党，以马克思列宁主义的理论与中国革命的实践统一的思想——毛泽东思想，作为自己一切工作的指针。"

三、新民主主义革命胜利的意义

新民主主义革命在全国取得胜利的标志，就是 1949 年中华人民共和国的成立。新中国的成立是近代以来中国社会最伟大的变革，它揭开了中国历史发展新的一页，为实现中华民族的伟大复兴创造了根本前提。胡锦涛指出："中华人民共和国的建立，彻底结束了一百多年来中国人民受压迫、受奴役、受侵略的黑暗历史，彻底结束了旧中国四分五裂、民不聊生的黑暗历史，彻底结束了在中国绵延几千年的封建专制统治的黑暗历史。中国人民从此站立起来了，中华民族的发展开启了新的纪元。"[1]

新民主主义革命的胜利，对于推动当代中国发展进步具有重大而深远的意义。一是实现了民族独立。新民主主义革命的胜利，推翻了帝国主义的统治，废除了帝国主义在华的一切特权和强加在中国人民头上的所有不平等条约，中华人民共和国以一个真正独立的主权国家屹立在世界东方，中国人民近代史上一百多年来从来没有这样扬眉吐气过。二是实现了人民解放。新民主主义革命的胜利，结束了几千年剥削阶级的统治，劳动人民翻身解放，成为国家和社会的主人，自己决定自己的命运。三是实现了国家统一。新民主主义革命的胜利，彻底结束了帝国主义列强的互相争夺以及代表他们势力的各个军阀、官僚集团的互相争夺而导致国家四分五裂的状态，实现了国家空前和高度的统一。总之，新民主主义革命在全国

---

[1]　胡锦涛：《在纪念毛泽东同志诞辰一百一十周年座谈会上的讲话》，《十六大以来重要文献选编》（上），中央文献出版社 2005 年版，第 640 页。

的胜利，推翻了帝国主义、封建主义和官僚资本主义三座大山，结束了中国半殖民地半封建社会状态，结束了中国人民长期遭受压迫和剥削的历史，为建立社会主义基本制度、推动当代中国发展进步奠定了坚实基础。

新民主主义革命在全国的胜利，是马克思列宁主义在中国的胜利，是马克思主义基本原理和中国具体实践相结合的理论成果——毛泽东思想的胜利。历史证明，在中国人民寻找的各种各样主义中，只有马克思主义才能救中国。马克思主义是无产阶级的科学世界观和方法论，它的生命力在于它同各国具体实践相结合。中国人民在没有找到马克思主义以前，中国革命不免遭致失败；在找到了马克思主义以后，由于没能和中国革命实践相结合，中国革命仍不免遭致挫折；而一经同中国具体实践相结合，中国革命则无往而不胜。正是在马克思列宁主义、毛泽东思想指引下，我们才取得了新民主主义革命的伟大胜利。

中国作为东方大国取得新民主主义革命的胜利，是继十月革命胜利和第二次世界大战后，世界历史上最重大的事件。它改变了世界特别是东方的国际格局，冲破了帝国主义的东方战线，在一个占世界人口四分之一的大国里，扫荡了帝国主义及其代理人的势力，从而极大地改变了世界政治力量的对比，有力地推动了世界被压迫民族和被压迫人民争取解放的斗争，极大地增强了他们反帝斗争的胜利信心，对国际局势的发展具有深远的影响。

第三节　毛泽东关于从新民主主义到社会主义转变的理论

我国新民主主义革命胜利后所建立的是新民主主义社会。但新民主主义社会不是一个独立的社会形态，而是从新民主主义到社会主义的过渡时期。党在过渡时期积累的丰富经验，特别是在开创具有中国特色的社会主义改造道路过程中形成的科学思想，进一步丰富和发展了毛泽东思想。

一、新民主主义社会的确立和向社会主义社会的转变

从 1949 年新中国成立到 1956 年社会主义改造基本完成，我国处在从新民主主义到社会主义的过渡时期。在外有帝国主义封锁和内要百废待兴的形势下，中国共产党以毛泽东向全党提出的"两个务必"和"进京赶考"的精神状态从事新中国的建设，各项工作都取得了很大成绩。

在抗日战争时期，毛泽东在《新民主主义论》中，就曾对新民主主义革命胜利后所建立的新民主主义社会的蓝图进行了科学勾画，提出了党在新民主主义社会的三大纲领，明确使用了"新民主主义共和国"、"新民主主义社会"等概念。他说：在这个新社会中，不但要有新政治、新经济，而且要有新文化，由此提出新民主主义社会的三大纲领。一是政治纲领。毛泽东指出，新民主主义的国家政权，既不是资产阶级专政，也不是无产阶级专政，而是无产阶级领导的，以工农联盟为基础的，包括小资产阶级和民族资产阶级在内的几个革命阶级联合专政的国家政权。民族资产阶级在国家政权中不占主要地位，但它不是专政对象，而是联合对象。二是经济纲领。新民主主义经济，既不是完全的资本主义经济，也不是完全的社会主义经济，而是以社会主义国营经济为领导的经济。新民主主义国家将没收官僚资本，由国家经营管理；同时"节制资本"而不没收其他资本主义的私有财产；没收地主土地，消灭封建主义所有制，实行"耕者有其田"。三是文化纲领。新民主主义文化，既不是资产阶级文化，也不是完全的无产阶级文化，而是无产阶级领导的适应新民主主义经济政治发展需要并为之服务的反帝反封建文化，也就是"民族的、科学的、大众的文化"。这三大纲领，在 1949 年制定的《中国人民政治协商会议共同纲领》中得到充分体现。新中国成立后，全面实现这样奋斗目标的条件具备了，中国共产党领导人民立即着手落实新民主主义的三大纲领。

依据政治纲领，我国先后建立了四大基本政治制度。首先是国体，我国实行工人阶级领导的，以工农联盟为基础的，包括工人阶级、农民阶级、城市小资产阶级、民族资产阶级在内的各革命阶级联合的人民民主专政。其次是政体，我国没有采用西方的三权分立，也没有照搬苏维埃，而

是实行人民代表大会制度。新中国成立前夕召开的第一届中国人民政治协商会议全体会议执行着全国人民代表大会的职权。1952 年 11 月，党中央决定着手召开全国人民代表大会，之后通过普选产生了地方和全国人民代表大会代表，于 1954 年 9 月 9 日召开全国人民代表大会第一次会议，正式确立了人民代表大会制度。这项制度既使政体和国体相适应，又能充分反映广大人民的意愿，保障人民当家作主的权利。再次是政党制度，我国既不搞西方的多党制，也不搞一党制，而是实行中国共产党领导的多党合作和政治协商制度，这是一个崭新的政党制度。最后是国家的结构形式，我国实行了民族区域自治制度。由于中国是一个多民族国家，实行什么样的国家结构形式是一个重大问题。列宁和孙中山都提出过"民族自决"的口号，苏俄于 1924 年实行联邦制，中国共产党在早期也赞同过"民族自决"。但是，在 1949 年 9 月制定《中国人民政治协商会议共同纲领》时，毛泽东和周恩来鉴于帝国主义者分裂我国的图谋，毅然决然确定不实行联邦制，而是在统一的共和国内实行民族区域自治。这对国家的统一、民族的团结和社会的稳定起了至关重要的作用。新中国成立之初，建立在新民主主义经济基础之上的基本政治制度，在我国建立巩固了社会主义经济基础后，进一步发展为社会主义基本政治制度。这是中国共产党创造性地把马克思主义基本原理运用于我国具体实际所取得的重要成果，对我国社会主义建设的顺利开展起了重要推动作用。

依据经济纲领，建国后我国在以发展生产为中心，恢复国民经济的过程中，通过没收官僚资本主义，建立了社会主义国营经济；通过全国范围的土地改革，消灭了封建土地所有制；通过利用和限制私人资本主义经济，调整了民族工商业。这样，就形成了以社会主义经济为领导的，包括社会主义性质的国营经济、半社会主义性质的合作社经济、个体经济、私人资本主义经济、国家与私人合作的国家资本主义经济等五种经济成分并存的综合经济结构。

依据文化纲领，建国后在恢复和发展国民经济的同时，大力发展教育、科学、文化事业，并在思想文化领域批判帝国主义和封建主义思想。正如毛泽东在全国胜利前夕所预言的："随着经济建设的高潮的到来，不可避免地将要出现一个文化建设的高潮。中国人被人认为不文明的时代已经过去了，我们将以一个具有高度文化的民族出现于世界。"①

　　三大纲领的实施，使得半殖民地半封建的旧中国迅速转变为新民主主义的新中国。同时，鉴于新民主主义社会五种经济成分并存而社会主义经济又居于领导地位这种特殊情况，在完成民主革命遗留任务，特别是土地改革以后，党的任务就要进一步领导人民向社会主义过渡，把一个落后的农业国建设成为一个先进的工业国。1952 年夏秋之交，毛泽东根据中国社会经济发展的深刻变化，提出了向社会主义过渡的任务。因此，毛泽东在 1953 年 12 月指出："从中华人民共和国成立，到社会主义改造基本完成，这是一个过渡时期"②。经他亲自审阅和修改的过渡时期总路线的宣传提纲《为动员一切力量把我国建设成为一个伟大的社会主义国家而斗争》指出："中国革命第一阶段的任务胜利完成后建立起来的新民主主义社会，是一个过渡性质的社会。由中华人民共和国成立到建成社会主义社会，是我国由新民主主义社会过渡到社会主义社会的历史时期。"③ 毛泽东所创立的从新民主主义到社会主义转变的理论，是马克思主义关于从资本主义向社会主义转变的理论在中国的具体化，充分地体现了我国国情和历史发展的特点。

二、中国特色的社会主义改造道路

　　新中国成立后，我国用三年时间迅速恢复了国民经济，完成了民主革命的遗留任务。立足对新民主主义社会过渡性质的科学认识，毛泽东于 1952 年下半年提出了要制定党在过渡时期的总路线问题。经过充分酝酿，党中央在 1953 年向全党全国人民公布了这条总路线。这就是："在一个相

① 毛泽东：《中国人从此站立起来了》，《毛泽东文集》第 5 卷，人民出版社 1996 年版，第 345 页。
② 毛泽东：《革命的转变和党在过渡时期的总路线》，《毛泽东文集》第 6 卷，人民出版社 1999 年版，第 316 页。
③ 中共中央宣传部：《为动员一切力量把我国建设成为一个伟大的社会主义国家而斗争》，《建国以来重要文献选编》第 4 册，中央文献出版社 1993 年版，第 695 页。

当长的时期内，逐步实现国家的社会主义工业化，并逐步实现国家对农业、对手工业和对资本主义工商业的社会主义改造。""总路线的实质，就是使生产资料的社会主义所有制成为我国国家和社会的唯一的经济基础。"这条"一化三改"的总路线，是一条社会主义建设和社会主义改造并举的路线，使建设和革命互为条件，相互促进。

在过渡时期总路线的指引下，全国人民积极投入对农业、手工业、资本主义工商业的社会主义改造。对农业的社会主义改造，我国没有采取苏联全盘集体化的方式，而是遵循列宁合作化的思想，通过从临时互助组、常年互助组，到初级社，再到高级社的过渡形式逐步实现改造。对手工业的社会主义改造，主要采取供销合作小组、供销生产合作社、生产合作社三种形式，逐步把大量分散的个体手工业者组织起来，实现由分散到集中、由低级到高级的改造。对资本主义工商业的社会主义改造，我国没有采取苏联暴力剥夺的办法，而是用和平赎买的办法，通过加工订货、统购包销为主的初级形式到公私合营的高级形式逐步实现改造，并把对制度的改造和对人的改造结合起来，将民族工商业者的绝大多数人改造成为自食其力的劳动者。我国社会主义改造的完成，是社会主义发展史上的伟大创举。

不容否认，在推进社会主义改造的过程中，也暴露出一些缺点和问题。主要是：1955年夏季以后，农业合作化以及对手工业和个体工商业的改造要求过急，形式也过于简单划一。资本主义工商业改造基本完成以后，对于一部分原工商业者的使用和处理也不适当。与此相联系，在经济体制方面也有些问题没有完全搞清楚，如社会主义公有制经济已经居于绝对统治地位，但当时社会生产力水平普遍较低，有没有必要使公有制成为唯一的经济成分，可否有限度地保留一部分有益于国计民生的个体经济和私营经济。再如高度集中的计划经济体制随着对资本主义和个体经济改造的完成而扩大到全部经济生活，既然要发展商品经济，市场调节的作用是否还需要发挥，如何发挥等。但从整体来看，在一个几亿人口的大国中比较顺利地实现了如此复杂、困难和深刻的社会变革，是一个伟大的历史性胜利。

三、社会主义制度在中国的建立及其重大历史意义

1956 年，我国基本完成社会主义改造，标志着我国社会制度发生了根本的变化，已经从新民主主义社会过渡到了社会主义社会。

社会主义制度的建立，为实现中国人民梦寐以求的社会理想，迈出了有决定意义的第一步。对生产资料私有制的社会主义改造基本完成以后，我国建立了全民所有制和集体所有制两种公有制形式的社会主义基本经济制度；建立了与其相适应的各尽所能、按劳分配的分配制度；还在实行第一个五年计划期间，建立了计划经济体制。同时，根据我国人民民主专政的国家性质，建立健全了人民代表大会制度，中国共产党领导的多党合作和政治协商制度，民族区域自治制度等制度。至此，一个几千年来人们梦寐以求的、优于旧社会和资本主义的崭新的社会主义制度在我国建立起来了。

社会主义制度的建立，为解放和发展社会生产力，改变中国"一穷二白"的落后面貌，创造了根本的社会条件。社会主义制度的优越性之一，就是能够集中力量办大事，能够比资本主义更好更快地解放和发展社会生产力。早在 1949 年 3 月召开的党的七届二中全会上，毛泽东就指出：从现在起，党的工作重心由乡村移到了城市。"从我们接管城市的第一天起，我们的眼睛就要向着这个城市的生产事业的恢复和发展。"[1]由于多年战乱，1949 年新中国成立时的全国生产，同历史上最高生产水平相比，工业总产值下降了 50%，农业总产值下降了 25%，人均国民收入只有 27 美元，相当于亚洲国家平均值的 2/3。中国共产党从国民党政府手里接收下来的是一个烂摊子。新中国成立后，我国通过实行"公私兼顾、劳资两利、城乡互助、内外交流"的"四面八方"的经济政策，到 1952 年，工农业总产值比 1949 年增长 77.5%，比新中国成立前最高水平的 1936 年增长了 20%。与此同时，国营经济的比重在上升，私营经济的比重在下降，提前两年完成了国民经济的恢复工作。对私有制的社会主义改造，进

---

[1]　毛泽东：《在中国共产党第七届中央委员会第二次全体会议上的报告》，《毛泽东选集》第 4 卷，人民出版社 1991 年版，第 1428 页。

一步解放和发展了社会生产力，推动了社会主义经济建设的发展。与社会主义改造几乎同步推进的，是执行国民经济的第一个五年计划，重点是发展社会主义工业化。从 1953 年 1 月开始，经过全党和全国人民的努力，"一五"计划顺利完成，1957 年全国工业总产值达到 783.9 亿元，超过原定计划的 21%，比 1952 年增长 128.1%，平均每年增长 18%。同年农业生产值达到 604 亿元，比 1952 年增长 25%，平均每年增长 4.5%。"一五"时期经济建设所取得的成就，为我国社会主义工业化奠定了初步基础。

社会主义制度的建立，也为全国各族人民大团结，齐心协力搞建设，创造了良好的社会氛围。在社会主义破旧立新的大变革中，没有引起大的社会震荡，工农业生产没有减产，保持继续增长的势头，这是一个了不起的成就。尤其是社会主义改造完成后，包括广大农民、手工业者和工商业者在内的全国人民普天同庆进入社会主义，各族人民达到了空前的团结。社会主义制度在中国一建立，就显示出相对于资本主义制度的巨大优越性，为我国掀起社会主义建设高潮提供了有利条件。

总之，新民主主义革命在全国的胜利，社会主义改造的胜利完成，社会主义制度的建立，标志着近代以来中华民族面临的第一大历史任务——"民族独立和人民解放"基本完成，也为探索中国社会主义建设道路，实现中华民族面临的第二大历史任务——"国家繁荣富强和人民共同富裕"，扫清了障碍，奠定了基础，提供了前提条件。正如胡锦涛在党的十七大报告中指出的："新民主主义革命的胜利，社会主义基本制度的建立，为当代中国一切发展进步奠定了根本政治前提和制度基础。"

第四节　毛泽东关于中国社会主义建设道路的探索

我国进入社会主义社会以后，毛泽东领导全党和全国人民进行了中国社会主义建设道路的艰辛探索。探索中形成的关于中国社会主义建设的科学思想，成为毛泽东思想的重要组成部分。探索中取得的成功经验和失败教训都是党的宝贵财富，成为后人继续探索，开辟新道路、形成新理论的重要思想源泉。

一、中国社会主义建设道路的艰辛探索

我国从新民主主义社会过渡到社会主义社会以后，如何进行社会主义建设突出地摆在了全党面前。1956 年 4 月，毛泽东在讨论《关于无产阶级专政的历史经验》时指出："现在是社会主义革命和建设时期，我们要进行第二次结合，找出在中国进行社会主义革命和建设的正确道路"[1]。这里所说的"第二次结合"，是相对于新民主革命时期的"结合"而言的。中国共产党在新民主革命时期，通过把马克思主义的普遍真理和中国革命的具体实践的第一次结合，找到了中国革命的正确道路，取得了新民主主义革命的伟大胜利。然而，"结合"不是一劳永逸的，在新的实践和新的历史任务面前还要进行新的"结合"。毛泽东提出"第二次结合"，说明中国共产党对社会主义建设的艰巨性在那时已经有所认识。

"第二次结合"的重点，是要找到符合中国实际的社会主义建设道路，而不是照抄照搬苏联模式。无论是革命还是建设，毛泽东一贯主张独立探索，反对照抄照搬外国经验。他指出，在新中国成立之初缺乏经济建设经验的情况下，我们只能学习第一个社会主义国家苏联的经验。因此，在制度、体制和政策等方面都有不少苏联模式的烙印。到 20 世纪 50 年代中期，苏联自己揭开盖子，我国在实践中也感到苏联有些经验并不好。在这种情况下，毛泽东经过慎重考虑，提出要"以苏为鉴"，独立探索一条有别于苏联模式，适合中国国情的社会主义建设道路，以实现国家繁荣富强和人民共同富裕。毛泽东指出："特别值得注意的是，最近苏联方面暴露了他们在建设社会主义过程中的一些缺点和错误，他们走过的弯路，你还想走？过去我们就是鉴于他们的经验教训，少走了一些弯路，现在当然

---

[1] 转引自吴冷西：《十年论战——1956—1966 中苏关系回忆录》（上），中央文献出版社 1999 年版，第 23—24 页。

更要引以为戒。"①

实践证明，提出"第二次结合"并不等于就能够实现这个"结合"，这是一个艰辛的探索过程。1956年毛泽东发表《论十大关系》，是党的第一代中央领导集体探索适合中国国情的社会主义建设道路的起点。从那以后，以1966年5月发动"文化大革命"为界线，可以分为两大阶段。"文化大革命"前十年，即从1956年到1966年，是全面建设社会主义的十年；"文化大革命"十年，即从1966年到1976年，是党和国家事业遭到严重挫折的十年。

1956年我国开始转入全面的大规模的社会主义建设。党在这十年中积累了领导社会主义建设的重要经验。特别是在1964年年底到1965年年初召开的第三届全国人民代表大会上，周恩来根据毛泽东的提议，宣布要努力把我国逐步建设成为一个具有现代农业、现代工业、现代国防和现代科学技术的社会主义强国。在这一宏伟目标的激励下，全国各族人民自力更生、艰苦奋斗，取得了很大成就。以1966年同1956年相比，全国工业固定资产按原价计算，增长了3倍。棉纱、原煤、发电量、原油、钢和机械设备等主要工业产品的产量，都有大幅增长。从1965年起实现了石油全部自给。电子工业、石油化工等一批新兴的工业部门建立起来。工业布局有了改善。农业的基本建设和技术改造大规模展开，并逐渐收到成效。全国农用拖拉机和化肥施用量都增长6倍以上，农村用电量增长70倍。高等学校的毕业生为前7年总数的4.9倍，教育质量得到显著提高。科学技术工作也取得重大成果，如"两弹一星"等。正如1981年6月党的十一届六中全会作出的《关于建国以来党的若干历史问题的决议》所指出的："我们现在赖以进行现代化建设的物质技术基础，很大一部分是这个期间建设起来的；全国经济文化建设等方面的骨干力量和他们的工作经验，大部分也是在这个期间培养和积累起来的。这是这个期间党的工作的主导方面。"

与此同时，这十年党的工作在指导方针上也有过严重失误。由于建设社会主义道路的探索具有艰巨性和复杂性，我们党在全国范围内执政时间

---

① 毛泽东：《论十大关系》，《毛泽东文集》第7卷，人民出版社1999年版，第23页。

不长，缺乏足够的思想认识和经验，加上当时复杂多变的国际形势和自然灾害的影响，这一时期，发生了1957年的反右斗争扩大化，1958年的"大跃进"和人民公社化运动，1959年的所谓"反右倾"斗争，1963年到1965年城乡基层社会主义教育运动，使社会主义事业受到严重影响，党内许多干部和党员受到不应有的打击。这一时期也对一批文艺作品、学术观点和文艺界、学术界的一些代表人物进行了错误过火的政治批判。这些错误发生后，有的及时采取措施进行了纠正，包括1958年年底到1959年7月庐山会议前纠正"大跃进"和农村人民公社化运动中已经觉察到的错误，1960年冬党中央和毛泽东在开始纠正"左"倾错误时进一步对国民经济实行"调整、巩固、充实、提高"的八字方针，1962年党中央在召开扩大的中央工作会议前后对一些被错误批判为"右倾机会主义分子"的同志进行了甄别平反，同时给大多数"右派分子"摘掉了帽子。在这些经济和政治措施的推动下，1962年到1966年我国国民经济得到了比较顺利的恢复和发展。但是，"左"倾错误在经济工作的指导思想上并未得到彻底纠正，并且在政治和思想文化方面还有发展。在1962年9月党的八届十中全会上，毛泽东把社会主义社会中一定范围内存在的阶级斗争扩大化和绝对化，发展了他在1957年反右派斗争以后提出的无产阶级同资产阶级的矛盾仍然是我国社会的主要矛盾的观点，进一步断言在整个社会主义历史阶段资产阶级都将存在和企图复辟，并成为党内产生修正主义的根源。1963年重提"以阶级斗争为纲"。1965年年初又错误地提出了重点要整所谓"党内走资本主义道路的当权派"。不过，这些错误当时还没有达到支配全局的程度，无论在规模、程度、性质上都不能同后来发生的"文化大革命"的错误等量齐观，两者是有质的区别的。但是正如不能不看到两者的区别一样，也不能不看到两者的联系，历史证明，前者是后者的先导和准备。

　　1966年5月开始的"文化大革命"，是一场由领导者错误发动，被反革命集团利用，给党、国家和各族人民带来严重灾难的内乱。但是，党和人民在"文化大革命"中同"左"倾错误和林彪、江青反革命集团的斗争一直没有停止过。由于全党和广大工人、农民、解放军指战员、知识分子和干部的共同斗争，"文化大革命"的破坏受到了一定程度的限制，特别是党和人民最终战胜了林彪、江青两个反革命集团。党、人民政权、人民军队和整个社会的性质都没有改变。

总之，从1956年至1976年长达20年的艰辛探索中，由于复杂的国内外形势和复杂的主客观原因，我国既取得了巨大历史成就，又发生过重大失误。巨大历史成就，主要是指理论上提出了许多有价值的观点和主张，实践上初步探索了中国社会主义建设道路，特别是建立起了独立的、比较完整的工业体系和国民经济体系，社会主义工业化取得了重大进展。重大失误，主要是在探索中出现过像"大跃进"和人民公社化运动那样的错误，特别是发动了"文化大革命"这样长达十年之久的内乱，提出了"无产阶级专政下继续革命"的理论，制定了"以阶级斗争为纲"的基本路线。这些错误，不仅背离了党在社会主义建设初期提出的"第二次结合"的方向和要求，而且使中国的社会主义事业遭受重大挫折。但客观地说，20年的艰辛探索，为中国共产党建设适合中国情况的社会主义提供了宝贵经验和深刻教训，为改革开放后党领导人民开辟中国特色社会主义道路打下了重要基础。

二、艰辛探索取得的科学成果

以毛泽东为主要代表的中国共产党人在艰辛探索中所取得的科学成果，比较集中地体现在探索初期。被称为探索中国社会主义建设道路开篇之作的《论十大关系》，是毛泽东于1956年2—4月在听取国务院34个部门汇报基础上形成的。《关于正确处理人民内部矛盾的问题》是毛泽东于1957年2月27日在最高国务会议上的讲话。这两篇重要著作，标志着毛泽东对中国社会主义建设道路的探索开始形成一个初步的而又比较系统的思路。1956年9月召开的党的八大，正确分析了中国社会的主要矛盾是"人民对于经济文化迅速发展的需要同当前经济文化不能满足人民需要的状况之间的矛盾"，明确提出党和国家的主要任务是"保护和发展社会生产力"。此后，在"大跃进"和人民公社化运动遭到重大挫折后的纠"左"，以及读斯大林的《苏联社会主义经济问题》和苏联《社会主义政治经济学》

教科书过程中，还有 1962 年《在扩大的中央工作会议上的讲话》中，毛泽东也提出了许多有价值的观点。以毛泽东为主要代表的中国共产党人在社会主义建设中所取得的科学成果，主要表现在以下十个方面：

1. 关于社会主义社会矛盾的理论

这是中国社会主义建设道路的重要理论支撑。马克思、恩格斯创立了历史唯物主义，认为任何社会都是通过生产力和生产关系、经济基础和上层建筑的社会基本矛盾运动推动向前发展的。但对于代替资本主义的未来社会的发展动力是什么，他们没有论及。列宁在 1920 年批注和评论布哈林的《过渡时期经济学》一书时指出："对抗和矛盾完全不是一回事。在社会主义下，对抗将会消失，矛盾仍将存在。"[①] 斯大林在 20 世纪 30 年代初，曾对苏联社会存在的矛盾作过分析，使用过"内部矛盾"（指工农之间的矛盾）和"外部矛盾"（指苏联和资本主义国家之间的矛盾）。但是，在 1936 年苏联宣布进入社会主义社会以后，他却认为苏联社会主义社会的生产力和生产关系"完全适应"，强调道义上、政治上的一致是苏维埃社会发展的动力。虽然他后来也发现现实社会中有矛盾，但认为是政策把握上的问题造成的，没有认识到社会主义社会客观上存在着矛盾。针对这种情况，毛泽东在《关于正确处理人民内部矛盾的问题》中，把他的名著《矛盾论》的观点全面运用于社会主义社会，强调社会主义社会各方面都存在着矛盾，矛盾才是社会主义社会发展的根本动力，对社会主义社会的矛盾作出了精辟分析。他着重分析了两种矛盾。一是社会主义社会的基本矛盾。他认为社会主义社会的基本矛盾仍然是生产关系和生产力、上层建筑和经济基础的矛盾，与旧社会所不同的是，两者之间又相适应又相矛盾。这个论述极大地解放了人们的思想，为后来的改革打开了思想闸门，提供了重要的理论依据。二是社会主义社会两类不同性质的社会矛盾，提出社会主义社会存在着人民内部矛盾和敌我矛盾这两类不同性质的社会矛盾。他强调要严格区分和正确处理这两类矛盾，用不同方法处理

---

① 列宁：《在尼·布哈林〈过渡时期经济学〉一书上作的批注和评论》，《列宁全集》第 60 卷，人民出版社 1990 年版，第 281—282 页。

不同性质的矛盾。在革命时期大规模的急风暴雨式的阶级斗争基本结束后，大量的是属于人民内部矛盾，要把正确处理人民内部矛盾作为国家政治生活的主题。这就为调动一切积极因素建设社会主义提出了重要理论论证。

2. 关于中国工业化道路

中国要发展，必须实现社会主义工业化，变落后的农业国为先进的工业国。毛泽东提出要走出一条有别于苏联模式的中国工业化道路。一是坚持以农业为基础和以工业为主导，提出调整产业结构和投资比例，强调对轻工业和农业多投资，后又进一步提出发展国民经济要以农业轻工业重工业为序，并作为经济建设的总方针。二是坚持沿海工业和内地工业共同发展，更多地利用和发展沿海工业，大力发展内地工业，平衡工业发展的布局。三是坚持国防建设必须以经济建设为基础，强调国防不可没有，国防建设必须加强，同时只有经济建设发展得更快了，国防建设才能够有更大的进步。

3. 关于社会主义现代化的目标和步骤

实行工业化，使中国从落后的农业国变为先进的工业国，这只是第一步，更高的目标是实现社会主义现代化。早在1954年，党中央就提出了社会主义现代化目标。1964年，周恩来在三届人大一次会议的《政府工作报告》中进一步明确提出全面实现农业、工业、国防和科学技术的"四个现代化"。为实现"四化"，采取两步走的发展战略，第一步用15年时间，即在1980年以前，建成一个独立的、比较完整的工业体系和国民经济体系；第二步在20世纪内即在2000年内，全面实现"四个现代化"，使我国经济走在世界前列。

4. 关于社会主义发展的长期性和阶段性

马克思运用唯物辩证法的发展观，分析未来社会将经历"第一阶段"和"高级阶段"两个发展阶段，至于每个发展阶段还要不要划分细小阶段，没有论及。列宁在社会主义实践中提出每个发展阶段都有一个多级发展过程，即大阶段中有小阶段。许多社会主义国家都把社会主义社会看成是一个短暂阶段，不去划分阶段，并急于向共产主义过渡。

总结这方面经验教训，毛泽东提出社会主义社会是一个相当长的历史阶段的重要论断，并在 1959 年年底读苏联《社会主义政治经济学》教科书时指出，社会主义可以划分为两个阶段，第一阶段是不发达的社会主义，我国正处在这个阶段，第二阶段是比较发达的社会主义社会，后一阶段可能比前一阶段需要更长的时间。这是对我国国情和社会主义发展阶段比较清醒的认识。

5. 关于发展社会主义商品生产和商品交换

针对一些害怕和反对商品生产的错误倾向，毛泽东严厉批评了这些观点和倾向。他突破了马克思主义创始人的思想，赞同斯大林《苏联社会主义经济问题》一书中所阐述的观点，认为社会主义社会还有商品生产，主张大力发展商品生产和商品交换。他指出，价值法则是一个伟大学校，只有利用它，才有可能教会我们几千万干部和几万万人民，才有可能建设我们的社会主义和共产主义。

6. 关于社会主义民主政治建设

毛泽东强调，必须扩大社会主义民主，反对官僚主义；大力加强社会主义法制建设，做到"有法可依、有法必依"；防止领导机关官僚化、特殊化，防止各级领导干部成为特殊阶层；坚持民主集中制，"造成一个又有集中又有民主，又有纪律又有自由，又有统一意志、又有个人心情舒畅、生动活泼，那样一种政治局面"①。

7. 关于实行"百花齐放，百家争鸣"方针

社会主义建设不仅包括经济建设，也包括文化建设。毛泽东提出在文化领域实行"百花齐放，百家争鸣"，这是促进艺术发展和科学进步的方针，是促进我国社会主义文化繁荣的方针。强调利用行政力量，强制推行一种风格、一种学派，禁止另一种风格、另一种学派，只能有害于艺术和科学的发展。实行"双百"方针，必须坚持以马克思主义为指导，处理好百家和一家的关系，否则就会迷失正确的政治方向。

---

① 毛泽东：《一九五七年夏季的形势》，《建国以来毛泽东文稿》第 6 册，中央文献出版社 1992 年版，第 543 页。

8. 关于实行独立自主的和平外交政策

新中国成立以后，我国制定了独立自主的和平外交政策。周恩来依据列宁的两个体系和平共处的思想，进一步提出和平共处五项原则，作为不同社会制度国家相互关系的准则，为我国社会主义建设提供了良好的国际环境。20 世纪 70 年代初，毛泽东又从当时的世界形势出发提出"三个世界"① 划分的战略思想，以形成广泛的国际统一战线，打开了我国的对外联系。

9. 关于加强党的建设

中国共产党是中国社会主义事业的坚强领导核心。坚持党的领导，必须加强党的建设。毛泽东指出，党面临执政的严峻考验，必须从思想理论、工作作风、反对官僚主义、密切联系群众、坚决反对腐败等各个方面加强党自身的建设。特别是 1962 年《在扩大的中央工作会议上的讲话》中，毛泽东系统地论述了民主集中制原则，对于在社会主义建设过程中更好地发扬党内民主提出了许多重要思想。

10. 关于调动一切积极因素建设社会主义

毛泽东以正确处理人民内部矛盾为基础，提出建设社会主义必须调动一切积极因素，化消极因素为积极因素，团结一切可以团结的力量，这是我国建设社会主义的基本方针。他强调，必须正确处理社会主义建设中的一系列重大关系：一是中央和地方的关系，在巩固中央统一领导的前提下，中央的权力要下放，让地方有更多的权力，以发挥中央和地方两个积极性；二是党和非党的关系，即共产党和民主党派的关系，坚持"长期共存，互相监督"；三是国家、集体和个人的关系，不能只顾国家、集体一头，必须兼顾国家、集体和个人三个方面；四是汉族和少数民族的关系，汉族要诚心诚意地积极帮助少数民族进行经济建设和文化建设；五是中国和外国的关系，凡是外国好的东西都要学，但"必须有分析有批判

---

① "三个世界"：1974 年 2 月 22 日，毛泽东会见赞比亚总统卡翁达时提出了划分"三个世界"的观点。按照这个观点，第一世界，指美国和苏联两个拥有最强的军事和经济力量，在世界范围内推行霸权主义的超级大国；第三世界，指亚洲、非洲、拉丁美洲和其他地区的发展中国家；第二世界，指处于这两者之间的发达国家。

地学，不能盲目地学，不能一切照抄，机械搬运。他们的短处、缺点，当然不要学"①；等等。正如毛泽东所指出的："我们一定要努力把党内党外、国内国外的一切积极的因素，直接的、间接的积极因素，全部调动起来，把我国建设成为一个强大的社会主义国家。"②

上述十个方面，是以毛泽东为核心的党的第一代中央领导集体领导中国人民艰辛探索社会主义建设道路取得的宝贵经验和重要成果，是毛泽东思想的重要组成部分。应当说，这条中国社会主义建设道路，既针对苏联模式也有别于苏联模式，其中在社会主义工业化道路上有很大突破，但仍然是在高度集中的计划经济体制的基础上搞建设。同时也应该看到，这条道路的基本思路和框架是好的，但是由于毛泽东后来思想认识的转变，主要是对国内外阶级斗争形势的估计过于严重，坚持以阶级斗争为纲，离开了以经济建设为中心，甚至提出"无产阶级专政下继续革命"，很多好的思想并没有很好地贯彻落实。特别是发生了"文化大革命"这样全局性的长时间的严重错误，给我国社会主义建设带来了重大损失。尽管探索艰辛坎坷，但是探索者们所取得的积极成果，为后人开辟中国特色社会主义道路，形成中国特色社会主义理论体系，提供了重要的思想指导、理论准备和前提条件。

思考题：

1. 毛泽东是如何分析近代中国基本国情的？谈谈这种分析的方法论意义。

2. 毛泽东的新民主主义理论有哪些主要内容？

3. 毛泽东在领导社会主义革命和建设的过程中有哪些创造性贡献？

4. 试析毛泽东思想与中国特色社会主义道路的关系。

---

① 毛泽东：《论十大关系》，《毛泽东文集》第 7 卷，人民出版社 1999 年版，第 41 页。
② 毛泽东：《论十大关系》，《毛泽东文集》第 7 卷，人民出版社 1999 年版，第 44 页。

第七章 中国特色社会主义的开创与发展

中国特色社会主义，是新时期中国共产党人将马克思主义基本原理与当代中国实际紧密结合创造的重大成果，是在和平与发展成为时代主题的条件下，中国共产党带领人民在吸取国内外社会主义建设经验教训的基础上，在改革开放和社会主义现代化建设实践中成功开创并不断发展的伟大事业。中国特色社会主义的内涵，包括中国特色社会主义旗帜、中国特色社会主义道路和中国特色社会主义理论体系。

第一节 中国特色社会主义的开创和邓小平理论的创立

以邓小平为核心的党的第二代中央领导集体，开辟了中国特色社会主义道路，创立了邓小平理论，为中国特色社会主义的开创与发展作出了重大贡献。

一、伟大的历史转折和改革开放的探索

"文化大革命"结束以后，中国面临向何处去的重大历史抉择。广大干部群众强烈要求纠正"文化大革命"的错误，彻底扭转十年内乱造成的混乱局面，使党和国家从危难中重新奋起。但是，这一顺应时势的愿望遇到了严重阻碍，党和国家工作在前进中出现徘徊局面。与此同时，世界经济快速发展，科技进步日新月异，国家建设百业待兴，真理标准讨论热潮涌起。国内外大势呼唤中国共产党尽快就关系党和国家前途命运的大政方针作出政治决断和战略抉择。

在邓小平领导下，在其他老一辈革命家大力支持下，党的十一届三中全会开始全面纠正"文化大革命"及其以前的"左"的错误，坚决批判

了"两个凡是"① 的错误方针，强调必须完整、准确地掌握毛泽东思想的科学体系，高度评价了关于真理标准问题的讨论，确定了解放思想、开动脑筋、实事求是、团结一致向前看的指导方针，果断停止使用"以阶级斗争为纲"的口号，作出了把党和国家工作中心转移到经济建设上来、实行改革开放的历史性决策，开启了改革开放的历史新时期。

在党的十一届三中全会春风吹拂下，神州大地万物复苏，拨乱反正工作全面展开，解决历史遗留问题有步骤进行，社会主义民主法制建设走上正轨，党和国家领导制度和领导体制改革提上日程，国家各项事业蓬勃发展。中华大地充满希望和活力，亿万人民昂首阔步地踏上了实现社会主义现代化的伟大征程。

新时期最鲜明的特点是改革开放。改革开放从党的十一届三中全会起步，党的十二大以后全面展开，经历了从农村改革到城市改革、从经济体制改革到各方面体制的改革，从对内搞活到对外开放的波澜壮阔的历史过程。1978 年，家庭联产承包责任制在安徽、四川等地出现。党中央尊重农民的首创精神，率先在农村发起改革，实行以家庭联产承包经营为基础、统分结合的双层经营体制，实现了我国社会主义农村体制的重大创新。乡镇企业异军突起，为农村剩余劳动力从土地上转移出来，为农村致富和逐步实现现代化，为促进城市各行各业的改革和整个经济体制改革和发展，开辟了一条新路子。为适应改革从农村向城市发展的新形势，1984 年党的十二届三中全会通过了关于经济体制改革的决定，随后又相继决定对科技体制和教育体制进行改革，并进一步提出政治体制改革的目标和任务。

开放也是改革。我国新时期对外开放的突破，是从沿海建立经济特区开始的。1980 年党中央决定兴办深圳、珠海、汕头、厦门四个经济特区，作为对外开放的窗口，利用国外资金、技术、管理经验来发展社会主义经济。接着又相继开放沿海 14 个城市，在长江三角洲、珠江三角洲、闽东

---

① "两个凡是"：是指 1977 年 2 月 7 日《人民日报》、《红旗》杂志、《解放军报》社论《学好文件抓住纲》中提出的"凡是毛主席作出的决策，我们都坚决维护，凡是毛主席的指示，我们都始终不渝地遵循"。

南地区、环渤海地区开辟经济开放区，批准海南建省并成为经济特区，形成了多层次、有重点、递进式的对外开放格局。

在改革开放的有力推动下，我国的现代化建设全面有序地向前推进。经济进入了一个加速发展的飞跃时期，展现了农业和工业、农村和城市、改革和发展相互促进的生动局面；社会主义民主法制建设走上正轨，以宪法为基础的社会主义法律体系逐步形成，人民代表大会制度、共产党领导的多党合作和政治协商制度等得到恢复和发展，爱国统一战线空前扩大；社会主义精神文明建设取得重要进展，教育、科学、文学、艺术、新闻、出版、卫生、体育事业欣欣向荣；国防建设实现了指导思想的战略转变，军队的整编和改革取得重大成就，革命化、现代化、正规化建设有了新的进展；按照"一国两制"原则，分别与英国、葡萄牙就解决香港、澳门问题达成协议，并努力推动台湾问题的和平解决；根据国际形势和我国现代化建设的需要，调整外交格局和对外政策，开创了我国与世界各国关系的崭新局面。

1992 年年初邓小平发表南方谈话，科学分析了国际国内形势，深刻总结了党的十一届三中全会以来改革开放的伟大实践和基本经验，明确地回答了多年来经常困扰和束缚人们思想的许多重大问题，把我国改革开放和现代化建设推进到一个新境界。

以邓小平为核心的党的第二代中央领导集体带领中国人民乘风破浪、开拓创新，用事实证明了，中国特色社会主义道路是中国走向繁荣进步的正确道路。古老的中国焕发出青春活力，从农村到城市，从沿海到内地，经济生活和社会生活出现了前所未有的蓬勃生机。这一切，为我国经济社会进一步发展奠定了坚实基础，进一步坚定了中国共产党和中国人民一心一意进行社会主义现代化建设的信心和克服困难的勇气。

二、邓小平理论的创立

在开辟中国特色社会主义道路的过程中，以邓小平为核心的党的第二代中央领导集体系统总结了我国社会主义建设的历史经验和新鲜经验，以改革开放和现代化建设为实践基础，创立了邓小平理论。

邓小平理论是对马克思列宁主义、毛泽东思想的继承和发展。邓小平强调："我们搞改革开放，把工作重心放在经济建设上，没有丢马克思，没有丢列宁，也没有丢毛泽东。老祖宗不能丢啊！问题是要把什么叫社会主义搞清楚，把怎么样建设和发展社会主义搞清楚。"① "老祖宗不能丢"，最重要的是要坚持马克思主义基本原理，坚持辩证唯物主义和历史唯物主义的立场、观点、方法。"搞清楚"，最重要的是要澄清理论是非，结合社会主义建设新的实践经验和新的时代要求，用新的思想观点发展马克思主义，说出一些老祖宗没有说过的符合客观实际的新话。邓小平正是在新的历史条件下把继承、坚持同发展、创新辩证地统一起来，使马克思主义在当代中国进入了新境界，达到了新高度。

邓小平理论是在和平与发展成为时代主题的背景下形成的。20 世纪70 年代以后，国际形势和世界政治格局发生重大变化。经历两次世界大战和长期"冷战"的各国人民深感维护世界和平、促进共同发展的重要性，渴望共同维护和平发展的意愿日益增强；美苏两国大规模核扩军给人类带来了严重的现实威胁，世界各国人民反对核战争、争取世界和平的呼声更加强烈；包括中国在内的发展中国家力量不断壮大、国际地位明显增强，已成为维护世界和平、促进共同发展的重要力量。要和平、求发展已经逐步成为世界潮流。正是根据这些变化发展，邓小平从战略的高度，对世界基本矛盾和国际格局作出了科学判断。他指出，世界政治力量对比出现重要变化，和平因素增长超过战争因素增长，世界大战短期内打不起来，争取一个较长时期的和平发展环境是可能的。对时代主题变化的正确判断，为中国共产党制定一系列正确的路线、方针和政策，坚持一心一意搞建设，实行改革开放，提供了重要的理论依据。

邓小平理论是在全面总结国内外社会主义建设经验教训的基础上创立的。党的十一届三中全会以及十一届六中全会，在邓小平领导下，中国共产党对新中国成立以后正反两方面的历史经验和教训进行了深刻总结，认

---

① 邓小平：《总结经验，使用人才》，《邓小平文选》第 3 卷，人民出版社 1993 年版，第 369 页。

真清理重大历史是非，深刻吸取"文化大革命"的教训，为彻底改变过去"以阶级斗争为纲"的错误思路，把党和国家的工作中心转移到经济建设上来、作出改革开放的伟大决策，奠定了重要的思想基础。可以说，没有对历史经验教训的深刻总结，就不会有思想路线、政治路线和组织路线上的拨乱反正，也就没有改革开放的新时期，没有邓小平理论的创立。邓小平后来说："直到一九七八年底我们党的十一届三中全会，非常严肃和认真地总结了建国后的近三十年的经验。在这个基础上，我们提出了现在的一系列政策。"[1] 他说："没有'文化大革命'的教训，就不可能制定十一届三中全会以来的思想、政治、组织路线和一系列政策。"[2]

邓小平理论是运用马克思主义世界观和方法论，坚持解放思想、实事求是的思想路线，在研究和回答我国改革开放和现代化建设重大问题中逐步形成的。邓小平一再指出："什么叫社会主义，什么叫马克思主义？我们过去对这个问题的认识不是完全清醒的"，[3] "不解放思想不行，甚至于包括什么叫社会主义这个问题也要解放思想"[4]。他反复强调，贫穷不是社会主义，发展太慢也不是社会主义；平均主义不是社会主义，两极分化也不是社会主义；僵化封闭不能发展社会主义，照搬外国模式也不能发展社会主义；没有民主就没有社会主义，没有法制也没有社会主义；不重视物质文明搞不好社会主义，不重视精神文明也搞不好社会主义。邓小平抓住什么是社会主义、怎样建设社会主义这个根本问题，把改革开放作为一场很大的试验，在指导全党在实践中不断探索前进的过程中，提出了一系列具有开创意义的思想。他凝结全党共识，明确提出把马克思主义普遍真

---

[1] 邓小平：《汲取历史经验，防止错误倾向》，《邓小平文选》第 3 卷，人民出版社 1993 年版，第 228 页。

[2] 邓小平：《总结历史是为了开辟未来》，《邓小平文选》第 3 卷，人民出版社 1993 年版，第 272 页。

[3] 邓小平：《建设有中国特色的社会主义》，《邓小平文选》第 3 卷，人民出版社 1993 年版，第 63 页。

[4] 邓小平：《社会主义首先要发展生产力》，《邓小平文选》第 2 卷，人民出版社 1994 年版，第 312 页。

理同我国具体实际结合起来，走自己的道路，建设有中国特色的社会主义。他强调，我国还处在社会主义初级阶段，巩固和发展社会主义制度需要我们几代人、十几代人，甚至几十代人坚持不懈地努力奋斗；社会主义的本质是解放生产力，发展生产力，消灭剥削，消除两极分化，最终达到共同富裕；发展才是硬道理，必须抓住时机，发展自己；科学技术是第一生产力，必须尊重知识、尊重人才；在农村实行联产承包责任制；允许一部分地区、一部分人先富裕起来，先发展起来的地区带动和帮助后发展的地区；计划和市场都是经济手段，计划多一点还是市场多一点，不是社会主义与资本主义的本质区别；必须使民主制度化、法律化；必须推进党和国家领导制度的改革，废除干部领导职务终身制；必须坚持两手抓两手都要硬；统一战线是一个重要法宝，要团结一切可以团结的力量，为把我国建设成为现代化的社会主义强国、为完成祖国统一大业而共同奋斗；用"一国两制"的科学构想解决台湾问题和香港问题、澳门问题，等等。

党的十三大第一次比较系统地概括了十一届三中全会以来邓小平在哲学、政治经济学和科学社会主义等方面提出的一系列科学理论观点。这些观点构成了"建设有中国特色的社会主义理论"的初步轮廓。1992 年 10 月，党的十四大对"邓小平同志建设有中国特色社会主义理论"的主要内容作了系统概括，指出这个理论第一次比较系统地初步回答了在中国这样经济文化比较落后的国家如何建设社会主义、如何巩固和发展社会主义的一系列基本问题，用新的思想、观点继承和发展了马克思主义。1997 年 9 月，党的十五大正式提出"邓小平理论"这一科学概念，系统阐述了邓小平理论的历史地位、基本内容和指导意义，并把邓小平理论同马克思列宁主义、毛泽东思想一起确定为党的指导思想。

第二节　中国特色社会主义的继续推进和
"三个代表"重要思想的形成

党的十三届四中全会形成的以江泽民为核心的党的第三代中央领导集

体，受命于危难之际，承担于继往开来之时。在国内外政治风波、经济风险、自然灾害等严峻考验面前，在世纪之交中国快速发展和世界格局继续深刻变化的形势下，第三代中央领导集体高举邓小平理论伟大旗帜，捍卫中国特色社会主义，成功地把改革开放和社会主义现代化建设推进到21世纪，并在全面总结和科学概括治党、治国、治军经验的过程中，创立了"三个代表"重要思想。

一、世纪之交形势的深刻变化与党和国家面临的新考验

20世纪80年代末90年代初，国际上东欧剧变、苏联解体，世界社会主义出现严重曲折，中国改革和发展进入了关键阶段；国内发生严重政治风波和经济风险，中国社会主义事业的发展面临空前巨大的困难和压力。在这样一系列前所未有的挑战和考验面前，社会主义中国又一次面临着向何处去的历史抉择。

在这一重大历史关头，以江泽民为核心的党的第三代中央领导集体，始终坚持以马克思列宁主义、毛泽东思想、邓小平理论为指导，紧紧依靠全党和全国各族人民，坚持党的十一届三中全会以来的路线不动摇，坚持以经济建设为中心，坚持四项基本原则，坚持改革开放，从容应对来自各方面的困难和风险，全面推进社会主义现代化建设，开创了中国特色社会主义事业新局面。党的十四大确定了建立社会主义市场经济体制的改革目标。党的十四届三中全会提出了社会主义市场经济的基本框架。此后按照建立社会主义市场经济体制的要求，大力推进财政、税收、金融、外贸、外汇、计划、投资、价格、流通、住房和社会保障等方面体制的改革，成功应对了20世纪90年代前期的经济过热和90年代后期的亚洲金融危机。党的十五届四中全会作出关于国有企业改革和发展若干重大问题的决议，使国有企业改革取得了突破性的进展，逐步建立了现代企业制度，为社会主义市场经济的顺利发展奠定了重要基础。到20世纪末，我国的社会主义市场经济体制初步形成。在改革不断深化的同时，我国对外开放也逐步由沿海向沿江、内陆和沿边发展。1990年开发和开放上海浦东，1992年开放沿长江的五个城市，后又开放17个内陆省会城市，同时从东北、西

北到西南开放了一系列沿边城市，多层次、全方位、宽领域的对外开放格局基本形成。2001 年 12 月，我国经过长期谈判正式加入世界贸易组织，并以此为契机加快中国经济走向世界的步伐，把对外开放提升到了一个新水平。

党的十三届四中全会后，党中央科学判断形势，全面把握大局，针对形势和任务的发展不断研究和提出新的战略部署与政策措施，制定了国民经济和社会发展规划以及 2010 年远景目标，提出要正确处理现代化建设中的各种重大关系，实行从计划经济到社会主义市场经济、从粗放型发展方式到集约型发展方式的转变。先后提出和实施了科教兴国战略、可持续发展战略、人才强国战略和西部大开发战略，启动建设国家创新体系和"八七"扶贫攻坚计划，强调走新型工业化道路和文明发展道路，等等。这些重大战略决策和重大措施，保证了我国经济的持续快速健康发展，使人民生活总体上达到了小康水平。在加快物质文明建设的同时，加大了精神文明建设力度；努力建设社会主义政治文明，坚持把党的领导、人民当家作主与依法治国相结合，推进民主的制度化、法律化，建设社会主义法制国家；适应现代化战争需要，提出科技强军战略，加快军队机械化、信息化建设，走中国特色的精兵之路；成功实现香港、澳门回归并保持回归后的繁荣稳定，提出促进两岸和平统一的八项主张，同台独分裂势力进行了坚决斗争；大力加强执政党建设，提出了新时期党的建设新的伟大工程，提出了用邓小平理论武装全党，领导干部要讲学习、讲政治、讲正气，要从源头上遏制腐败滋生蔓延；等等。

在党的十三届四中全会以后的 13 年里，在以江泽民为核心的党的第三代中央领导集体带领下，我国人民战胜了来自国际国内的、经济社会的和自然的等多方面挑战和考验，我国综合国力大幅度跃升，经济实现了持续、快速、健康发展，社会长期保持安定团结，出现了政通人和、繁荣发展的良好局面，圆满实现了"三步走"发展战略的第二步目标，人民生活总体上实现了由温饱到小康的历史性跨越，成功地把中国特色社会主义事业全面推进到 21 世纪，开启了全面建设小康社会的新征程。

二、"三个代表"重要思想的创立

党的十三届四中全会以后，以江泽民为主要代表的中国共产党人，坚持以马克思列宁主义、毛泽东思想、邓小平理论为指导，准确把握时代特征，科学判断我们党所处的历史方位，紧紧围绕建设中国特色社会主义这个主题，集中全党智慧，总结实践经验，与时俱进、开拓创新，逐步形成了"三个代表"重要思想这一科学理论体系。

"三个代表"重要思想是在科学判断党的历史方位的基础上提出来的。中国共产党历经革命、建设和改革，已经从领导人民为夺取全国政权而奋斗的党，成为领导人民掌握全国政权并长期执政的党；已经从受到外部封锁和实行计划经济条件下领导国家建设的党，成为对外开放和发展社会主义市场经济条件下领导国家建设的党。党所处的地位和环境、党所肩负的历史任务、党的自身状况，都发生了新的重大变化。

"三个代表"重要思想是在对当今国际局势科学判断的基础上形成的。冷战结束后，国际局势发生深刻变化。世界多极化和经济全球化的趋势在曲折中发展，和平与发展仍是时代的主题。但霸权主义和强权政治有新的表现，恐怖主义的危害上升，一些地区的冲突和争端时起时伏，世界还很不安宁。科技进步日新月异，以信息技术为核心的高新技术的发展，极大地改变了人们的生产、生活方式和国际经济、政治关系，以经济为基础、科技为先导的综合国力竞争更为激烈。当今国际局势的深刻变化，是"三个代表"重要思想形成的时代背景。

"三个代表"重要思想是在对当代中国发展变化科学认识的基础上形成的。党的十一届三中全会以来，我国改革开放取得了伟大成就。特别是党的十三届四中全会以来，国际局势风云变幻，我国改革开放和现代化建设的进程波澜壮阔。我们党从容应对一系列关系我国主权和安全的国际突发事件，战胜了在政治、经济领域和自然界出现的困难和风险，经受住一次又一次考验，排除各种干扰，保证了改革开放和现代化建设的航船始终沿着正确的方向破浪前进。我们已经胜利实现了现代化建设"三步走"战略前两步目标，进入了全面建设小康社会、加快推进社会主义现代化新的发展阶段。我国生产力水平大幅度跃升，综合国力显著增强，国际地位进一步提高，政治稳定、民族团结、社会进步，人民生活总体上达到了小康水平，社会主义中国充满活力。随着改革开放和社会主义市场经济的发展，社会经济成分、组织形式、就业方式、利益关系和分配方式日益多样化。加入世界贸易组织给我国经济社会带来深刻影响。推进现代化建设、完成祖国统一、维护世界和平与促进共同发展，是我们党在新世纪的三大历史任务。改革开放以来，特别是党的十三届四中全会以来，党和人民建设中国特色社会主义的伟大探索，是"三个代表"重要思想形成的实践基础。

"三个代表"重要思想是在对党的现状科学分析的基础上形成的。随着党和国家事业的发展，党的队伍发生了重大变化。新党员的数量大幅度增加，干部队伍新老交替不断进行，一大批年轻干部走上了领导岗位。这给党的发展带来了新的活力，也提出了新的挑战。党的阶级基础在增强，群众基础在扩大。进一步提高党的领导水平和执政水平、提高拒腐防变和抵御风险的能力，是我们党必须解决好的两大历史性课题。这就要求我们坚持从新的实际出发，以改革的精神加强和改进党的建设，使党在世界形势深刻变化的历史进程中始终走在时代前列，在应对国内外各种风险考验的历史进程中始终成为全国人民的主心骨，在建设中国特色社会主义的历史进程中始终成为坚强的领导核心。党的建设面临的新形势新任务，是"三个代表"重要思想形成的现实依据。

江泽民在长期深入思考和总结经验的基础上，于 2000 年 2 月在广东考察工作时，第一次明确提出中国共产党要始终代表中国先进生产力的发展要求，代表中国先进文化的前进方向，代表中国最广大人民的根本利益，并强调坚持做到"三个代表"，是我们的立党之本、执政之基、力量之源。在庆祝中国共产党成立八十周年的大会上，江泽民对"三个代表"重要思想的科学内涵和精神实质作了深刻阐述。

"中国共产党必须始终代表中国先进生产力的发展要求，代表中国先进文化的前进方向，代表中国最广大人民的根本利益。"这是对"三个代表"重要思想的集中概括。始终代表中国先进生产力的发展要求，就是党的理论、路线、纲领、方针、政策和各项工作，必须努力符合生产力发展的规律，体现不断推动社会生产力解放和发展的要求，尤其要体现推动先进生产力发展的要求，通过发展生产力不断提高人民群众的生活水平。始终代表中国先进文化的前进方向，就是党的理论、路线、纲领、方针、政策和各项工作，必须努力体现发展面向现代化、面向世界、面向未来的，民族的、科学的、大众的社会主义文化的要求，促进全民族思想道德素质和科学文化素质的不断提高，为我国经济发展和社会进步提供精神动力和智力支持。始终代表中国最广大人民的根本利益，就是党的理论、路线、纲领、方针、政策和各项工作，必须坚持把人民的根本利益作为出发点和归宿，充分发挥人民群众的积极性、主动性、创造性，在社会不断发展进步的基础上，使人民群众不断获得切实的经济、政治、文化利益。

代表中国先进生产力的发展要求，代表中国先进文化的前进方向，代表中国最广大人民的根本利益，是统一的整体，相互联系，相互促进。发展先进的生产力，是发展先进文化、实现最广大人民根本利益的基础条件。人民群众是先进生产力和先进文化的创造主体，也是实现自身利益的根本力量。不断发展先进生产力和先进文化，归根到底都是为了满足人民群众日益增长的物质文化生活需要，不断实现最广大人民的根本利益。

"三个代表"重要思想内涵丰富、博大精深，涵盖了社会主义经济建设、政治建设、文化建设、社会建设和党的建设以及国防和军队现代化建设、祖国统一、国际战略和外交工作等各个领域，涉及改革发展稳定、内政外交国防、治党治国治军等各个方面，是一个完整的科学的思想体系。

党的十六大对"三个代表"重要思想作出了高度的评价，指出"三个代表"重要思想是对马克思列宁主义、毛泽东思想和邓小平理论的继承和发展，反映了当代世界和中国的发展变化对党和国家工作的新要求，是加强和改进党的建设、推进我国社会主义自我完善和发展的强大理论武器，是全党集体智慧的结晶，是党必须长期坚持的指导思想。党的十六大把"三个代表"重要思想同马克思列宁主义、毛泽东思想和邓小平理论一道确立为党的指导思想。

第三节　中国特色社会主义新局面的开拓与
科学发展观的提出

　　党的十六大以来，以胡锦涛为总书记的党的中央领导集体，面对复杂多变的国际环境和艰巨繁重的改革发展任务，高举邓小平理论和"三个代表"重要思想伟大旗帜，战胜各种困难和风险，开创了中国特色社会主义事业新局面，开拓了马克思主义中国化新境界。

一、新世纪新阶段对我国发展提出的新要求

　　进入新世纪，中国特色社会主义面临的国内外环境发生了新的深刻变化。

　　从国际环境来看，当今世界正处在大变革大调整之中，我国发展既面临着前所未有的机遇，也面临着前所未有的挑战。一方面，和平与发展仍然是时代主题，世界多极化不可逆转，经济全球化深入发展，科技革命加速推进，全球和区域合作方兴未艾，国际文化交流空前扩大，国际安全合作日趋加强，国与国相互依存日益紧密，发展中国家在世界舞台上的作用和影响迅速上升，国际力量对比朝着有利于维护世界和平的方向发展，世界和平与发展的大局总体稳定。但另一方面，国际环境中不稳定不确定因素增多，我国发展的外部条件复杂多变。霸权主义和强权政治仍然存在，国际战略竞争更趋激烈，地区冲突和热点问题此起彼伏，国际恐怖主义活动猖獗，传统安全威胁和非传统安全威胁相互交织。世界经济发展很不平衡，南北差距拉大，经济结构性矛盾加剧，贸易和投资保护主义抬头，能源资源压力增大，经济发展中的潜在风险增多，气候变化、重大自然灾害、严重传染性疾病危害加大。共同推进国际关系民主化，推动经济全球化朝着均衡、普惠、共赢方向发展，促进人类文明繁荣进步，维护世界和平稳定，呵护人类赖以生存的地球家园，是世界各国人民的共同心愿。深刻把握国际形势和世界发展趋势的新变化，顺应时代发展的新要求，坚持走科学发展、和谐发展、和平发展道路，成为中国发展进步的必然选择。

　　从国内环境来看，改革开放以来，中国特色社会主义取得了举世瞩目

的发展成就，从生产力到生产关系、从经济基础到上层建筑都发生了意义深远的重大变化，但我国仍处于并将长期处于社会主义初级阶段的基本国情没有变，人民日益增长的物质文化需要同落后的社会生产之间的矛盾这一社会主要矛盾没有变。在新的历史阶段，我国进入了发展的关键期、改革的攻坚期、矛盾的凸显期，经济社会发展呈现出一系列新的阶段性特征，主要是：经济实力显著增强，同时生产力水平总体上还不高，自主创新能力还不强，长期形成的结构性矛盾和粗放型增长方式尚未根本改变；社会主义市场经济体制初步建立，同时影响发展的体制机制障碍依然存在，改革攻坚面临深层次矛盾和问题；人民生活总体上达到小康水平，同时收入分配差距拉大的趋势还未根本扭转，城乡贫困人口和低收入人口还有相当数量，统筹兼顾各方面利益难度加大；协调发展取得显著成绩，同时农业基础薄弱、农村发展滞后的局面尚未改变，缩小城乡、区域发展差距和促进经济社会协调发展任务艰巨；社会主义民主政治不断发展、依法治国基本方略扎实贯彻，同时民主法制建设与扩大人民民主和经济社会发展的要求还不完全适应，政治体制改革需要继续深化；社会主义文化更加繁荣，同时人民精神文化需求日趋旺盛，人们思想活动的独立性、选择性、多变性、差异性明显增强，对发展社会主义先进文化提出了更高要求；社会活力显著增强，同时社会结构、社会组织形式、社会利益格局发生深刻变化，社会建设和管理面临诸多新课题；对外开放日益扩大，同时面临的国际竞争日趋激烈，发达国家在经济科技上占优势的压力长期存在，可以预见和难以预见的风险增多，统筹国内发展和对外开放的要求更高。这些阶段性特征是社会主义初级阶段基本国情在新世纪新阶段的具体表现，反映了我国经济社会发展面临的新形势、新矛盾和新问题。如果不深刻把握这些阶段性特征、抓紧采取措施解决前进中的突出矛盾和问题，必将对我国经济社会发展特别是长远发展产生重大影响。

世界各国的发展实践表明，发展绝不仅仅是经济增长，而应该是经济、政治、文化、社会全面协调发展，应该是社会公平随着社会财富增加得到更好实现的发展，应该是统筹国内国际两个大局的发展，应该是人与自然相和谐的可持续发展。第二次世界大战结束后，加快经济增长成为世界各国的共识，人类创造了前所未有的经济增长成就。但是，由于单纯追求经济增长，不重视社会发展和社会公平，忽视能源资源节约和生态环境保护，一些国家的发展遇到了这样那样的问题。有的国家走了一条先发展、后治理的路子，为解决生态环境严重恶化问题付出了高昂的代价；有的国家由于经济结构失衡、社会发展滞后，导致发展质量不高、后劲不足；有的国家进入工业化中期阶段和中等收入国家行列后，没有处理好财富增加与收入分配、经济增长与社会公平的关系，导致贫富悬殊、失业增加、社会矛盾激化；有的国家盲目照搬西方模式，实行多党制、私有化，经济上依附于西方跨国公司，政党争斗不断、政局长期动荡，经济社会发展严重倒退。作为发展中的社会主义大国，我国要完成工业化和信息化的双重任务，担负着增加社会财富和使人民共享发展成果、实现社会公平的双重使命，面临着促进经济发展和节约资源、保护环境的双重压力，这就决定了我们不能重复其他国家走过的老路，而必须走出一条中国特色的发展道路。

面对新世纪新阶段的国际国内形势，以胡锦涛为总书记的党中央坚持邓小平理论和"三个代表"重要思想，抓住重要战略机遇期，发扬求真务实、开拓进取精神，坚持理论创新和实践创新，着力推动科学发展、促进社会和谐，完善社会主义市场经济体制，在全面建设小康社会实践中坚定不移地把改革开放伟大事业继续推向前进。

党中央把发展作为党执政兴国的第一要务，牢牢扭住经济建设这个中心，加快推进经济结构战略性调整，加快转变经济发展方式，加快提高自主创新能力，建设创新型国家，建设资源节约型、环境友好型社会，不断增强经济实力、科技实力、综合国力，提高国际竞争力和抗风险能力，为建设中国特色社会主义打下了坚实基础。在应对国际金融危机冲击的过程中，提出保增长、保民生、保稳定的方针，实施积极的财政政策和适度宽松的货币政策，保持经济平稳较快发展。把改革创新精神贯彻到治国理政各个环节中，继续推进经济体制、政治体制、文化体制、社会体制改革创新，加快重要领域和关键环节改革步伐，促进现代化建设各个环节、各个方面相协调，促进生产关系与生产力、上层建筑与经济基础相协调，不断完善适合我国国情的发展道路和发展模式。把解决"三农"问题作为党和国家工作的重中之重，采取了取消农业税等一系列重大措施支持农业发展，帮助农民增加收入，建设社会主义新农村取得显著成效。在加大西部开发力度的同时，启动了振兴东北地区等老工业基地战略和中部崛起战略，进一步解决地区发展不平衡问题。加强社会主义核心价值体系建设，加快文化体制改革步伐，推动文化大发展大繁荣。大力推动以关注民生为重点的社会建设，发展社会福利和社会救济事业，着力解决人民关心的教育、医疗、就业等问题。坚持对外开放的基本国策，拓展对外开放广度和深度，提高开放质量，完善内外联动、互利共赢、安全高效的开放型经济体系，加强同世界各国的经济技术交流合作，继续以自己的和平发展促进世界各国共同发展。保持香港、澳门繁荣稳定，加强海峡两岸关系，两岸关系和平发展呈现新的前景，台湾与内地经贸关系更加密切；成功启动两岸政党交流，签订经济合作框架协议，人员往来和经济文化交流达到新水平。以改革创新精神全面加强党的建设，开展党的先进性教育和学习实践科学发展观活动，党的建设科学化水平明显提高。总的来看，进入 21 世纪以来我国经济社会发展已经站在一个新的历史起点上，改革开放事业取得了重大进展，国家综合实力大幅提升，人民群众得到了更多实惠，国际地位和影响力显著提高，党的创造力、凝聚力、战斗力明显增强。

二、科学发展观重大战略思想的提出

党的十六大以来，以胡锦涛为总书记的党中央着眼于党和人民事业发展的全局，坚持以邓小平理论和"三个代表"重要思想为指导，发扬求真务实、开拓进取精神，不断总结实践经验，不断扩展理论视野，不断作出理论概括。2003 年 10 月，党的十六届三中全会通过的《中共中央关于完善社会主义市场经济体制若干问题的决定》指出："坚持以人为本，树立全面、协调、可持续的发展观，促进经济社会和人的全面发展。"2004年 9 月，党的十六届四中全会的决定，把树立和落实科学发展观作为提高党的执政能力的重要内容。2005 年 10 月，党的十六届五中全会决定强调，要坚定不移地以科学发展观统领经济社会发展全局，坚持以人为本，

转变发展观念、创新发展模式、提高发展质量，把经济社会发展切实转入全面协调可持续发展的轨道。同时，党中央还提出了坚持统筹兼顾，正确认识和妥善处理中国特色社会主义事业中的重大关系；提出构建社会主义和谐社会，按照四位一体总体布局全面推进社会主义现代化；提出建设社会主义核心价值体系，牢固树立社会主义荣辱观；提出建设社会主义新农村，建设创新型国家，建设资源节约型、环境友好型社会，建设生态文明；提出始终不渝走和平发展道路，坚持互利共赢的开放战略，推动建设和谐世界；提出全面加强党的执政能力建设和先进性建设等重大战略思想和战略任务；等等。2007 年 10 月，胡锦涛在党的十七大上对科学发展观的时代背景、科学内涵、精神实质和根本要求作了进一步科学概括和深刻阐述，丰富和发展了中国特色社会主义理论体系。党的十七大把科学发展观写入了党章。

科学发展观，第一要义是发展，核心是以人为本，基本要求是全面协调可持续，根本方法是统筹兼顾。这四句话是对科学发展观的科学内涵、精神实质、根本要求的集中概括。

科学发展观的第一要义是发展。就是要牢牢扭住经济建设这个中心，聚精会神搞建设、一心一意谋发展，不断解放和发展社会生产力。更好实施科教兴国战略、人才强国战略、可持续发展战略，着力把握发展规律、创新发展理念、转变发展方式、破解发展难题，提高发展质量和效益，实现又好又快发展，为发展中国特色社会主义打下坚实基础。要努力实现以人为本、全面协调可持续的科学发展；实现各方面事业有机统一、社会成员团结和睦的和谐发展；实现既通过维护世界和平发展自己，又通过自身发展维护世界和平的和平发展。

科学发展观的核心是以人为本。就是要始终把实现好、维护好、发展好最广大人民的根本利益作为党和国家一切工作的出发点和落脚点，尊重人民主体地位，发挥人民首创精神，保障人民各项权益，走共同富裕道路，促进人的全面发展，做到发展为了人民、发展依靠人民、发展成果由人民共享。

科学发展观的基本要求是全面协调可持续。就是要按照中国特色社会主义事业总体布局，全面推进经济建设、政治建设、文化建设、社会建设，促进现代化建设各个环节、各个方面相协调，促进生产关系与生产力、上层建筑与经济基础相协调。坚持生产发展、生活富裕、生态良好的文明发展道路，建设资源节约型、环境友好型社会，实现速度和结构质量效益相统一、经济发展与人口资源环境相协调，使人民在良好生态环境中生产生活，自觉走科学发展道路。

科学发展观的根本方法是统筹兼顾。就是要正确认识和妥善处理中国特色社会主义事业中的重大关系，统筹城乡发展、区域发展、经济社会发展、人与自然和谐发展、国内发展和对外开放，统筹中央和地方关系，统筹个人利益和集体利益、局部利益和整体利益、当前利益和长远利益，充分调动各方面积极性。统筹国内国际两个大局，树立世界眼光，加强战略思维，善于从国际形势发展变化中把握发展机遇、应对风险挑战，营造良好国际环境。既要总揽全局、统筹规划，又要抓住牵动全局的主要工作、事关群众利益的突出问题，着力推进、重点突破。

科学发展观涵盖自然科学、人文科学、社会科学广泛领域，涉及改革发展稳定、内政外交国防、治党治国治军各个方面，贯穿中国特色社会主义伟大事业和党的建设新的伟大工程，以丰富的思想内涵和严密的内在逻辑构成了一个系统的科学理论，是中国特色社会主义理论体系的最新成果。这一重大战略思想，是对党的三代中央领导集体关于发展的重要思想的继承和发展，是马克思主义关于发展的世界观和方法论的集中体现，是同马克思列宁主义、毛泽东思想、邓小平理论和"三个代表"重要思想既一脉相承又与时俱进的科学理论。这一重大战略思想，深化了对中国特色社会主义理论的认识，为丰富发展中国特色社会主义理论体系作出了独创性的贡献，开创了中国特色社会主义道路更为广阔的前景，是我国经济社会发展的重要指导方针，是发展中国特色社会主义必须坚持和贯彻的重大战略思想，对于全面推进我国社会主义经济建设、政治建设、文化建设、社会建设、生态建设和党的建设，具有重要的指导意义。

第四节　高举中国特色社会主义伟大旗帜

旗帜问题至关紧要。旗帜就是方向，旗帜就是形象。举什么旗、走什么路，历来是关系党和国家事业发展的根本问题。党的十一届三中全会以来，中国共产党人既勇于实践探索，开辟了中国特色社会主义道路，又勇于理论创新，形成了由邓小平理论、"三个代表"重要思想以及科学发展观等重大战略思想构成的中国特色社会主义理论体系。改革开放以来中国取得一切成绩和进步的根本原因，归结起来就是开辟了这条道路，形成了这个理论体系。高举中国特色社会主义伟大旗帜，最根本的就是要坚持这条道路和这个理论体系。

一、中国特色社会主义的巨大成就

党的十一届三中全会以来，中国发生了天翻地覆的变化，党和国家各项事业取得了举世瞩目的伟大成就。主要表现在：

锐意推进各方面体制改革，使我国成功实现了从高度集中的计划经济体制到充满活力的社会主义市场经济体制的伟大历史转折。建立和完善社会主义市场经济体制，建立以家庭联产承包经营为基础、统分结合的农村双层经营体制，形成公有制为主体、多种所有制经济共同发展的基本经济制度，形成按劳分配为主体、多种分配方式并存的分配制度，形成在国家宏观调控下市场对资源配置发挥基础性作用的经济管理制度。在不断深化经济体制改革的同时，不断深化政治体制、文化体制、社会体制以及其他各方面体制改革，不断形成和发展符合当代中国国情、充满生机活力的新的体制机制，为我国经济繁荣发展、社会和谐稳定提供了有力的制度保障。

不断扩大对外开放，使我国成功实现了从封闭半封闭到全方位开放的伟大历史转折。坚持对外开放的基本国策，打开国门搞建设，加快发展开放型经济。从建立经济特区到开放沿海、沿江、沿边、内陆地区再到加入世界贸易组织，从大规模"引进来"到大踏步"走出去"，利用国际国内两个市场、两种资源，对外开放水平显著提高，国际竞争力不断增强。从

1978 年到 2009 年，我国进出口总额从 206 亿美元提高到 2.2 万多亿美元，跃居世界第二位，出口总额 1.2 万多亿美元，外汇储备近 2.4 万亿美元，跃居世界第一位，对外投资大幅增长，实际使用外资额累计近 1 万亿美元。广泛深入的国际合作加快了我国经济发展，也为世界经济发展作出了重大贡献。

坚持以经济建设为中心，我国综合国力迈上新台阶。从 1978 年到 2009 年，我国国内生产总值由 3645 亿元增长到 33.5 万亿元，年均实际增长 9.9%，是同期世界经济年均增长率的 3 倍多。1978 年我国经济对世界经济的贡献率为 2.3%，到 2007 年上升到 19.2%，超过世界所有国家。1978 年我国经济对世界经济增长的拉动率为 0.1%，到 2007 年提高到 0.7%，也高于所有国家，位居世界第一。我国依靠自己力量解决了 13 亿人口的吃饭问题。我国已有 200 多种工业品的产量居世界首位，具有世界先进水平的重大科技创新成果不断涌现，高新技术产业蓬勃发展，水利、能源、交通、通信等基础设施建设取得突破性进展，生态文明建设不断推进，城乡面貌焕然一新。

着力保障和改善民生，人民生活总体上达到小康水平。改革开放 30 多年来是我国城乡居民收入增长最快、得到实惠最多的时期。从 1978 年到 2009 年，全国城镇居民人均可支配收入由 343.4 元增加到 17175 元，农民人均纯收入由 133.6 元增加到 5153 元，农村贫困人口减少 2.14 亿人，贫困发生率从 30.7% 下降到 3.8%。城市人均住宅建筑面积和农村人均住房面积成倍增加。群众家庭财产普遍增多，吃穿住行用水平明显提高。改革开放前长期困扰我国的短缺经济状况已经从根本上得到改变。

大力发展社会主义民主政治，人民当家作主权利得到更好保障。政治体制改革不断深化，人民代表大会制度、中国共产党领导的多党合作和政治协商制度、民族区域自治制度以及基层群众自治制度日益完善，中国特色社会主义法律体系基本形成，依法治国基本方略有效实施，社会主义法治国家建设取得重要进展，公民有序政治参与不断扩大，人权事业全面发展。爱国统一战线发展壮大，政党关系、民族关系、宗教关系、阶层关系、海内外同胞关系更加和谐。

大力发展社会主义先进文化，人民日益增长的精神文化需求得到更好满足。社会主义核心价值体系建设取得重大进展，马克思主义思想理论建设卓有成效，群众性精神文明创建活动、公民道德建设、青少年思想道德建设全面推进。科技事业蓬勃发展，科技从业人数位居世界第二，"神舟"系列航天飞船的成功发射，"嫦娥"系列卫星的成功探月，"银河"系列巨型计算机的问世，杂交水稻技术取得突破进展等，标志着我国科技正在向世界水平迈进。文化事业生机盎然，文化产业空前繁荣，国家文化软实力不断增强，人们精神世界日益丰富，全民族文明素质明显提高，中华民族的凝聚力和向心力显著增强。体育事业成绩辉煌，人民体质和健康水平普遍增强。

大力发展社会事业，社会和谐稳定得到巩固和发展。城乡免费九年义务教育全面实现，高等教育总规模、大中小学在校生人数位居世界第一，办学质量不断提高。就业规模持续扩大，全社会创业活力明显增强。社会保障制度建设加快推进，覆盖城乡居民的社会保障体系初步形成。公共卫生服务体系和基本医疗服务体系不断健全，新型农村合作医疗制度覆盖全国。社会管理不断改进，社会大局保持稳定。

军队革命化、现代化、正规化建设全面加强，国防和军队建设取得重大成就。坚持党对军队绝对领导，扎实贯彻新时期军事战略方针，中国特色军事变革加速推进，中国特色精兵之路成功开辟，裁减军队员额任务顺利完成，军队武器装备建设成效显著。军队、武警部队停止一切经商活动。军政军民团结不断巩固。人民军队履行新世纪新阶段历史使命能力全面增强，在保卫祖国、建设祖国特别是抗击各种自然灾害中发挥了重要作用。

成功实施"一国两制"基本方针，祖国和平统一大业迈出重大步伐。香港、澳门回归祖国，"一国两制"、"港人治港"、"澳人治澳"、高度自治的方针得到全面贯彻执行，香港特别行政区、澳门特别行政区保持繁荣稳定。祖国大陆同台湾的经济文化交流和人员往来不断加强，两岸政党交流成功开启，两岸全面直接双向"三通"迈出历史性步伐，反对"台独"分裂活动斗争取得重要成果，两岸关系和平发展呈现新的前景。

坚持奉行独立自主的和平外交政策，全方位外交取得重大成就。恪守维护世界和平、促进共同发展的外交政策，同发达国家关系全面发展，同周边国家睦邻友好关系不断深化，同发展中国家传统友谊更加巩固。积极参与多边事务，承担相应国际义务。我国国际地位和国际影响力显著上升，在国际事务中发挥了重要的建设性作用。

坚持党要管党、从严治党，党的领导水平和执政水平、拒腐防变和抵御风险能力明显提高。党的建设新的伟大工程全面推进，执政能力建设和先进性建设深入进行，党在中国特色社会主义事业中的领导核心作用不断增强。

二、中国特色社会主义是扎根于当代中国的科学社会主义

中国特色社会主义是马克思主义基本原理与中国具体实际相结合的产物，是植根于中国大地、反映中国人民愿望、适应中国发展进步要求的社会主义。中国特色社会主义之所以完全正确、之所以能够引领中国发展进步，关键在于它既坚持了科学社会主义的基本原则，又根据我国实际和时代特征赋予其鲜明的中国特色。

中国特色社会主义坚持了科学社会主义的基本原则。马克思、恩格斯对整个人类历史特别是资本主义社会作了缜密的研究，使社会主义从空想变成了科学。他们提出，社会有机体的发展是一个自然历史过程，社会基本矛盾推动人类社会不断由低级社会形态向高级社会形态发展，资本主义必然被社会主义所代替；他们指出，东方落后国家可以走与西方不同的发展道路，在特定条件下有可能跨越资本主义的"卡夫丁峡谷"，而直接进入社会主义；他们强调，社会主义不是一种一成不变的东西，而应当和任何其他社会制度一样，把它看成是经常变化和改革的社会。这些重要思想，为后人建设社会主义新社会指明了正确方向。列宁领导十月革命取得胜利，使社会主义从理论变为现实。对于在落后国家如何建设社会主义，列宁花了很大精力进行研究探索，提出了"新经济政策"和许多创造性的思想。他认为，社会主义是多样的，一切民族都将走向社会主义，但走法却不会完全一样；社会主义不可能是纯而又纯的，必须在实践中不断加

深和校正对社会主义的理解和认识；建设社会主义是长期的过程，应当利用市场、商品和货币关系，吸收资本主义的文明成果。列宁的探索尽管时间很短，但无论从理论上还是在实践上都对建设社会主义具有重要的指导意义。中国特色社会主义继承了马克思主义经典作家关于科学社会主义的重要思想，贯穿了马克思主义立场、观点、方法，在理论和实践上都很好地坚持了科学社会主义的基本原则。

中国特色社会主义具有鲜明的时代特色。中国特色社会主义这个重大命题的提出不是偶然的，而是有着深刻的时代背景。改革开放30多年来，世界发展变化的剧烈程度远远超出了人们的想象。伴随经济全球化和世界多极化趋势的加速发展，世界范围内兴起了一场以增强综合国力为目标的改革调整浪潮，这个浪潮涉及国家之广泛、影响程度之深刻、持续时间之长久，都是前所未有的。这期间，东欧剧变、苏联解体，世界社会主义运动遭受严重挫折。世界格局和国际形势发生的巨大变化，深深地影响着世界历史的进程，也深深地影响着社会主义的发展进程。在这个复杂的历史过程中，中国共产党始终坚持以宽广眼界观察世界，以科学思维审视时代，积极适应世界形势变化，认真吸取世界社会主义运动的经验教训，在改革开放中解放和发展生产力，在竞争比较中学习借鉴人类社会一切文明成果，推动中国特色社会主义不断获得自我完善和发展。可以说，中国特色社会主义的发展，始终与世界的发展紧密联系在一起，始终与人类的文明进步紧密联系在一起，顺应了时代潮流，体现了时代要求。

中国特色社会主义具有鲜明的民族特色。中国特色社会主义是中华民族推进自身发展、实现民族伟大复兴的必由之路和必然选择，它立足于社会主义初级阶段基本国情，吸取中国优秀传统文化中的丰富营养，是马克思主义同中华民族的文化特质、思维方式、价值取向有机结合的产物，是与中华文化融为一体的马克思主义理论精华，因而具有鲜明的中国特色、中国风格和中国气派。

中国特色社会主义具有鲜明的实践特色。中国特色社会主义有着深厚的实践基础，它是在改革开放和现代化建设实践中产生和发展起来的，并在实践中显示出蓬勃生机与活力。正是中国特色社会主义，使我们这样一个人口众多的发展中大国以世界上少有的速度持续快速发展起来，给我国人民带来更多福祉，使中华民族大踏步赶上时代前进潮流、迎来伟大复兴的光明前景。

三、中国特色社会主义是当代中国发展进步、团结奋斗的旗帜

中国特色社会主义是当代中国发展进步的旗帜。20 世纪 50 年代中期，在完成从新民主主义到社会主义的转变以后，中国共产党带领全国各族人民开始了在社会主义道路上实现国家繁荣富强和人民共同富裕的历史征程。由于对在中国这样一个经济文化比较落后的国家建设社会主义缺乏深刻认识，中国共产党在探索社会主义建设道路上经历了曲折坎坷的过程。但是，中国共产党人没有气馁，没有停止自己的探索。以党的十一届三中全会为标志，中国共产党和中国人民开启了中国特色社会主义道路，中国人民的面貌、社会主义中国的面貌、中国共产党的面貌发生了历史性的变化。实践充分证明，中国特色社会主义是完全正确的、是符合时代潮流的。只有继续高举中国特色社会主义的旗帜，中国才能继续又好又快地持续向前发展；国家繁荣富强和人民共同富裕的美好理想才能最终实现。

中国特色社会主义也是党和人民团结奋斗的旗帜。中国共产党是一个有着近 8000 万党员的执政党，中国是一个有 13 亿人口的社会主义发展中大国，拥有共同的思想基础对于团结全党全国共同奋斗十分重要。这是因为，民族要兴旺发达，国家要繁荣富强，必须靠全民族的共同努力，必须把全民族的力量凝聚起来，充分发挥广大人民群众的积极性、主动性和创造性。这就需要形成共同的理想追求，树立起一面共同奋斗的旗帜。这是保证人们团结一致，克服困难，争取更大胜利的思想基础。如果一个民族、一个国家没有形成自己的共同理想，就等于没有自己的精神支柱，就会失去凝聚力和生命力。中国特色社会主义深刻反映了我国社会主义建设的客观规律，集中表达了中国人民过上幸福美好生活的愿望和国家繁荣富强的迫切要求，体现了中国共产党和中国人民把中国建设成为富强、民主、文明、和谐的社会主义现代化国家，实现中华民族伟大复兴的坚定意志和强烈愿望。同时，它揭示了在中国巩固、发展社会主义的客观规律和

实现途径。在当代中国，只有中国特色社会主义是全党全国各族人民团结奋斗的共同理想和精神支柱，具有强大的吸引力、凝聚力、感召力，是当代中华儿女同心同德、共创伟业的共同理想和政治基础。

思考题：

1. 试析邓小平理论、"三个代表"重要思想以及科学发展观等重大战略思想形成和发展的历史条件。

2. 试析邓小平理论、"三个代表"重要思想以及科学发展观等重大战略思想的理论贡献。

3. 简析中国特色社会主义是扎根于当代中国的科学社会主义，是当代中国发展进步和团结奋斗的旗帜。

第八章　中国特色社会主义道路

高举中国特色社会主义伟大旗帜，在实践上就是要坚持中国特色社会主义道路。中国特色社会主义道路反映了中国改革开放和现代化建设的基本经验，是实现国家繁荣富强和人民共同富裕的必由之路。在当代中国，坚持中国特色社会主义道路，就是真正坚持社会主义。

第一节　中国特色社会主义道路及其科学内涵

道路问题是关系党和国家事业发展第一位的问题，是决定发展方向、决定兴衰成败的重大问题。道路选择正确与否，至关重要。毛泽东曾经指出，在革命中未有革命党领错了路而革命不失败的。这不仅为我国新民主主义革命的历史所证明，也为新中国成立以来的历史所证明，为改革开放以来我国社会主义现代化建设的伟大实践所证明。

一、中国特色社会主义道路的形成

中国特色社会主义道路，是在以毛泽东为核心的党的第一代中央领导集体带领全党全国各族人民对社会主义建设进行艰辛探索的基础上，由以邓小平为核心的党的第二代中央领导集体带领全党全国各族人民在改革开放的伟大实践中开创，以江泽民为核心的党的第三代中央领导集体带领全党全国各族人民成功推进到 21 世纪，以胡锦涛为总书记的党的中央领导集体带领全党全国各族人民在新世纪继续推进的建设社会主义、实现中华民族伟大复兴的唯一正确道路。

"文化大革命"结束以后，从内乱中走出来的中国到了一个重大历史关头。当时摆在中国共产党和中国人民面前的有三条路：一是搞"两个凡是"，继续走"以阶级斗争为纲"的老路；二是搞资产阶级自由化，走否定党的领导和背离社会主义的邪路；三是既坚决冲破"两个凡是"的禁锢，同时又决不走背离社会主义的邪路，而是创造性地开辟出适合国情的社会主义建设道路。

1978年，党的十一届三中全会作出把党的工作重点转移到经济建设上来、实行改革开放的历史性决策，这标志着中国共产党人在新的时代条件下的伟大觉醒，显示了中国共产党顺应时代潮流和人民愿望、勇敢开辟建设社会主义新路的坚强决心。中国特色社会主义道路从此开辟。

中国共产党是以马克思主义为指导，在理论和实践中坚持与时俱进、开拓创新的党。在党的十二大开幕词中，邓小平明确提出："把马克思主义的普遍真理同我国的具体实际结合起来，走自己的道路，建设有中国特色的社会主义，这就是我们总结长期历史经验得出的基本结论"[1]。从此，建设中国特色社会主义成为新时期中国共产党人全部理论和实践的主题。从那时到党的十七大，历届党中央领导集体，在理论创新和实践创新中不断深化对中国特色社会主义道路的认识。

在改革开放的伟大实践中，以邓小平为主要代表的中国共产党人进一步总结社会主义建设的历史经验特别是改革开放的新鲜经验，总结苏联模式的教训及其他国家谋求发展的得失，对中国特色社会主义道路进行了深入探索。党的十二届三中全会突破了把计划经济同商品经济对立起来的传统观念，提出了发展社会主义商品经济的思想。党的十三大系统地论述了社会主义初级阶段理论，制定了党在社会主义初级阶段"一个中心、两个基本点"的基本路线。1992年在南方谈话中，邓小平提出了关于社会主义和改革开放的一系列独创性观点，进一步深化了对中国特色社会主义道路的认识。

20世纪80年代末90年代初发生的国际国内政治风波，使社会主义中国再次面临着向何处去的重大历史抉择。是走回头路，即回到改革开放前的老路上去；还是步苏联东欧国家的后尘，走改旗易帜的邪路？在中国共产党的坚强领导下，中国人民不走老路和邪路，坚定不移地继续走中国

---

[1]　邓小平：《中国共产党第十二次全国代表大会开幕词》，《邓小平文选》第3卷，人民出版社1993年版，第3页。

特色社会主义道路。党的十三届四中全会以后，以江泽民为核心的党的第三代中央领导集体，深入总结我国社会主义建设和改革开放以来的经验教训，深刻反思世界社会主义运动特别是苏东剧变的经验教训，继续深化对中国特色社会主义道路的认识。党的十四大突破了把市场经济与社会主义对立起来的传统观念，确定了建立社会主义市场经济体制的改革目标；针对"一手比较硬、一手比较软"的失误，在加快物质文明建设的同时，着力加强精神文明建设、政治文明建设和党的建设。在全面推进中国特色社会主义发展的过程中，进一步坚持和发展了中国特色社会主义。

进入新世纪新阶段，中国特色社会主义事业取得了重大成就，我国发展呈现出新的阶段性特征，发展的黄金机遇期和矛盾凸显期并存，中国特色社会主义发展又处于一个关键时期。面对发展中出现的困难、矛盾和问题，是沿用以前的老办法，或是照搬西方的那一套办法，还是坚持开拓进取、探索新的办法来解决问题？以胡锦涛为总书记的党的中央领导集体认真总结我国发展的实践经验，借鉴国外发展经验，进一步深化了对中国特色社会主义道路的认识。党的十六届四中全会提出了构建社会主义和谐社会重大战略思想，并把这一任务同发展社会主义市场经济、社会主义民主政治、社会主义先进文化一起，作为中国特色社会主义事业发展的总体布局提了出来。党的十七大对中国特色社会主义道路与中国特色社会主义伟大旗帜的关系、中国特色社会主义道路与中国特色社会主义理论体系的关系作了深刻论述，第一次对中国特色社会主义道路的本质特征和科学内涵作了深刻论述，在理论上回答了什么是中国特色社会主义道路、怎么样坚持中国特色社会主义道路这一关系到中国长远发展的重大问题。

二、中国特色社会主义道路的科学内涵

什么是中国特色社会主义道路？中国共产党第十七次全国代表大会报告对此作了精辟概括，这就是：在中国共产党领导下，立足基本国情，以经济建设为中心，坚持四项基本原则，坚持改革开放，解放和发展社会生产力，巩固和完善社会主义制度，建设社会主义市场经济、社会主义民主政治、社会主义先进文化、社会主义和谐社会，建设富强、民主、文明、

和谐的社会主义现代化国家。中国特色社会主义道路内涵丰富，包括建设中国特色社会主义的根本保证即坚持共产党的领导、"一个中心、两个基本点"的基本路线、"四位一体"的总体布局和富强、民主、文明、和谐的发展目标。

1. 中国共产党的领导

坚持中国共产党的领导是走中国特色社会主义道路的根本保证。这不仅因为这条道路是中国共产党开创的，而且只有坚持中国共产党的领导，中国特色社会主义道路才能始终坚持和不断推进。中国特色社会主义是前无古人的开创性事业，前进的道路并不平坦，会遇到各种困难和风险，包括可以预料的和难以预料的、来自国内的和来自国外的、经济生活中的和社会政治生活中的困难和风险，顺利推进中国特色社会主义伟大事业需要有一个坚强的领导核心。历史和现实证明，在中国，只有中国共产党才是这样的坚强领导核心，才具有强大的凝聚力和领导能力。

中国共产党之所以能成为建设中国特色社会主义的坚强领导核心，首先是由它的性质、宗旨和政治优势所决定的。中国共产党是中国工人阶级的先锋队，同时是中国人民和中华民族的先锋队，始终代表中国先进生产力的发展要求，代表中国先进文化的前进方向，代表中国最广大人民的根本利益；它始终把全心全意为人民服务作为自己的宗旨，把人民群众的根本利益作为自己一切工作的出发点和落脚点，并且能够为人民坚持真理、修正错误；它坚持马克思主义基本原理同中国具体实际相结合，不断提出能够指导中国社会发展进步的科学理论、行动纲领和方针政策；它具有宽广的世界眼光，能够顺应时代发展进步潮流，善于抓住历史机遇，应对各种挑战考验；它拥有一大批优秀的共产党员，他们以对人民的无限忠诚和自我牺牲精神，为人民利益英勇奋斗，从而赢得了广大人民群众的信赖、拥护和支持；它总是通过加强和改进自身建设，保持党的先进性，不断增强党的创造力、凝聚力、战斗力。因此，建设中国特色社会主义，只有在中国共产党的领导下才能成功。

2. "一个中心、两个基本点"的基本路线

"一个中心、两个基本点"，就是以经济建设为中心，坚持四项基本

原则，坚持改革开放，这是党在社会主义初级阶段基本路线的中心内容。中国共产党在十一届三中全会以来改革开放和现代化建设实践中形成的这条基本路线，是建设中国特色社会主义唯一正确的政治路线。这条基本路线，是党在深刻认识社会主义初级阶段的基本国情，准确把握我国社会主义建设根本任务的基础上确定的，反映了我国社会主义现代化建设的基本要求，集中体现了我国各族人民的根本利益和愿望。正如胡锦涛所指出："党的基本路线是兴国、立国、强国的重大法宝，是实现科学发展的政治保证，是党和国家的生命线、人民群众的幸福线。"[1]

坚持党的基本路线不动摇，关键是坚持以经济建设为中心不动摇。以经济建设为中心是兴国之要，是党和国家兴旺发达和长治久安的根本要求。尤其是我国正处于并将长期处于社会主义初级阶段，社会主要矛盾是人民日益增长的物质文化需要同落后的社会生产之间的矛盾。这就决定了社会主义的根本任务是解放和发展社会生产力，不断改善人民生活。因此，党和国家的各项工作都要服从和服务于经济建设这个中心，而不能离开这个中心，更不能干扰这个中心。

四项基本原则，即坚持社会主义道路，坚持人民民主专政，坚持共产党的领导，坚持马克思列宁主义、毛泽东思想。它体现了亿万中国人民的共同意志，是不可动摇的立国之本，已写进我国的宪法，以国家根本大法的形式确定了下来，在任何时候、任何情况下都必须始终一贯地加以坚持。四项基本原则对改革开放和现代化建设主要起着三方面的政治保证作用：一是保证有一个坚定正确的政治方向；二是保证有一个团结稳定的环境；三是保证有统一的意志和统一的行动。这些年来，面对风云变幻的国际局势和国内各种错误思潮的干扰，中国之所以能够始终沿着中国特色社会主义的道路前进，就是因为我们坚持四项基本原则，保证了社会主义改革开放和建设的顺利进行。

改革开放是强国之路，是党和国家发展进步的活力源泉，是发展中国

---

[1] 胡锦涛：《在纪念党的十一届三中全会召开三十周年大会上的讲话》，《十七大以来重要文献选编》（上），中央文献出版社 2009 年版，第 798 页。

特色社会主义的强大动力。改革开放的目的，就是要解放和发展社会生产力，实现国家现代化，让中国人民富裕起来，振兴伟大的中华民族；就是要推动我国社会主义制度自我完善和发展，赋予社会主义新的生机活力，建设和发展中国特色社会主义；就是要在引领当代中国发展进步中加强和改进党的建设，保持和发展党的先进性，确保党始终走在时代前列。事实雄辩地证明，改革开放是决定当代中国命运的关键抉择，是发展中国特色社会主义、实现中华民族伟大复兴的必由之路；只有社会主义才能救中国，只有改革开放才能发展中国、发展社会主义、发展马克思主义。只要始终不动摇、不懈怠、不折腾，坚定不移地推进改革开放，坚定不移地走中国特色社会主义道路，就一定能够胜利实现全面建设小康社会和社会主义现代化的奋斗目标。

一个中心、两个基本点，是相互贯通、相互依存、不可分割的统一整体，须臾不可偏离、丝毫不可偏废，必须全面坚持、一以贯之。离开经济建设这个中心，社会主义社会的一切发展和进步就会失去物质基础；离开四项基本原则和改革开放，经济建设就会迷失方向和丧失动力。改革开放30 多年来，我们坚持党的基本路线，在推进经济建设的过程中，既以四项基本原则保证改革开放的正确方向，又通过改革开放赋予四项基本原则新的时代内涵。坚持这条基本路线，必须把以经济建设为中心同坚持四项基本原则、坚持改革开放这两个基本点统一于中国特色社会主义的伟大实践，任何时候都绝不动摇。这是我们事业经受风险考验、不断向前发展的最可靠保证。

3. 中国特色社会主义事业的总体布局

中国特色社会主义事业的总体布局，指的是建设中国特色社会主义必须坚持社会主义经济建设、政治建设、文化建设、社会建设"四位一体"协调发展、共同推进。这个总体布局的形成，经历了一个历史发展的过程。党的十二届六中全会第一次提出了我国社会主义现代化建设的总体布局：以经济建设为中心，坚定不移地进行经济体制改革，坚定不移地进行政治体制改革，坚定不移地加强精神文明建设，并且使这几个方面互相配合、互相促进。党的十五大、十六大进一步明确了我国社会主义经济、政治、文化建设全面发展的目标和政策，深化了对总体布局的认识。党的十六届四中全会提出构建社会主义和谐社会重大任务，使我国社会主义现代化建设总体布局由经济建设、政治建设、文化建设"三位一体"，发展为包括社会建设在内的"四位一体"。党的十七大报告从中国特色社会主义事业长远发展出发，对"四位一体"总体布局进行了系统阐述，对经济建设、政治建设、文化建设和社会建设的战略任务作出了全面部署。按照"四位一体"的总体布局，在经济建设方面，就是要发展社会主义市场经济，坚持和完善以公有制为主体、多种所有制经济共同发展的基本经济制度和以按劳分配为主体、多种分配方式并存的分配制度；在政治建设方面，建设社会主义民主政治，最重要的是要坚持党的领导、人民当家作主、依法治国有机统一，坚持和完善人民代表大会制度、中国共产党领导的多党合作和政治协商制度、民族区域自治制度以及基层群众自治制度；在文化建设方面，建设社会主义先进文化，特别是要加强以社会主义核心价值体系为根本的和谐文化建设，使人民群众的基本文化权益得到更好的保障、社会文化生活更加丰富多彩、人民精神面貌更加昂扬向上；在社会建设方面，构建社会主义和谐社会，加强以改善民生为重点的社会建设，促进社会公平正义，努力达到使全体人民学有所教、劳有所得、病有所医、老有所养、住有所居的目标。这四大建设既有各自的任务和重点，又相互依存、相互促进，是四位一体、有机统一的发展布局。其中，经济建设是中心，为政治、文化、社会建设提供物质基础；政治建设为经济、文化、社会建设提供政治保障；文化建设为经济、政治、社会建设提供思想保证、精神动力、文化环境和智力支持；社会建设为经济、政治、文化建设提供有力的社会支撑。

4. 中国特色社会主义的发展战略和发展目标

在现阶段，中国特色社会主义的发展目标，就是要在中国共产党的领导下，通过全国各族人民的艰苦奋斗，把我国建设成为一个富强、民主、文明、和谐的社会主义现代化国家。

为实现这个发展目标，需要分阶段有步骤地实施科学的发展战略。改革开放初期，邓小平就设计了"分三步走"基本实现现代化的宏伟蓝图。① 20 世纪末，在第二步战略目标即将实现的时候，党的十五大对实现第三步战略目标作了进一步规划，明确提出了"小三步走"的发展目标。② 进入 21 世纪，党的十六大确立了全面建设小康社会的奋斗目标，就是到 2020 年要建成惠及十几亿人口的更高水平的小康社会，使经济更加发展、民主更加健全、科教更加进步、文化更加繁荣、社会更加和谐、人民生活更加殷实。党的十七大对全面建设小康社会目标提出了新的更高要求，同时把"和谐"作为现代化建设目标的重要内容，明确提出要建设富强、民主、文明、和谐的社会主义现代化国家，使社会主义现代化建设目标更加全面、更加丰富。

"党的领导"、"基本路线"、"总体布局"、"发展目标"构成了中国特色社会主义道路的完整内涵。党的领导是根本，是中国特色社会主义道路的领导核心；基本路线是总纲，是中国特色社会主义道路的根本遵循；总体布局是基本内容，是中国特色社会主义道路的具体展开；发展目标是宏伟蓝图，是我们推进中国特色社会主义的努力方向。这四者相互联系、相辅相成，是一个有机统一的整体。

第二节　中国特色社会主义道路的基本经验

中国共产党在领导人民开辟和坚持中国特色社会主义道路的过程中，

---

① "三步走"的发展战略是：第一步到 20 世纪 80 年代末，实现国民生产总值比 1980 年翻一番，解决人民的温饱问题；第二步到 20 世纪末，使国民生产总值再翻一番，人民生活达到小康水平；第三步到 21 世纪中叶，人均国民生产总值达到中等发达国家水平，人民生活比较富裕，基本实现现代化。

② "小三步走"发展目标是：到 21 世纪的第一个 10 年，实现国民生产总值比 2000 年翻一番，使人民的小康生活更加富裕，形成比较完善的社会主义市场经济体制；再经过 10 年的努力，到建党 100 周年时，使国民经济更加发展，各项制度更加完善；到新中国成立 100 周年时，基本上实现现代化，建成富强、民主、文明、和谐的社会主义国家。

积累了丰富的经验。这些宝贵经验，对于在新的历史起点上进一步开创中国特色社会主义事业发展的新局面，具有重要的指导意义。

一、善于总结经验是中国共产党人的优良传统

中国共产党是十分重视并善于总结历史经验的党。这是党的优良传统和政治优势。中国共产党是在辩证唯物主义和历史唯物主义的世界观和方法论指导下建立起来的党，强调认识来自于实践，理性认识来自于感性认识，要善于总结实践经验。毛泽东曾经对友人说过：我是靠总结经验吃饭的。邓小平也强调，每年领导层都要总结经验，对的就坚持，不对的赶快改。我们不靠上帝，而靠自己努力，靠不断总结经验，坚定地前进。一部中国共产党的历史，在一定意义上说，就是一部在成绩和困难面前总结经验、吸取教训，不断发展壮大的历史。

建设和发展中国特色社会主义，是一项伟大的创举，更要依靠人民群众的实践，在总结经验中坚持改革开放，在总结经验中完善和发展社会主义。邓小平说过："我们现在所干的事业是一项新事业，马克思没有讲过，我们的前人没有做过，其他社会主义国家也没有干过，所以，没有现成的经验可学。我们只能在干中学，在实践中摸索。"[1] 因此，在改革开放过程中，中国共产党始终强调要坚持党的思想路线，尊重群众的首创精神，在总结群众实践经验的基础上制定正确的方针政策。可以说，不断总结实践经验，把实践经验上升为科学理论，推进马克思主义基本原理同中国具体实际和时代特征的紧密结合，开拓马克思主义中国化的新境界，是党的十一届三中全会以来党和国家事业发展的鲜明特征。

回顾历史，从改革开放新时期一开始，中国共产党就特别重视总结社会主义建设的历史经验。党的十一届三中全会和六中全会，对建国以后正反两方面的历史经验、教训进行了深刻总结，为把党和国家的工作中心转移到经济建设上来、作出改革开放的伟大决策，奠定了重要基础。改革开

---

[1]　邓小平：《十三大的两个特点》，《邓小平文选》第 3 卷，人民出版社 1993 年版，第 258—259 页。

放以来中国共产党召开的历次党代会和中央全会，每次在党作出重大决策之前，总是先总结经验。党的十二大、十三大、十四大、十五大、十六大、十七大都把总结历史经验同总结新鲜经验结合起来，得出了一系列重要的认识成果。这样的总结，是建立在调查研究基础之上的，是建立在广泛听取党内外各方面意见和人民群众意愿的基础之上的，因而具有重大的现实意义和重大的理论意义；不仅总结我们在实践中取得的成绩和经验，也总结我们在实践中存在的问题和教训，因而又是全面的总结。这样的总结，既是党制定正确的方针政策的科学依据，也是党推进理论创新和实践创新的科学依据。党正是在把马克思主义基本原理同中国具体实际相结合的历史进程中，以马克思列宁主义为指导，着眼于时代要求和社会实践，科学地总结历史经验，形成和提出了党的基本理论、基本路线、基本纲领和基本经验。

实践证明，中国特色社会主义事业的不断发展、我国改革开放和现代化建设取得的巨大成就，都是与中国共产党认真总结经验、善于总结经验分不开的。

二、改革开放宝贵经验是对 30 多年实践经验的集中概括

改革开放 30 多年是波澜壮阔的历史进程。在这一伟大历史进程中，中国共产党带领全国各族人民风雨兼程，锐意进取，既取得了建设中国特色社会主义的辉煌成就，也积累了发展中国特色社会主义的丰富经验。党的十七大对我国改革开放的历史进程和宝贵经验进行了高起点、全方位、大跨度的回顾总结，得出了十个方面的宝贵经验（以下简称"十个结合"）。胡锦涛在纪念党的十一届三中全会召开三十周年大会上的讲话对这些经验又加以集中阐述。

1. 必须把坚持马克思主义基本原理同推进马克思主义中国化结合起来，解放思想、实事求是、与时俱进，以实践基础上的理论创新为改革开放提供理论指导。马克思主义是我们立党立国的根本指导思想。坚持和巩固马克思主义指导地位，是党和人民团结一致、始终沿着正确方向前进的根本思想保证。同时，马克思主义只有同本国国情和时代特征紧密结合，

在实践中不断丰富和发展，才能更好发挥指导实践的作用。党的十一届三中全会重新确立了党的思想路线，这就是：一切从实际出发，理论联系实际，实事求是，在实践中检验真理和发展真理。在改革开放实践中，我们党坚持解放思想和实事求是的统一，大力发扬求真务实精神，不断深化对共产党执政规律、社会主义建设规律、人类社会发展规律的认识，自觉把思想认识从那些不合时宜的观念、做法和体制的束缚中解放出来，从对马克思主义错误的和教条式的理解中解放出来，从主观主义和形而上学的桎梏中解放出来，以实践基础上的理论创新回答了一系列重大理论和实际问题，为改革开放提供了体现时代性、把握规律性、富于创造性的理论指导，开辟了马克思主义新境界。中国特色社会主义理论体系是马克思主义中国化最新成果，是党最可宝贵的政治和精神财富，是全国各族人民团结奋斗的共同思想基础，是扎根于当代中国的科学社会主义。要始终坚持用中国特色社会主义理论体系武装全党、教育人民，不断提高全党的马克思主义理论水平，使中国特色社会主义理论体系更加深入人心、更好发挥指导作用。

2. 必须把坚持四项基本原则同坚持改革开放结合起来，牢牢扭住经济建设这个中心，始终保持改革开放的正确方向。改革开放以来，我们党作出我国仍处于并将长期处于社会主义初级阶段的科学论断，形成了党在社会主义初级阶段的基本路线，这就是：领导和团结全国各族人民，以经济建设为中心，坚持四项基本原则，坚持改革开放，自力更生，艰苦创业，为把我国建设成为富强民主文明和谐的社会主义现代化国家而奋斗。以经济建设为中心是兴国之要，是党和国家兴旺发达和长治久安的根本要求。四项基本原则是立国之本，是党和国家生存发展的政治基石。改革开放是强国之路，是党和国家发展进步的活力源泉。一个中心、两个基本点，是相互贯通、相互依存、不可分割的统一整体，须臾不可偏离、丝毫不可偏废，必须全面坚持、一以贯之。离开经济建设这个中心，社会主义社会的一切发展和进步就会失去物质基础；离开四项基本原则和改革开放，经济建设就会迷失方向和丧失动力。发展中国特色社会主义，最根本的就是一切都要从社会主义初级阶段这个最大的实际出发。在社会主义初级阶段这个不发达阶段，社会主要矛盾是人民日益增长的物质文化需要同落后的社会生产之间的矛盾。这就决定了社会主义的根本任务是解放和发展社会生产力，不断改善人民生活。中国解决所有问题的关键在于依靠自己的发展。30多年来，我们党既毫不动摇地坚持发展是硬道理的战略思想，牢牢扭住经济建设这个中心，不断解放和发展社会生产力，不断夯实我国社会主义制度的物质基础，又毫不动摇地坚持四项基本原则、坚持改革开放。党的基本路线是兴国、立国、强国的重大法宝，是实现科学发展的政治保证，是党和国家的生命线、人民群众的幸福线。要始终坚持党的基本路线不动摇，做到思想上坚信不疑、行动上坚定不移，绝不走封闭僵化的老路，也绝不走改旗易帜的邪路，而是坚定不移地走中国特色社会主义道路。

3. 必须把尊重人民首创精神同加强和改善党的领导结合起来，坚持执政为民、紧紧依靠人民、切实造福人民，在充分发挥人民创造历史作用中体现党的领导核心作用。人民群众是党的力量源泉和胜利之本。改革开放是人民的要求和党的主张的内在统一，是亿万人民自己的事业。我们党坚持一切为了群众、一切依靠群众，从群众中来，到群众中去，把党的正确主张变为群众的自觉行动，坚持尊重社会发展规律与尊重人民历史主体地位的一致性，坚持为崇高理想奋斗与为最广大人民谋利益的一致性，坚持完成党的各项工作与实现人民利益的一致性；把人民拥护不拥护、赞成不赞成、高兴不高兴、答应不答应作为制定各项方针政策的出发点和落脚点，一切以是否有利于发展社会主义社会生产力、有利于增强社会主义国家综合国力、有利于提高人民生活水平这"三个有利于"为根本判断标准，坚持问政于民、问需于民、问计于民，既通过提出和贯彻正确的理论和路线方针政策带领人民前进，又从人民的实践创造和发展要求中获得前进动力。尊重人民主体地位，发挥人民首创精神，贯彻尊重劳动、尊重知识、尊重人才、尊重创造的重大方针，坚持全心全意依靠工人阶级，发挥我国工人阶级和农民阶级、其他劳动群众推动我国生产力发展基本力量的作用，支持新的社会阶层发挥中国特色社会主义事业建设者的作用，使全体人民都满腔热情地投身改革开放伟大事业。坚持全心全意为人民服务的根本宗旨，坚持立党为公、执政为民，通过改革发展为人民群众造福，实现好、维护好、发展好最广大人民的根本利益。要始终坚持同广大人民群众心连心、同呼吸、共命运，在人民的实践创造中吸取营养，丰富和完善党的主张，使党在世界形势深刻变化的历史进程中始终走在时代前列，在应对国内外各种风险考验的历史进程中始终成为全国各族人民的主心骨，在发展中国特色社会主义的历史进程中始终成为坚强领导核心。

4. 必须把坚持社会主义基本制度同发展市场经济结合起来，发挥社会主义制度的优越性和市场配置资源的有效性，使全社会充满改革发展的创造活力。我们党带领人民干的是社会主义事业，必须坚持党的领导、保证人民当家作主，必须坚持公有制为主体、按劳分配为主体，同时又必须积极探索能够极大解放和发展社会生产力、充分发挥全社会发展积极性的体制机制，放手让一切劳动、知识、技术、管理、资本的活力竞相迸发，让一切创造社会财富的源泉充分涌流。我们党提出把社会主义市场经济体制确立为我国经济体制改革的目标模式，正确解决了关系整个社会主义现代化建设全局的一个重大问题。着力建立和完善社会主义市场经济体制，发挥市场在资源配置中的基础性作用，推动建立现代产权制度和现代企业制度，同时又注重加强和完善国家对经济的宏观调控，克服市场自身存在的某些缺陷，促进国民经济充满活力、富有效率、健康运行。毫不动摇地巩固和发展公有制经济、发挥国有经济主导作用，积极推行公有制多种有效实现形式，增强国有经济活力、控制力、影响力，同时又毫不动摇地鼓励、支持、引导非公有制经济发展，形成各种所有制经济平等竞争、相互促进新格局。坚持和完善按劳分配为主体、多种分配方式并存的分配制度，既鼓励先进、促进发展，又注重社会公平、防止两极分化。要始终坚持社会主义市场经济的改革方向，继续完善社会主义市场经济体制，继续加强和改善宏观调控体系，不断为经济社会又好又快发展提供强大动力。

5. 必须把推动经济基础变革同推动上层建筑改革结合起来，不断推进政治体制改革，为改革开放和社会主义现代化建设提供制度保证和法制保障。我国是工人阶级领导的、以工农联盟为基础的人民民主专政的社会主义国家。人民民主是社会主义的生命，人民当家作主是社会主义民主政治的本质和核心。没有民主就没有社会主义，就没有社会主义现代化。我们党顺应经济社会发展变化、适应人民政治参与积极性不断提高，以保证人民当家作主为根本，以增强党和国家活力、调动人民积极性为目标，不断发展社会主义政治文明。坚持依法实行民主选举、民主决策、民主管理、民主监督，保障人民的知情权、参与权、表达权、监督权，坚持科学执政、民主执政、依法执政，推进决策科学化、民主化，最广泛地动员和组织人民依法管理国家事务和社会事务、管理经济和文化事业。坚持科学立法、民主立法，建立和完善中国特色社会主义法律体系，树立社会主义法治理念，坚持公民在法律面前一律平等，尊重和保障人权，推进依法行政，深化司法体制改革，推进国家各项工作法治化，维护社会公平正义，维护社会主义法制的统一、尊严、权威。我国政治体制改革是社会主义政治制度的自我完善和发展，必须坚持中国特色社会主义政治发展道路，坚持党的领导、人民当家作主、依法治国有机统一，坚持社会主义政治制度的特点和优势，坚持从我国国情出发。我们需要借鉴人类政治文明有益成果，但绝不照搬西方政治制度模式。要始终坚定不移地发展社会主义政治文明，深化政治体制改革，坚持和完善人民代表大会制度、中国共产党领导的多党合作和政治协商制度、民族区域自治制度以及基层群众自治制度，壮大爱国统一战线，推进社会主义民主政治制度化、规范化、程序化，更好地保证人民当家作主，巩固和发展民主团结、生动活泼、安定和谐的政治局面。

6. 必须把发展社会生产力同提高全民族文明素质结合起来，推动物质文明和精神文明协调发展，更加自觉、更加主动地推动文化大发展大繁荣。中国特色社会主义是全面发展、全面进步的事业，是物质文明和精神文明相辅相成、协调发展的事业。物质贫乏不是社会主义，精神空虚也不是社会主义。人的素质是历史的产物，又给历史以巨大影响。任何时候都不能以牺牲精神文明为代价换取经济的一时发展。我们党把社会主义核心价值体系建设作为主线，贯穿国民教育和精神文明建设全过程，坚持不懈地用马克思主义中国化最新成果武装全党、教育人民，用中国特色社会主义共同理想凝聚力量，用以爱国主义为核心的民族精神和以改革创新为核心的时代精神鼓舞斗志，用社会主义荣辱观引领风尚，巩固全党全国各族人民团结奋斗的共同思想基础。积极探索用社会主义核心价值体系引领社会思潮的有效途径，既尊重差异、包容多样，又有力抵制各种错误和腐朽思想的影响。着力发展面向现代化、面向世界、面向未来的，民族的科学的大众的社会主义文化，贴近实际、贴近生活、贴近群众，深化文化体制改革，大力推进文化创新，激发全民族文化创造活力，提高国家文化软实力，推动文化事业和文化产业不断发展、文化市场更加繁荣，使人民基本文化权益得到更好保障。要始终坚持社会主义先进文化前进方向，兴起社会主义文化建设新高潮，在中国特色社会主义的伟大实践中进行文化创造，让人民共享文化发展成果，使社会文化生活更加丰富多彩、人民精神风貌更加昂扬向上。

7. 必须把提高效率同促进社会公平结合起来，实现在经济发展的基础上由广大人民共享改革发展成果，推动社会主义和谐社会建设。实现社会公平正义是中国特色社会主义的内在要求，处理好效率和公平的关系是中国特色社会主义的重大课题。讲求效率才能增添活力，注重公平才能促进和谐，坚持效率和公平有机结合才能更好体现社会主义的本质。我们党通过深化改革、实行正确方针政策，努力提高全社会推动经济发展和其他各项事业发展的积极性，最大限度激发全社会的创造活力和发展活力。同时，在我国改革发展关键阶段，在经济体制深刻变革、社会结构深刻变动、利益格局深刻调整、思想观念深刻变化的条件下，我们党把提高效率同更加注重社会公平结合起来，最大限度增加和谐因素，最大限度减少不和谐因素，不断促进经济效率提高、促进社会和谐。把实现好、维护好、发展好最广大人民的根本利益作为党和国家一切工作的出发点和落脚点，坚持发展为了人民、发展依靠人民、发展成果由人民共享，优先发展教育，大力促进就业，不断提高城乡居民收入，加快建立覆盖城乡居民的社会保障体系，加快发展医疗卫生事业，切实加强社会管理，加强生态文明建设，努力使全体人民学有所教、劳有所得、病有所医、老有所养、住有所居。要始终按照民主法治、公平正义、诚信友爱、充满活力、安定有序、人与自然和谐相处的总要求，大力发展社会事业，促进社会公平正义，努力形成社会和谐人人有责、和谐社会人人共享的生动局面。

8. 必须把坚持独立自主同参与经济全球化结合起来，统筹好国内国际两个大局，为促进人类和平与发展的崇高事业作出贡献。当代中国的前途命运已日益紧密地同世界的前途命运联系在一起。中国的发展离不开世界，世界的发展也需要中国。在当今世界，任何国家关起门来搞建设都是不能成功的。我们党全面分析判断世界多极化趋势增强、经济全球化深入发展的外部环境，全面把握当今世界发展变化带来的机遇和挑战，既坚持独立自主，又勇敢参与经济全球化。在我们这样一个人口众多的发展中社会主义大国，任何时候都必须把独立自主、自力更生作为自己发展的根本基点，任何时候都要坚持中国人民自己选择的社会制度和发展道路，始终把国家主权和安全放在第一位，坚决维护国家主权、安全、发展利益，坚持中国的事情按照中国的情况来办、依靠中国人民自己的力量来办，坚决反对外部势力干涉我国内部事务。对于一切国际事务，都要从中国人民的根本利益和各国人民的共同利益出发，根据事情本身的是非曲直确定我们的立场和政策，按照冷静观察、沉着应对的方针和相互尊重、求同存异的精神进行处理，不屈从于任何外来压力。同时，我们在坚持和平共处五项原则的基础上同所有国家开展交流合作，积极促进世界多极化、推进国际关系民主化，尊重世界多样性，反对霸权主义和强权政治。不断扩大对外开放，把"引进来"和"走出去"紧密结合起来，认真学习借鉴人类社会创造的一切文明成果，坚持趋利避害，形成经济全球化条件下参与国际经济合作和竞争新优势，推动经济全球化朝着均衡、普惠、共赢方向发展，共同呵护人类赖以生存的地球家园，促进人类文明繁荣进步。要始终高举和平、发展、合作旗帜，既利用和平的国际环境发展自己，又通过自己的发展维护世界和平。

9. 必须把促进改革发展同保持社会稳定结合起来，坚持改革力度、发展速度和社会可承受程度的统一，确保社会安定团结、和谐稳定。实现改革发展稳定的统一，是关系我国社会主义现代化建设全局的重要指导方针。推动社会主义现代化不断前进，必须自觉调整和改革生产关系与生产力、上层建筑与经济基础不相适应的方面和环节。我们党既坚定不移地大胆探索、勇于创新，又总揽全局、突出重点，先易后难、循序渐进，在实践中积累经验，不断提高改革决策的科学性，增强改革措施的协调性，推进经济体制、政治体制、文化体制、社会体制以及其他各方面体制改革相协调，使改革获得广泛而深厚的群众基础。及时总结改革的实践经验，对的就坚持，不对的赶快改，新问题出来抓紧研究解决。同时，正确把握和处理经济社会生活中出现的各种矛盾，加强和改进思想政治工作，健全党和政府主导的维护群众权益机制，及时妥善处理人民内部矛盾，依法打击各种违法犯罪活动，警惕和防范国内外敌对势力的渗透破坏活动，坚决维护社会稳定和国家安全。要始终从维护我国发展的重要战略机遇期、维护国家安全、维护最广大人民根本利益的高度出发，全面把握我国社会稳定大局，有效应对影响社会稳定的各种问题和挑战，确保人民安居乐业、社会安定有序、国家长治久安。

10. 必须把推进中国特色社会主义伟大事业同推进党的建设新的伟大工程结合起来，加强党的执政能力建设和先进性建设，提高党的领导水平和执政水平、拒腐防变和抵御风险能力。坚持和改善党的领导，是我们事业胜利前进的根本保证。要把十几亿人的思想和力量统一和凝聚起来，齐心协力发展中国特色社会主义，没有中国共产党的坚强统一领导是不可设想的。我们党深刻认识到，党的先进性和党的执政地位都不是一劳永逸、一成不变的，过去先进不等于现在先进，现在先进不等于永远先进；过去拥有不等于现在拥有，现在拥有不等于永远拥有。党要承担起人民和历史赋予的重大使命，必须认真研究自身建设遇到的新情况新问题，在领导改革发展中不断认识自己、加强自己、提高自己。我们坚持不懈地加强党的自身建设，在不断解放思想中统一全党思想，在加强党的执政能力建设和先进性建设中推进高素质干部队伍建设，在增强党的阶级基础的同时扩大党的群众基础，在继承党的优良传统的同时弘扬时代精神，使党始终坚持工人阶级先锋队、中国人民和中华民族先锋队的性质，坚持马克思主义指导地位，坚持全心全意为人民服务的宗旨，发扬优良传统和作风，不断增强创造力、凝聚力、战斗力。高度重视提高党员、干部队伍素质特别是思想政治素质，使广大党员、干部坚持把党和人民利益摆在第一位，牢记"两个务必"，做到权为民所用、情为民所系、利为民所谋，坚持讲党性、重品行、做表率，经受住长期执政考验、改革开放考验、发展社会主义市场经济考验。要始终坚持以改革创新精神加强党的建设，把党的执政能力建设和先进性建设作为主线，坚持党要管党、从严治党，贯彻为民、务实、清廉的要求，以坚定理想信念为重点加强思想建设，以造就高素质党员、干部队伍为重点加强组织建设，以保持党同人民群众的血肉联系为重点加强作风建设，以健全民主集中制为重点加强制度建设，以完善惩治和预防腐败体系为重点加强反腐倡廉建设，使党始终成为立党为公、执政为民，求真务实、改革创新，艰苦奋斗、清正廉洁，富有活力、团结和谐的马克思主义执政党。

"十个结合"的宝贵经验，是对改革开放以来中国共产党历史经验的系统总结，凝结了30多年来伟大探索的重要理论和实践成果。这些成果创造性地回答了什么是马克思主义、怎样对待马克思主义，什么是社会主义、怎样建设社会主义，建设什么样的党、怎样建设党，实现什么样的发展、怎样发展等重大理论和实际问题，进一步深化了我们党对共产党执政规律、社会主义建设规律和人类社会发展规律的认识。这些经验归结到一点，就是把马克思主义基本原理同中国具体实际相结合，走自己的路，建设中国特色社会主义。改革开放的历史经验是极为宝贵的财富，我们要倍加珍惜和自觉运用这些宝贵经验。

第三节　坚定不移走中国特色社会主义道路

中国共产党领导中国人民经过艰苦卓绝的斗争，建立了社会主义的新中国，实现了民族独立和人民解放，为中华民族的伟大复兴奠定了根本政治前提。在取得革命胜利并建立社会主义制度以后，如何建设社会主义，发挥社会主义制度的优势，实现国家的繁荣富强和人民的富裕幸福，却是一个崭新课题。中国特色社会主义就是在回答这一课题的社会主义建设实践中逐步形成的。

一、走中国特色社会主义道路是历史和实践的必然

走中国特色社会主义道路，是在总结长期历史经验的基础上得出的基本结论。新中国成立以后，以毛泽东为核心的党的第一代中央领导集体，不失时机地推进中国从新民主主义转变到社会主义，建立起崭新的社会主义制度，领导全党全国各族人民进行大规模社会主义建设，提出要探索一条适合中国情况的社会主义建设道路。毛泽东的《论十大关系》、《关于正确处理人民内部矛盾的问题》等著作，党和国家其他领导人的一系列重要论述，党的八大文献等重要文件，提出了许多关于社会主义建设的重要观点，涉及经济、政治、文化、国防、外交等各个方面，是中国共产党独立自主地探索适合我国国情的社会主义建设道路的重要成果。这一探索，是党在改革开放后开辟中国特色社会主义道路的一个重要基础。中国特色社会主义道路，就是在既继承和发展毛泽东关于社会主义建设的科学思想，又对毛泽东晚年在如何建设社会主义问题上所犯的错误进行深入总结的基础上，在改革开放这一崭新的革命实践中开辟出来的。

走中国特色社会主义道路，是在对中国的基本国情进行深入分析的基础上得出的基本结论。党的十一届三中全会将党的工作重点从阶级斗争转移到社会主义现代化建设以后，党中央就在筹划怎样在中国实现社会主义现代化这一重大的战略问题。1979 年 3 月，邓小平提出，过去搞革命要从中国实际出发，今天搞建设也要从中国实际出发。他分析了中国的国情，指出要使中国实现现代化，至少有两个重要特点是必须看到的：一是底子薄，二是人口多、耕地少。党的十一届四中全会对这一国情作了进一步分析，指出我们的经济、技术和教育都还比较落后。党的十一届六中全会指出"我们的社会主义制度还是处于初级的阶段"①。正是在这样的科学分析基础之上，党的十二大提出实现社会主义现代化，必须走中国特色社会主义道路。

---

① 《中国共产党中央委员会关于建国以来党的若干历史问题的决议》，《十一届三中全会以来重要文献选读》上册，人民出版社 1987 年版，第 344 页。

　　走中国特色社会主义道路，是在对中国社会主义建设规律深化认识的基础上得出的基本结论。党的十一届三中全会以来，以邓小平为主要代表的中国共产党人一再强调，要在解放思想的过程中实事求是地总结历史经验，实事求是地研究新情况，探索社会主义建设的客观规律，按规律办事。在 1979 年论述要坚持四项基本原则这一重大政治问题时，邓小平指出，我们从实践上和理论上批判那种以极"左"面目出现的主张普遍贫穷的假社会主义，努力按照客观经济规律办事，就是在坚持科学社会主义。叶剑英在庆祝中华人民共和国成立三十周年大会上的讲话中提出："我们要从中国的实际出发，认真研究经济规律和自然规律，努力走出一条适合我国情况和特点的实现现代化的道路。"① 党的十一届六中全会对我国社会主义建设正反两方面的经验教训作了系统总结，对适合我国国情的社会主义现代化建设道路的要点作了科学概括。邓小平在党的十二大开幕词中指出："和八大的时候比较，现在我们党对我国社会主义建设规律的认识深刻得多了，经验丰富得多了，贯彻执行我们的正确方针的自觉性和坚定性大大加强了。"② 正是在深入研究中国社会主义建设规律的基础上，邓小平提出了要走中国特色社会主义道路这一科学命题。

　　走中国特色社会主义道路，这是我们党从长期探索中得出的基本结论。改革开放 30 多年来，走中国特色社会主义道路的伟大实践，给我国带来了历史性的重大变化：我国人民冲破了长期禁锢的思想障碍和陈旧观念，思想前所未有的大解放，激发出空前的积极性、主动性、创造性；我们国家彻底改变了经济社会比较落后的状况，成为一个朝气蓬勃、欣欣向荣，初步走向繁荣、富裕、强大的国家，展现了崭新的形象，散发着无穷的魅力；我们党重新确立了马克思主义的思想路线、政治路线、组织路线，进一步实现了从领导革命的党到领导建设和改革的党的历史性转变，

---

①　叶剑英：《在庆祝中华人民共和国成立三十周年大会上的讲话》，《三中全会以来重要文献选编》上册，人民出版社 1982 年版，第 233 页。

②　邓小平：《中国共产党第十二次全国代表大会开幕词》，《邓小平文选》第 3 卷，人民出版社 1993 年版，第 2 页。

党的执政方式更加科学、民主，党的执政能力更加增强、提高，党的执政基础更加坚实、巩固，党的胸襟和眼光更加开阔、深邃，成为走在时代前列、保持和发展着自身先进性的党。

走中国特色社会主义道路，我国社会主义制度的优势得到进一步发挥，社会主义制度更加巩固。我们成功实现了从高度集中的计划经济体制到充满活力的社会主义市场经济体制、从封闭半封闭到全方位开放的伟大转折，极大地调动和激发了人民群众中蕴藏的创造活力，大大积聚和释放了全社会的发展能量。我们成功地进行了经济基础和上层建筑领域的深刻变革，建立起中国特色社会主义经济、政治、文化、社会以及各方面的制度体制，为社会主义的巩固和发展奠定了坚实的制度基础。我们经受住了20世纪80年代末90年代初国内严重政治风波以及国际上东欧剧变、苏联解体的严峻考验，战胜了来自政治、经济、社会领域和自然界的各种困难和挑战，展示出应对各种风险和挑战的强大力量。特别是2008年以来，我们成功战胜四川汶川特大地震、青海玉树地震、甘肃舟曲山洪泥石流等重大自然灾害，成功平息达赖集团和西方敌对势力制造的分裂破坏活动，成功举办北京奥运会、残奥会和上海世博会，圆满完成神舟七号载人航天飞行任务，沉着应对国际金融危机冲击，等等，显示了中国特色社会主义的强大实力和凝聚力。

中国特色社会主义道路，不但得到中国人民的高度认同，而且受到世界各国人民越来越广泛的关注。一些西方媒体认为，中国的发展道路提供了一种新的启示，正在颠覆西方的传统理论，探索中国成功的原因非常有意义。特别是近年来中国政府和中国人民的一系列惊人表现，让世人看到了中国特色社会主义的优越性，凸显了中国的制度优势。近年来，国际金融危机席卷全球，不断扩散蔓延，中国以其独有的竞争力、高效率和适应性吸引着世人目光。许多人从国际金融危机给世界带来的灾难中，看到了中国特色社会主义对世界的重要贡献，深入研究中国经验成为当今世界新的热点。

事实无可辩驳地证明，中国特色社会主义道路是完全正确的。胡锦涛在纪念党的十一届三中全会召开三十周年大会上的重要讲话中郑重指出：

"我们要始终坚持党的基本路线不动摇，做到思想上坚信不疑、行动上坚定不移，决不走封闭僵化的老路，也决不走改旗易帜的邪路，而是坚定不移地走中国特色社会主义道路。"①

二、坚持和发展中国特色社会主义道路

中国特色社会主义道路是适合中国国情的社会主义建设道路。当然，我们也要清醒地认识到，世界上没有放之四海而皆准的发展道路和发展模式，也没有一成不变的发展道路和发展模式。对中国特色社会主义道路的探索并没有终结，还要在总结实践经验的基础上不断深化。党的十七大不仅对中国特色社会主义道路作了全面概括，而且指出探索中国特色社会主义道路，还要研究新情况、解决新问题，在新的实践中继续探索，不断拓展中国特色社会主义道路。

坚持和发展中国特色社会主义道路，必须坚持解放思想、实事求是的思想路线。解放思想、实事求是、与时俱进是中国特色社会主义理论体系的精髓，是发展中国特色社会主义的一大法宝。从 1978 年改革开放至今，我们之所以取得了巨大的历史成就，始终坚持正确的思想路线是重要的前提。没有解放思想、实事求是、与时俱进，就没有改革开放的重大历史决策，农村改革、城市改革、国企改革，一切改革都无从谈起。没有解放思想、实事求是、与时俱进，也就没有社会主义现代化。改革开放以来，中国共产党在实践上的每一个重大发展、理论上的每一个重大突破、工作上的每一个重大进步，都是以解放思想、实事求是、与时俱进为先导，都伴随着思想的不断解放。可以说，坚持解放思想、实事求是、与时俱进是发展中国特色社会主义的思想保证。实践永无止境，解放思想也永无止境。我国改革正在向纵深发展，各种新情况、新问题不断出现，必须倍加珍惜、长期坚持和不断发展党历经艰辛开创的中国特色社会主义道路，坚持解放思想、实事求是、与时俱进，勇于变革、勇于创新，永不僵化、永不

---

① 胡锦涛：《在纪念党的十一届三中全会召开三十周年大会上的讲话》，《十七大以来重要文献选编》（上），中央文献出版社 2009 年版，第 798 页。

停滞，不惧任何风险，不被任何干扰所惑，使中国特色社会主义道路越走越宽广。

　　坚持和发展中国特色社会主义道路，必须充分认识我国社会主义初级阶段的基本国情，深刻认识社会主义事业的长期性、艰巨性和复杂性。列宁曾经把社会主义形象地比喻成一座未经勘探、人迹未至的高山，认为进行社会主义建设需要长期奋斗和艰辛探索。邓小平也指出，社会主义事业需要我们几代人、十几代人，甚至几十代人坚持不懈地努力奋斗。中国特色社会主义是在经济文化比较落后的基础上起步的，需要我们作长期艰苦的奋斗。改革开放以来我国取得了一系列历史性成就，国家的整体实力和人民群众的生活水平有了很大提高，但我国生产力水平总体上还不高，自主创新能力还不强，长期形成的结构性矛盾和粗放型增长方式尚未根本改变，影响发展的体制机制障碍依然存在，城乡贫困人口和低收入人口还有相当数量，农业基础薄弱、农村发展滞后的局面尚未改变，缩小城乡、区域发展差距和促进经济社会协调发展任务艰巨，社会建设和管理面临诸多新课题，等等。必须清醒地认识到，我国仍然是一个发展中国家，仍将肩负一系列世所罕见的艰巨任务，仍将面临一系列世所罕见的矛盾和问题，仍将面对一系列世所罕见的困难和风险。我们必须保持长期奋斗、顽强奋斗、不懈奋斗的精神状态，奋力推进中国特色社会主义伟大事业。

　　坚持和发展中国特色社会主义道路，必须坚定不移地坚持党的基本理论、基本路线、基本纲领、基本经验。党的基本理论是中国特色社会主义的根本指南，基本路线是中国特色社会主义的总纲，基本纲领是中国特色社会主义经济、政治、文化、社会等方面的基本目标和基本政策的集中体现，基本经验是中国特色社会主义理论与实践相结合的产物。这"四个基本"集中体现了我们党建设中国特色社会主义的指导思想、根本要求、政治基石和活力源泉，体现了建设中国特色社会主义的基本目标、基本政策和总体战略，必须始终坚持、绝不动摇。中国特色社会主义之所以能够乘风破浪，取得一个又一个胜利，就因为始终坚持了基本理论、基本路线、基本纲领、基本经验。实践证明，无论形势怎样变化，无论遇到什么困难和风险，这些基本的东西不能变。只有坚持"四个基本"，中国特色社会主义才能永不变色，不断健康发展，保持旺盛的生命力，成为民族复兴、国家富强、人民幸福的正确道路。

　　坚持和发展中国特色社会主义道路，必须坚定不移地坚持改革开放。改革开放是决定当代中国命运的关键抉择，是发展中国特色社会主义、实现中华民族伟大复兴的必由之路。中国特色社会主义之所以具有蓬勃的生命力，就在于它是实行改革开放的社会主义；我国的改革开放之所以能够顺利推进，就在于它是有利于发展中国特色社会主义的改革开放。改革开放作为一场新的伟大革命，不可能一蹴而就。最根本的是，改革开放符合党心民心、顺应时代潮流，方向和道路是完全正确的，成效和功绩不容否定，停顿和倒退没有出路。必须清醒认识和把握党和国家在改革开放关键阶段面临的机遇和挑战，特别是要深刻认识经济体制深刻变革、社会结构深刻变动、利益格局深刻调整、思想观念深刻变化带来的新矛盾新课题，把坚持改革开放同继续解放思想结合起来，进一步坚定改革的信心和决心，努力提高改革决策的科学性、增加改革措施的协调性，为中国特色社会主义提供强大动力和体制保证。

　　坚持和发展中国特色社会主义道路，必须坚定不移地推动科学发展、促进社会和谐。科学发展是中国特色社会主义的根本要求，社会和谐是中国特色社会主义的本质属性。科学发展和社会和谐是内在统一的，没有科学发展，就没有社会和谐；没有社会和谐，也难以实现科学发展。必须坚持把发展作为党执政兴国的第一要务，着力把握发展规律、创新发展理念、转变发展方式、破解发展难题，提高发展质量和效益，为发展中国特色社会主义打下坚实基础。必须坚持以人为本，始终把实现好、维护好、发展好最广泛人民的根本利益作为党和国家一切工作的出发点和落脚点，做到发展为了人民、发展依靠人民、发展成果由人民共享。必须坚持全面协调可持续发展，全面推进经济建设、政治建设、文化建设、社会建设以及生态文明建设。必须坚持统筹兼顾，正确认识和妥善处理中国特色社会主义事业中的重大关系，充分调动各方面积极性。必须按照民主法治、公平正义、诚信友爱、充满活力、安定有序、人与自然和谐相处的总要求，以及共同建设、共同享有的原则，形成和谐的社会环境。

　　坚持和发展中国特色社会主义道路，关键在于坚持中国共产党的领导。中国特色社会主义道路是中国共产党领导人民群众在实践中探索形成的成功之路，继续发展这条道路必须毫不动摇地坚持党的领导。要把推进中国特色社会主义伟大事业同推进党的建设新的伟大工程贯通起来，坚持以党的执政能力建设和先进性建设为主线全面推进党的建设，使党始终成为中国特色社会主义事业的坚强领导核心。在新的历史条件下，中国特色社会主义还将继续接受考验。中国共产党作为执政党，肩负着历史的重任，经受着时代的考验，必须始终走在时代前列，带领全国各族人民把中国特色社会主义伟大事业不断推向前进。

思考题：

1. 试析"走自己的道路，建设中国特色社会主义"这个命题。

2. 如何理解中国特色社会主义道路的科学内涵？

3. 为什么说改革开放的宝贵经验具有重要的政治分量和深刻的理论内涵？

4. 为什么必须坚持中国特色社会主义道路？

第九章 中国特色社会主义理论体系

中国特色社会主义理论体系，是包括邓小平理论、"三个代表"重要思想以及科学发展观等重大战略思想在内的科学理论体系。这个理论体系，是马克思主义基本原理与当代中国实际和时代特征相结合的产物。在当代中国，坚持中国特色社会主义理论体系，就是真正坚持马克思主义。

第一节 中国特色社会主义理论体系形成的基础

中国特色社会主义理论体系是在和平与发展成为时代主题的历史条件下，总结我国社会主义建设的历史经验和实践创新，吸取其他社会主义国家兴衰成败的历史经验，并借鉴其他国家发展经验教训的基础上，逐步形成和发展起来的。

一、中国特色社会主义理论体系的实践基础

马克思、恩格斯有句名言："一切划时代的体系的真正内容都是由于产生这些体系的那个时期的需要而形成起来的。"① 这就是说，任何科学理论体系都不是无源之水、无本之木，都是在实践基础上产生的，是时代的产物。中国特色社会主义理论体系也不例外。

社会主义从理论变为现实首先是在经济文化比较落后的国家实现的。苏联对社会主义建设道路进行了探索，曾经取得了巨大的成就并逐步形成了苏联模式。其他社会主义国家在没有先例的条件下都不同程度地照搬了苏联模式。在特定历史条件下形成的苏联模式有其必然性和合理性。但是，随着实践的发展，这种模式日益僵化，出现了严重的弊端。比如，在

---

① 马克思、恩格斯：《德意志意识形态》，《马克思恩格斯全集》第 3 卷，人民出版社 1960 年版，第 544 页。

经济上，统得过死、管得过严，缺乏活力、效率低下；在政治上，权力过于集中，缺乏民主、监督不力、官僚主义和特权严重，等等。再加上苏联领导人思想僵化，在思想认识上，把苏联模式当做唯一的社会主义模式搞大国沙文主义，从而给社会主义国家带来了消极影响。邓小平曾深刻指出："社会主义究竟是个什么样子，苏联搞了很多年，也并没有完全搞清楚。可能列宁的思路比较好，搞了个新经济政策，但是后来苏联的模式僵化了。"①

新中国成立后，中国共产党积极探索中国社会主义建设的道路。1956年毛泽东发表的《论十大关系》和党的八大文献，以及1957年毛泽东发表的《关于正确处理人民内部矛盾的问题》等著作，标志着中国共产党开始从我国实际出发，独立自主地探索适合我国国情的社会主义建设道路，提出了许多有重要指导意义的思想。比如，提出要把党和国家的工作重点转到技术革命和社会主义建设上来；提出不能剥夺农民，不能超越阶段，反对平均主义；提出发展商品生产，遵守价值规律和做好综合平衡，许多生产资料可以作为商品进行流通；提出计划指标必须切合实际，建设规模必须同国力相适应，人民生活和国家建设必须兼顾；提出注意发展手工业和农业多种经营，农业中要实行生产责任制；等等。应该说，这些探索和取得的成果，是一个有重大意义的良好开端。但是，由于种种原因，这些方针政策后来没有得到有效贯彻落实，而且在探索中走过一段弯路。邓小平在回顾这段历史时指出："坦率地说，我们过去照搬苏联搞社会主义的模式，带来很多问题。我们很早就发现了，但没有解决好。"② 不可否认的是，在这个时期，我国社会主义建设取得了很大成就。同时，发生的失误和曲折也给我国社会主义建设带来了重大损失。

以党的十一届三中全会为转折点，在邓小平领导下，中国共产党明确

① 邓小平：《改革是中国发展生产力的必由之路》，《邓小平文选》第3卷，人民出版社1993年版，第139页。

② 邓小平：《解放思想，独立思考》，《邓小平文选》第3卷，人民出版社1993年版，第261页。

提出在中国建设社会主义首先必须搞清楚什么是社会主义、怎样建设社会主义这个重大理论和实际问题。从那时以来，中国共产党坚持以马克思主义基本原理为指导，立足于中国国情，不断探索和完善建设社会主义的指导思想、基本原则、大政方针、政策举措，不断探索和发展社会主义经济建设、政治建设、文化建设、社会建设的有效途径和方法，不断取得新的理论成果和实践成果，创立了邓小平理论、"三个代表"重要思想以及科学发展观等重大战略思想，确立了党的基本路线、基本纲领、基本经验，使中国特色社会主义在实践中不断丰富和发展。

改革开放是在新的时代条件下党领导人民进行的新的伟大革命。这场新的革命，既是改变中国落后面貌，推进中国经济、政治、文化和社会事业快速发展的强大动力，又是中国特色社会主义理论体系形成和发展的实践基础。比如，对决定建立深圳等四个经济特区，对建立社会主义市场经济体制、探索公有制实现形式和实行股份制等到底是姓社还是姓资，一开始党内外就有不同的认识。党领导人民进行改革开放的创造性实践，有力回答了这些困惑，统一了人们的思想。中国特色社会主义理论体系也就在这个过程中逐步形成和发展起来。30 多年来，我国改革开放和现代化建设实践波澜壮阔，经济、政治、文化、社会等各领域改革和发展全面推进，中国特色社会主义理论体系随着改革开放和现代化建设实践的深化而不断丰富和发展，不断被赋予新的时代精神和实践内涵。可以说，改革开放和现代化建设实践的每一步发展都推动了党的理论创新。

人民群众的伟大创造是理论创新的不竭源泉。改革开放和现代化建设的许多成功探索和新鲜经验都来自基层，来自人民群众。坚持从人民群众的生动实践中总结经验、吸取智慧、寻找路子，是中国特色社会主义理论体系形成和发展的重要途径。邓小平指出，改革开放中许许多多的东西，都是由群众在实践中提出来的，是群众的智慧。我们的功劳是把这些新事物概括起来，加以提倡。比如，农村家庭联产承包责任制的出现，乡镇企业异军突起等都是人民群众在实践中的发明。江泽民说，好办法不是从天上掉下来的，也不是我们头脑里固有的，归根到底来自于人民群众实践。胡锦涛强调，尊重人民实践、从人民的伟大创造中吸取思想营养并上升为理论，是中国共产党进行理论创新的不竭源泉。中国特色社会主义理论体系正是中国共产党紧紧依靠人民，最广泛调动人民积极性、主动性、创造性，从人民群众中凝聚力量、吸取智慧而形成和发展起来的。

二、中国特色社会主义理论体系的理论渊源

中国特色社会主义理论体系是同马克思列宁主义、毛泽东思想一脉相承而又与时俱进的科学理论。这个理论体系既坚持了马克思列宁主义基本原理，又根据中国建设实际提出了一系列新思想新观点新论断，丰富和发展了马克思列宁主义，是科学社会主义基本原则同中国具体实际和时代特征相结合的重大成果。

1. 中国特色社会主义理论体系在坚持科学社会主义基本原则的基础上丰富和发展了马克思列宁主义

中国特色社会主义理论体系是运用科学社会主义解决中国实际问题而形成的重大理论成果，是科学社会主义原则在中国的具体体现、创造性发展和理论上的升华。这一理论体系，坚持以辩证唯物主义和历史唯物主义的世界观方法论为理论基石，坚持以实现共产主义为最高理想和价值追求，坚持以工人阶级政党为领导核心，坚持以解放和发展生产力为根本任务，坚持以始终代表最广大人民群众的根本利益为根本宗旨，坚持以实现共同富裕为最终目标，坚持以公有制和按劳分配为社会主义经济制度的基础，坚持以人民当家作主为社会主义民主政治的本质和特征，坚持以改革和完善社会主义制度和体制机制为根本动力，坚持马克思主义在意识形态领域的指导地位，等等。这些方面体现了科学社会主义的思想精髓和基本原则，是经过实践检验和历史考验的理论珍品。中国特色社会主义理论体系同马克思列宁主义是一脉相承的，这个"脉"就包括科学社会主义的基本原则。

中国特色社会主义理论体系不是从书本、概念和抽象的原则出发，而是从中国实际出发，解放思想、实事求是、与时俱进，创造性地提出一系列适应时代要求的新思想新观点新论断，从而实现了对科学社会主义的理论创新。比如，社会主义本质理论、社会主义初级阶段理论、社会主义改

革开放理论、社会主义市场经济理论、社会主义初级阶段基本经济制度理论、社会主义发展理论、社会主义社会和谐理论、社会主义政治文明建设理论、社会主义精神文明建设理论、社会主义和平发展理论、社会主义执政党建设理论，等等。这些创新，是中国共产党从当代中国实际和时代特征出发，在运用科学社会主义基本原理过程中实现的，是根据不断变化的实际富有勇气地推进科学社会主义的创新。中国特色社会主义理论体系是与时俱进的科学理论体系，这个"进"，就是通过这一系列新的思想观点赋予马克思主义以新的时代内涵，赋予社会主义以强大的生机和活力。

2. 中国特色社会主义理论体系是对毛泽东思想的继承和发展

任何科学理论的形成和发展，都是建立在对前人思想成果继承和发展的基础上的。中国特色社会主义理论体系的形成和发展，凝结了几代中国共产党人领导人民进行不懈探索的智慧和心血，与毛泽东思想有着深厚的理论渊源，是对毛泽东探索社会主义建设规律重要思想成果的继承和发展。

毛泽东领导中国共产党对社会主义建设道路的探索成果，对中国特色社会主义理论体系的形成和发展产生了深远影响。从实践方面来看，毛泽东领导中国人民建立了人民民主专政的新型国家政权，确立了人民代表大会制度、中国共产党领导的多党合作和政治协商制度、民族区域自治制度，实现了人民当家作主；逐步完成了对生产资料私有制的社会主义改造，建立了社会主义经济制度，为当代中国发展进步奠定了重要的经济基础；开展了大规模的社会主义经济建设，积累了社会主义建设的重要经验，为社会主义现代化建设奠定了重要的物质技术基础。从理论方面来看，毛泽东在领导党和人民艰辛探索社会主义建设过程中提出了一系列重要思想，如关于要善于建设一个新世界，关于要处理好社会主义建设的各种重大关系，关于正确认识和把握社会主义社会基本矛盾，关于严格区分两类不同性质的矛盾，正确处理人民内部矛盾，关于调动国内外一切积极因素，等等。这些都是中国特色社会主义理论体系的重要理论来源。

从内在理论逻辑联系上看，毛泽东思想和中国特色社会主义理论体系虽然形成于不同历史时期，面对着不同的实际情况和工作任务，但在基本方面上都是一致的，都坚持把马克思主义基本原理同中国具体实际相结合、推进马克思主义中国化，坚持实事求是的思想路线，坚持党的群众路线，坚持独立自主地走自己的路。这是它们在立场、观点和方法等基本方面的共同点。邓小平曾深刻阐明了党的十一届三中全会以来，中国特色社会主义事业与毛泽东思想的关系。他指出："从许多方面来说，现在我们还是把毛泽东同志已经提出、但是没有做的事情做起来，把他反对错了的改正过来，把他没有做好的事情做好。今后相当长的时期，还是做这件事。当然，我们也有发展，而且还要继续发展。"[①]

中国特色社会主义理论体系是对毛泽东领导党和人民艰辛探索社会主义建设规律的重要理论成果的继承和发展，是与毛泽东思想一脉相承而又与时俱进的科学理论体系。正如党的十七大指出的，我们要永远铭记，改革开放的伟大事业是在以毛泽东为核心的党的第一代中央领导集体创立毛泽东思想，带领全党全国各族人民建设新中国、取得社会主义革命和建设伟大成就以及艰辛探索社会主义建设规律取得宝贵经验的基础上进行的。

第二节　中国特色社会主义理论体系是一个科学理论体系

中国特色社会主义理论体系集中反映了中国共产党自改革开放以来奋力开创中国特色社会主义道路形成的理论成果。这个理论体系贯通哲学、政治经济学、科学社会主义等学科，涵盖经济、政治、文化、教育、科技、社会、生态、军事、外交、统一战线、党的建设等各个领域，是内涵丰富、思想深刻、系统完整同时不断发展的开放的科学理论体系。

---

① 邓小平：《对起草〈关于建国以来党的若干历史问题的决议〉的意见》，《邓小平文选》第 2 卷，人民出版社 1994 年版，第 300 页。

一、中国特色社会主义的主题和基本问题

邓小平理论、"三个代表"重要思想以及科学发展观等重大战略思想，都贯穿了建设和发展中国特色社会主义这个主题，因此由这三大理论成果构成的理论体系被定名为"中国特色社会主义理论体系"。中国特色社会主义理论体系的形成和发展，实现了马克思主义重大理论创新。

1. 中国特色社会主义的主题

一个思想理论的主题，是由这个理论所处的历史条件及其要解决的历史课题所决定的。科学社会主义的历史任务是实现无产阶级和全人类的解放。这是人类历史上最伟大最艰巨的事业，需要一代又一代人坚持不懈的努力奋斗。在这个漫长的历史过程中，社会主义在各个时期所面临的主题是不同的。

在19世纪中期，社会主义所面临的主题，是如何实现社会主义学说的历史性变革即从空想到科学的转变。在科学社会主义产生以后，尤其是在资本主义基本矛盾日益暴露和尖锐化的情况下，社会主义面临的主题，是如何通过无产阶级革命，推翻资产阶级的统治，建立社会主义制度。此后，世界社会主义运动出现了许多前所未有的新情况。一方面，尚未进行社会主义革命的西方发达资本主义国家如何走上社会主义道路；另一方面，已经建立社会主义制度的国家，如何从各国的实际出发建设、巩固和发展社会主义，都需要人们去研究和解决。而后一个问题，就成为已经夺取国家政权的共产党要解决的社会主义理论和实践的课题。这些已经建立社会主义制度的国家，大多是在资本主义没有得到充分发展的历史条件下进行革命而走上社会主义道路的，经济文化比较落后是客观现实。同时，这些国家还与当代资本主义处于同一时空下，面临着同资本主义的激烈竞争。在这样的条件下，怎样从各国实际出发建设、巩固和发展社会主义，成为一个亟须探索和解决的新的历史性课题。

中国共产党人就是在这样的历史条件下，对在中国这样一个人口众多的发展中大国，如何建设、巩固和发展社会主义这个重大历史课题，进行了不懈的探索。中国共产党人在反复总结实践经验的基础上认识到，中国的社会主义脱胎于半殖民地半封建社会，生产力水平远远落后于发达资本

主义国家，因此必须经历一个很长的初级阶段，去实现别的一些国家在经过长期资本主义发展条件下实现的工业化和现代化。中国建设社会主义的现实基础既不同于马克思主义创始人的设想，也不同于其他社会主义国家，照搬书本不行，照搬外国也不行，必须建设一个符合中国实际的中国特色社会主义。党的十一届三中全会以来，中国共产党人正是在这样的思路指引下，开辟了中国特色社会主义道路，创立了中国特色社会主义理论体系，回答和解决了在中国这样十几亿人口的发展中大国如何建设、巩固和发展社会主义这个历史性课题。因此，建设和发展中国特色社会主义，是当代中国共产党人全部理论和全部实践的主题。

2. 中国特色社会主义的基本问题

围绕建设和发展中国特色社会主义这个主题，中国共产党在思想理论上不断探索和回答了什么是马克思主义、怎样对待马克思主义，什么是社会主义、怎样建设社会主义，建设什么样的党、怎样建设党，实现什么样的发展、怎样发展这四个基本问题。

什么是马克思主义，怎样对待马克思主义？这是关系党的思想路线正确与否的重大问题。回顾党的历史可以看出，我们既有这方面的深刻认识，又有过沉痛的教训。在民主革命时期毛泽东就指出："马克思主义的'本本'是要学习的，但是必须同我国的实际情况相结合。我们需要'本本'，但是一定要纠正脱离实际情况的本本主义。"① 在社会主义建设时期他又深刻指出："马克思这些老祖宗的书，必须读，他们的基本原理必须遵守，这是第一。任何国家的共产党，任何国家的思想界，都要创造新的理论，写出新的著作，产生自己的理论家，来为当前的政治服务，单靠老祖宗是不行的。"② 后来，由于受"左"的思想影响，出现了一些失误，特别是"文化大革命"给党和国家事业造成了重大损失。在"文化大革

---

① 毛泽东：《反对本本主义》，《毛泽东选集》第 1 卷，人民出版社 1991 年版，第 111—112 页。

② 毛泽东：《读苏联〈政治经济学教科书〉的谈话（节选）》，《毛泽东文集》第 8 卷，人民出版社 1999 年版，第 109 页。

命"结束后，还曾提出过"两个凡是"的错误口号。

党的十一届三中全会重新确立了马克思主义的思想路线，大胆冲破"两个凡是"的束缚，拨乱反正，正本清源，科学对待和认识马克思主义。邓小平深刻地指出："马克思去世以后一百多年，究竟发生了什么变化，在变化的条件下，如何认识和发展马克思主义，没有搞清楚。绝不能要求马克思为解决他去世之后上百年、几百年所产生的问题提供现成答案。列宁同样也不能承担为他去世以后五十年、一百年所产生的问题提供现成答案的任务。真正的马克思列宁主义者必须根据现在的情况，认识、继承和发展马克思列宁主义。"① 因此，党中央反复强调：一要坚持"老祖宗不能丢"；二要坚持"讲新话"。马克思主义是立党立国的根本指导思想，在任何时候都必须毫不动摇地坚持；同时，又要根据当代中国实践和时代特征，不断推进马克思主义的发展，推进马克思主义中国化。这是在改革开放过程中必须始终不渝坚持的基本原则。邓小平理论、"三个代表"重要思想以及科学发展观等重大战略思想，就是马克思主义中国化的理论成果。

什么是社会主义，怎样建设社会主义？这是在我国建设、巩固和发展社会主义必须回答的首要的基本问题。邓小平指出："问题是什么是社会主义，如何建设社会主义。我们的经验教训有许多条，最重要的一条，就是要搞清楚这个问题。"② 我国社会主义在改革开放前所经历的曲折和失误，归根到底就在于对这个问题没有完全搞清楚。党的十一届三中全会以来，党在总结历史经验、开拓中国特色社会主义道路和形成中国特色社会主义理论体系的过程中，系统地回答了这个基本问题。邓小平理论深刻阐述了社会主义的本质、根本原则、根本任务以及发展阶段等，第一次比较系统地回答了这个基本问题。党的十三届四中全会后，江泽民强调，建设

① 邓小平：《结束过去，开辟未来》，《邓小平文选》第 3 卷，人民出版社 1993 年版，第 291 页。

② 邓小平：《政治上发展民主，经济上实行改革》，《邓小平文选》第 3 卷，人民出版社 1993 年版，第 116 页。

中国特色社会主义是"一篇大文章",邓小平理论为它确定了基本思想和基本原则,我们的任务就是要继续把这篇文章做好。"三个代表"重要思想联系中国共产党对于共产党执政规律、社会主义建设规律和人类社会发展规律的新认识,进一步回答了什么是社会主义、怎样建设社会主义这个基本问题。党的十六大以来,以胡锦涛为总书记的党的中央领导集体提出的科学发展观、社会主义和谐社会等重大战略思想,把对这个基本问题的认识提高到了一个新的水平。

建设什么样的党、怎样建设党?领导我们事业的核心力量是中国共产党。办好中国的事情,关键在党。在建设中国特色社会主义伟大事业过程中,要不断推进党的建设新的伟大工程。尤其是在世情国情党情发生前所未有变化的条件下,更要以改革创新精神全面推进党的建设,确保党始终成为中国特色社会主义事业的坚强领导核心。以邓小平为核心的党的第二代中央领导集体提出要回答执政党是什么样的党的问题,论述了加强和改善党的领导,坚持党要管党、从严治党等重要思想;以江泽民为核心的党的第三代中央领导集体提出要认清党的历史方位所发生的根本变化,推进党的建设新的伟大工程,提出了"三个代表"重要思想;以胡锦涛为总书记的党的中央领导集体提出,要以加强党的执政能力建设和先进性建设为主线,全面推进党的思想建设、组织建设、作风建设、制度建设和反腐倡廉建设等,继续回答了在执政的条件下建设什么样的党、怎样建设党这一基本问题。

实现什么样的发展、怎样发展?国家的繁荣富强,人民的共同富裕,要靠发展;社会主义制度巩固和完善,充分发挥优越性和吸引力,也要靠发展。尤其是在中国这样一个经济文化落后的发展中大国,能不能解决好发展问题,直接关系人心向背、事业兴衰。邓小平提出发展才是硬道理,形成了包含发展道路、发展目标、发展战略、发展中心、发展动力、发展条件等内容丰富的发展思想;江泽民强调发展是党执政兴国的第一要务,提出了要用发展的办法解决前进中的问题、正确处理现代化建设中的若干重大关系等重要思想,进一步丰富发展了邓小平关于发展的重要思想;胡锦涛强调,发展是解决中国一切问题的"总钥匙",发展应该是又好又快的科学发展，在当代中国坚持发展是硬道理的本质要求就是坚持科学发展，并提出了科学发展观等重大战略思想，使中国共产党对发展中国特色社会主义的认识提高到了一个新的水平。

总之，对这四个基本问题的认识程度和把握程度，决定中国特色社会主义理论体系的创新程度、丰富程度、深刻程度。中国共产党在建设和发展中国特色社会主义过程中，围绕这四个基本问题，解决了一系列重大课题，形成了一系列紧密联系、相互贯通的新思想新观点新论断，推进了中国特色社会主义的实践创新和理论创新。

二、中国特色社会主义的精髓

中国共产党人之所以能够回答在中国这样一个经济文化比较落后的发展中大国，如何建设、巩固和发展社会主义这个历史性课题，创立邓小平理论、"三个代表"重要思想以及科学发展观等重大战略思想，推进中国特色社会主义事业不断发展，归根到底，是因为始终坚持党的思想路线，解放思想、实事求是、与时俱进，弘扬求真务实精神。这是贯穿于中国特色社会主义理论体系全部内容的活的灵魂和精髓。坚持中国特色社会主义旗帜、道路和理论体系不动摇，最重要的就是要始终坚持解放思想、实事求是、与时俱进，大力弘扬求真务实精神。

实事求是。毛泽东指出："'实事'就是客观存在着的一切事物，'是'就是客观事物的内部联系，即规律性，'求'就是我们去研究。"[1]这是毛泽东用中国人民喜闻乐见的形式表达的辩证唯物主义认识路线。正如邓小平指出："毛泽东同志在延安为中央党校题词，就是'实事求是'四个大字，这是毛泽东哲学思想的精髓。"[2] 坚持实事求是，就是要在认识世界和改造世界的过程中，坚持一切从实际出发，理论联系实际，以实

---

① 毛泽东：《改造我们的学习》，《毛泽东选集》第 3 卷，人民出版社 1991 年版，第 801 页。

② 邓小平：《教育战线的拨乱反正问题》，《邓小平文选》第 2 卷，人民出版社 1994 年版，第 67 页。

践为检验真理的唯一标准，认识事物内部的规律性，丰富和发展科学的理论，并作为我们行动的向导。这是一条同主观主义包括教条主义和经验主义根本对立的辩证唯物主义的思想路线。在民主革命时期，中国共产党就是在实事求是原则的指导下，科学地分析国情，以此为根据分析了革命的对象、任务、动力、性质和前途，创立了新民主主义理论，赢得了革命的胜利。党的十一届三中全会后，我们党重新恢复和确立实事求是的思想路线。党的十二大把实事求是思想路线载入党章。可以说，离开了实事求是思想路线，就没有马克思主义中国化，就没有中国特色社会主义。

解放思想。就是要打破僵化思想束缚，根据时代和实践发展的新要求，使思想和实际相符合，使主观与客观相符合。党的十一届三中全会前后，邓小平针对当时党内思想状况，大力提倡解放思想。他强调，解放思想就是要破除一切不符合客观实际的传统观念和主观偏见，研究新情况，解决新问题。新时期以来，中国共产党在坚定贯彻实事求是思想路线过程中非常强调两点。一是解放思想与实事求是的统一。要做到实事求是，必须坚持解放思想。同时，解放思想也必须实事求是。二是解放思想必须一以贯之，这是党的思想路线的本质要求。解放思想是研究新情况、解决新问题、开拓新局面的重要前提，是发展中国特色社会主义的一大法宝。

与时俱进。就是党的全部理论和工作要体现时代性，把握规律性，富于创造性。能否始终做到这一点，决定着党和国家的前途命运。与时俱进是马克思主义最重要的理论品质，它要求我们用马克思主义的世界观方法论来观察和认识外部世界。新时期最突出的标志是与时俱进。正是在与时俱进地探索和回答中国特色社会主义建设中的重大理论和实践问题的过程中，中国共产党不断推进了马克思主义中国化，在开创中国特色社会主义事业新局面的同时，开辟了当代中国马克思主义发展的新境界。坚持解放思想、实事求是、与时俱进，就是要适应实践的发展，以实践来检验一切，自觉地把思想认识从那些不合时宜的观念、做法和体制的束缚中解放出来，从对马克思主义的错误的和教条式的理解中解放出来，从主观主义和形而上学的桎梏中解放出来，善于在解放思想中统一思想，用发展着的马克思主义指导新的实践。

　　坚持解放思想、实事求是、与时俱进，必须坚持求真务实。求真务实，是党的思想路线的核心内容，就是必须求我国社会主义初级阶段基本国情之真，务坚持长期艰苦奋斗之实；求社会主义建设规律和人类社会发展规律之真，务抓好发展这个党执政兴国的第一要务之实；求人民群众的历史地位之真，务发展最广大人民群众根本利益之实；求共产党执政规律之真，务全面加强和改进党的建设之实。求真务实，是党的思想路线转化成为改造客观世界和主观世界的巨大力量的关键环节。毛泽东在党的七大闭幕词中提出的愚公移山的精神，就是求真务实的精神。邓小平更是倡导在改革开放和现代化建设中各级领导要发扬实干的精神，只有这样社会主义现代化目标才可能实现。江泽民多次指出，实干兴邦、空谈误国，要真抓实干。进入新世纪新阶段，胡锦涛明确提出大力弘扬求真务实精神、大兴求真务实之风，一切从人民利益和实际出发，察实情，讲实话，办实事，求实效，既积极进取，又量力而行，既立足当前，又着眼长远，切实建立健全各种制度，为坚持求真务实提供体制保证。求真务实是马克思主义认识论的必然要求和本质体现，是在新世纪新阶段贯彻党的思想路线的必然要求，对于不断开创中国特色社会主义新局面有着重大的现实意义。

三、中国特色社会主义理论体系的基本内容

　　在中国特色社会主义理论体系形成和发展的过程中，党中央对这一理论的基本内容及其轮廓，作了多次概括。党的十三大从十二个方面描述了中国特色社会主义理论的轮廓，指出中国特色社会主义是扎根于当代中国的科学社会主义。党的十四大从九个方面阐述了中国特色社会主义理论的基本内容，指出这个理论第一次比较系统地初步回答了在中国这样经济文化比较落后的国家如何建设、巩固和发展社会主义的一系列基本问题，用新的思想、观点继承和发展了马克思主义。党的十五大概括了邓小平理论的十个基本观点，并将其作为党的指导思想写入党章。党的十六大总结了建设中国特色社会主义必须坚持的十条基本经验，并且把"三个代表"重要思想作为党的指导思想写入党章。党的十七大提出中国特色社会主义理论体系包括邓小平理论、"三个代表"重要思想以及科学发展观等重大

战略思想，并概括了改革开放"十个结合"的宝贵经验。新时期党的历次重要会议都对中国特色社会主义理论作了科学概括和总结，阐明了这一理论体系的丰富内涵和基本内容。

1. 关于时代主题问题。时代和时代主题是回答这个时代基本特点和发展方向的根本问题。执政党只有正确认识所处的时代和时代主题以及与此相联系的时代发展方向等问题，才能制定符合历史发展规律和人类社会前进方向的路线方针政策。20 世纪 80 年代中期，中国共产党根据世界形势的新变化，尤其是根据东西方之间出现缓和局面和南北方之间发展问题更加突出等新情况，作出了"和平和发展是当代世界的两大问题"① 这一科学判断。党的十三大把它正式表述为"和平与发展是当代世界的主题"，党的十四大在重申"当代世界主题"的同时使用了"时代主题"的提法，十五大以后党的文献一般都采用"和平与发展是当今时代主题"的论断。

和平与发展是当今时代主题的内涵是：和平与发展是当今世界的基本态势和主要特征，是世界人民的共同愿望和共同要求，是当今世界有待解决的两大课题，是需要共同努力才能实现的两大任务和两大目标。和平与发展是相辅相成的。世界和平是促进各国共同发展的前提条件，发展需要和平；各国的共同发展则是保持世界和平的重要基础，和平离不开发展。

当今世界正处在大发展大变革大调整时期，求和平、谋发展、促合作已经成为不可阻挡的时代潮流，必须在发展过程中统筹国际和国内两个大局，善于抓住机遇，敢于应对挑战，尽快发展自己，为中国特色社会主义的发展营造良好外部环境。时代主题理论是中国共产党提出中国特色社会主义理论体系和制定党的基本路线以及内政外交政策的基本依据。

2. 关于中国特色社会主义根本任务。指出社会主义根本任务是解放和发展社会生产力，不断提高人民的生活水平。这个根本任务不仅反映了社会主义初级阶段社会主要矛盾的要求，而且是由社会主义本质决定的。

---

① 邓小平：《和平和发展是当代世界的两大问题》，《邓小平文选》第 3 卷，人民出版社 1993 年版，第 104 页。

在相当长的历史时期，我们对"什么是社会主义"的问题"没有完全搞清楚"，从根本上说是对社会主义本质没有完全搞清楚。党的十一届三中全会以后，我们在深刻总结社会主义建设历史经验基础上，科学地概括了社会主义的本质，这就是解放生产力，发展生产力，消灭剥削，消除两极分化，最终达到共同富裕。

社会主义本质是社会主义社会的内在规定性，决定着社会主义社会的基本特征和发展方向，体现在社会主义制度的各个方面，贯穿于社会主义社会发展全过程。社会主义本质理论从生产力与生产关系相统一、社会主义发展过程和最终目标相统一的角度，强调了生产力发展对于社会主义的重要性，纠正了过去离开生产力抽象谈社会主义、离开生产力发展要求盲目追求变革生产关系的错误；强调社会主义不仅要保护和发展生产力，还要通过改革束缚生产力发展的经济体制和其他体制来解放生产力，探索能够促进生产力发展的公有制和按劳分配的实现形式；强调社会主义建设的根本目的是实现共同富裕，要解放生产力，发展生产力，消灭剥削，消除两极分化，做到发展为了人民、发展依靠人民、发展成果由人民共享。

人是生产力中最活跃的因素。建设社会主义必须不断促进人的全面发展和社会的全面进步。必须坚持以人为本，坚持人民在中国特色社会主义事业中的主体地位，发挥人民首创精神，实现好、维护好、发展好最广大人民的根本利益，充分调动广大人民群众的积极性、主动性和创造性，保障人民各项权益，不断推进人的全面发展，等等。这些思想，丰富和发展了社会主义本质理论，进一步深化了对中国特色社会主义根本任务的认识。

3. 关于中国特色社会主义发展阶段。指出认清我国基本国情和社会主义发展阶段是建设中国特色社会主义的首要问题，是制定和执行正确的路线和政策的立足点和出发点。党的十一届三中全会以后，我们党深刻总结社会主义建设的经验教训，对我国社会所处的发展阶段作出了科学分析，形成了社会主义初级阶段理论；同时指出社会主义初级阶段，是中国特色社会主义整个发展过程中的一个阶段，是建设中国特色社会主义长期发展过程中的初始阶段。

社会主义初级阶段有两层基本含义：第一，我国是社会主义社会，我们必须坚持而不能离开社会主义。这是对我国现存社会制度基本性质的总体概括和界定。第二，我国的社会主义还处在初级阶段即不发达阶段，我们必须从这个实际出发，而不能超越这个阶段。这是对当代中国基本国情的科学判断。这一理论强调，我国正处于并将长期处于社会主义初级阶段，人民日益增长的物质文化需要同落后的社会生产之间的矛盾是社会主要矛盾，人口多、底子薄、城乡区域发展不平衡、生产力不发达的状况是我国的最大实际。我国进入新世纪新阶段出现的一系列阶段性特征，是社会主义初级阶段基本国情在现阶段的具体体现。

社会主义初级阶段理论是中国共产党运用马克思主义关于社会主义发展阶段理论分析我国实际得出的科学结论，是党的基本理论、基本路线、基本纲领的根本立论依据，是中国特色社会主义理论体系的重要基石。正是根据这个科学判断，党的十一届三中全会以来，我们既克服了那些超越阶段的错误观念和政策，又抵制了那些否定社会主义基本制度的错误主张。

4. 关于中国特色社会主义发展动力。指出改革是社会主义社会发展的重要动力，是党和国家发展进步的活力源泉，是在新的历史条件下党带领人民进行的新的伟大革命。这是我们深刻认识社会主义基本矛盾得出的重要结论。我国社会主义社会基本矛盾是生产力与生产关系、经济基础与上层建筑的矛盾，这就要求及时地调整和完善不适应生产力发展的生产关系和上层建筑的某些方面和环节，不断地解放和发展生产力，同时不断地完善生产关系和社会主义制度，更加充分地体现社会主义制度优越性。

改革，是包括经济、政治、科技、教育、文化等体制改革在内的全面改革。经济体制改革必须坚持社会主义市场经济方向，在党的领导下有计划、分步骤地进行，既不断地解放和发展生产力，又完善和巩固社会主义制度。对于社会主义基本制度来讲，改革是社会主义的自我完善和发展。对于具体制度来讲，改革不是对现行体制、机制、政策在枝节上的修修补补，而是要从根本上变革束缚生产力发展的制度和体制和其他各方面体制，是一场新的革命。要把改革创新精神贯彻到治国理政各个环节，不断解放和发展社会生产力，推动我国社会主义制度的自我完善和发展，着力构建充满活力、富有效率、更加开放、有利于科学发展的体制机制。

改革开放是决定当代中国命运的关键抉择，是发展中国特色社会主义、实现中华民族伟大复兴的必由之路。只有改革开放才能发展中国、发展社会主义、发展马克思主义。改革开放理论从根本上回答了社会主义社会发展动力这个社会主义发展史上长期未能解决的重大理论问题。

5. 关于中国特色社会主义经济建设。强调建立和完善社会主义市场经济体制，发挥市场在资源配置中的基础性作用，既在深刻而广泛的变革中坚持社会主义基本制度，又创造性地在社会主义条件下发展市场经济，使经济活动遵循价值规律的要求，不断解放和发展社会生产力。把社会主义市场经济体制确立为我国经济体制改革的目标，解决了关系整个社会主义现代化建设全局的一个重大问题，是对马克思主义的历史性贡献。

社会主义市场经济中的"社会主义"，是画龙点睛之笔，表明我们的市场经济是与社会主义基本制度相结合的市场经济。发展社会主义市场经济，建立和完善社会主义市场经济体制，是社会主义发展史上前无古人的伟大创举，也是中国特色社会主义的重要特征。中国特色社会主义经济建设，就是在不断深化经济体制改革过程中，建立和完善社会主义市场经济体制。

6. 关于中国特色社会主义政治建设。指出人民民主是社会主义的生命，人民当家作主是社会主义民主政治的本质和核心。要把推动经济基础变革同推动上层建筑改革结合起来，不断推进政治体制改革，为改革开放和社会主义现代化建设提供制度保证和法制保障。

走中国特色社会主义政治发展道路，最重要的是坚持党的领导、人民当家作主、依法治国的有机统一，坚持和完善人民代表大会制度、中国共产党领导的多党合作和政治协商制度、民族区域自治制度以及基层群众自治制度，积极稳妥地推进政治体制改革，扩大社会主义民主，建设社会主义法治国家，发展社会主义政治文明。党的领导是人民当家作主和依法治国的根本保证，人民当家作主是社会主义民主政治的本质和核心，依法治国是党领导人民治理国家的基本方略。"三者统一"体现了建设中国特色社会主义民主政治的本质要求。

推进中国特色社会主义政治建设，就是在不断深化政治体制改革过程中，扩大人民民主，保障公民有序的政治参与，全面落实依法治国方略，加快行政体制改革；完善权力制约和监督机制，实现社会安定、政府廉洁高效、全国各族人民团结和睦同时又生动活泼的政治局面。

7. 关于中国特色社会主义文化建设。强调要坚持社会主义先进文化前进方向，建设社会主义精神文明，建设以社会主义核心价值体系为根本的和谐文化，发展面向现代化、面向世界、面向未来的，民族的科学的大众的社会主义文化。

中国特色社会主义文化建设，就是要以马克思主义为指导，以培育有理想、有道德、有文化、有纪律的公民为目标，不断满足人民群众日益增长的精神文化需求，丰富人民群众的精神世界和文化生活，提高全民族的思想道德和科学文化素质。中国特色社会主义文化是维系国家统一、民族团结的精神纽带，是激励全国各族人民实现中华民族伟大复兴的精神动力，是引导社会进步的思想保证，是综合国力的重要标志，也是中国特色社会主义的重要特征。

建设中国特色社会主义文化，最重要的是要大力建设社会主义核心价值体系。社会主义核心价值体系是建设和谐文化的根本，是社会主义意识形态的本质体现，反映着中国特色社会主义的理论基础、目标追求、精神境界和道德要求，在建设和发展中国特色社会主义过程中起着统一思想、凝聚力量、鼓舞斗志和引领风尚的作用。要坚持百花齐放、百家争鸣的方针，坚持贴近实际、贴近生活、贴近群众，积极推进文化创新；深化文化体制改革，大力发展文化事业和文化产业，弘扬中华文化，提高国家文化软实力，保障人民的文化权益，提高全民族文明素质，推动社会主义文化大发展大繁荣，使社会文化生活更加丰富多彩，人民精神风貌更加昂扬向上。

8. 关于中国特色社会主义社会建设。指出社会和谐是中国特色社会主义的本质属性，是国家富强、民族振兴、人民幸福的重要保证。社会主义和谐社会是经济建设、政治建设、文化建设、社会建设协调发展的社会，是人与人、人与社会、人与自然整体和谐的社会。要按照民主法治、公平正义、诚信友爱、充满活力、安定有序、人与自然和谐相处的总要求，努力实现全体人民共同建设、共同享有的和谐社会的目标。加快推进以改善民生为重点的社会建设，解决人民群众最关心最直接最现实的利益问题，优先发展教育，实施扩大就业的发展战略，深化收入分配制度改革，完善社会保障体系，建立基本医疗卫生体系，促进社会公平正义。深化体制改革，扩大公共服务，完善社会管理，妥善处理人民内部矛盾，统筹协调各方面利益关系，最大限度激发社会活力，最大限度增加和谐因素，最大限度减少不和谐因素，努力形成全体人民各尽其能、各得其所而又和谐相处的局面。社会主义和谐社会理论的提出，适应了新世纪新阶段我国经济社会发展的要求，完善了中国特色社会主义事业的总体布局，是对中国特色社会主义认识的深化和拓展。

构建社会主义和谐社会，必须建设生态文明。党的十七大首次提出"建设生态文明"，并把它作为重要战略，提出要形成节约能源资源和保护生态环境的产业结构、增长方式、消费模式。生态文明建设也是中国特色社会主义事业总体布局的重要内容，要把生态文明建设摆在更加重要的地位。

9. 关于中国特色社会主义民族和宗教问题。指出要正确认识和处理我国民族和宗教这两大重要问题，为社会主义现代化建设大局和祖国统一的目标服务。

在民族问题上，强调各民族共同团结奋斗、共同繁荣是新世纪新阶段民族工作的主题。平等、互助、团结、和谐是我国社会主义民族关系的本质。民族区域自治是符合我国国情的一项基本政治制度，必须长期坚持并在实践中不断完善。各民族不分人口多少、历史长短、发展程度高低，在政治经济文化等方面一律平等；汉族离不开少数民族，少数民族离不开汉族，各少数民族之间也相互离不开；各族人民要自觉维护民族团结，反对民族分裂，维护祖国统一。加快少数民族和民族地区经济社会发展，大力培养选拔少数民族干部和民族地区各级各类人才。

在宗教问题上，强调要积极引导宗教与社会主义社会相适应。解决宗教问题的基本方针，是使全体信教和不信教的群众团结起来，为建设现代化强国和祖国统一而共同努力。社会主义时期的宗教和宗教问题具有长期性、群众性和复杂性等特点。在我国的公民既有信仰宗教自由的权利，又有遵守国家的法律法规的义务。国家对于宗教事务实行依法管理。我国宗教团体和宗教事务实行独立自主自办宗教的原则，不受外国势力的支配。要发挥爱国宗教团体作用，培养爱国爱教的教职人员队伍。

10. 关于中国特色社会主义国防和军队建设。指出国防和军队建设是发展中国特色社会主义的战略任务，是顺利推进我国社会主义现代化建设的基本保障。要站在国家安全和发展战略全局的高度，统筹经济建设和国防建设，在国家经济实力不断增强的基础上，逐步增加国防投入，不断提高国防和军队现代化水平，在全面建设小康社会进程中实现富国和强军的统一。

加强国防和军队建设，必须坚持党对军队的绝对领导，坚持人民军队的根本宗旨，全面履行新世纪新阶段军队的历史使命，全面加强军队革命化、现代化、正规化建设，加快中国特色军事变革，做好军事斗争准备，提高军队应对多种安全威胁、完成多样化军事任务的能力，坚决维护主权、安全、领土完整，为维护世界和平贡献力量。

11. 关于"一国两制"与争取祖国和平统一。指出按照"一个国家，两种制度"的构想，实现祖国和平统一。要坚定不移地贯彻"一国两制"、"港人治港"、"澳人治澳"、高度自治的方针，严格按照特别行政区基本法办事，促进香港、澳门长期繁荣稳定。

"和平统一、一国两制"，就是在祖国统一的前提下，国家的主体坚持社会主义制度，同时在台湾、香港、澳门保持原有的资本主义制度和生活方式长期不变。"一国两制"是完整的概念，"一国"是"两制"的前提，没有"一国"就没有"两制"。两制并存，就是在一个中国的前提下，大陆的社会主义制度和台湾、香港、澳门的资本主义制度实行长期共存，共同发展。要遵循"和平统一、一国两制"的方针和现阶段发展两岸关系、推进祖国和平统一进程的八项主张，坚持新形势下发展两岸关系的四点意见，牢牢把握两岸关系和平发展的主题，真诚为两岸同胞谋福祉、为台海地区谋和平，维护国家主权和领土完整，最终解决台湾问题，实现祖国完全统一。

完成祖国统一大业，是中华民族的根本利益所在，是包括台湾同胞、港澳同胞和海外侨胞在内的中华儿女的共同愿望，也是建设中国特色社会主义的重要条件和重要任务。

12. 关于中国特色社会主义外交与国际战略。强调要始终高举和平、发展、合作旗帜，奉行独立自主的和平外交政策，维护国家主权、安全、发展利益，维护世界和平、促进共同发展。中国对外政策的基本原则主要包括：一是坚持奉行独立自主的和平外交政策，把中国的国家主权和利益放在首位，坚持中国的事情按照中国的情况来办、依靠中国人民自己的力量来办，坚决反对外部势力干涉中国内部事务。对于一切国际事务，都要从中国人民的根本利益和各国人民的共同利益出发，根据事情本身的是非曲直确定我们的立场和政策，按照冷静观察、沉着应对的方针和相互尊重、求同存异的精神处理，不屈从于任何外来压力。二是坚持和平共处五项原则，即互相尊重主权和领土完整、互不侵犯、互不干涉内政、平等互利、和平共处五项原则。三是坚持走和平发展道路，就是要以和平的方式实现自身的发展，同时又以自身的发展促进世界和平和共同发展。中国尊重各国人民自主选择发展道路的权利，不干涉别国内部事务，不把自己的意志强加于人，致力于和平解决国际争端，奉行防御性国防政策，永远不称霸，永远不搞扩张。四是实施互利共赢的开放战略，就是要使中国的对外经贸活动既符合中国利益，又符合合作对象的利益，实现互利互惠、合作共赢。五是推动建设持久和平、共同繁荣的和谐世界，主张各个国家政治上相互尊重、平等协商，共同推进国际关系民主化；经济上相互合作、优势互补，共同推动经济全球化朝着均衡、普惠、共赢方向发展；文化上相互借鉴、求同存异，尊重世界多样性，共同促进人类文明繁荣进步；安全上相互信任、加强合作，坚持用和平方式而不是战争手段解决国际争端，共同维护世界和平稳定；环保上相互帮助、协力推进，共同呵护人类赖以生存的地球家园。

13. 关于中国特色社会主义的依靠力量。指出人民群众是历史的创造者，是建设中国特色社会主义的主体力量。包括知识分子在内的工人阶级和广大农民是推动我国生产力发展和社会全面进步的根本力量，在社会变革中出现的新的社会阶层是中国特色社会主义事业建设者。要尊重劳动、尊重知识、尊重人才、尊重创造，最广泛最充分地调动一切积极因素，不断地为中华民族伟大复兴增添新的力量。

工人、农民和知识分子是中国特色社会主义的基本依靠力量。改革开放以来，我国工人阶级数量迅速增加，科技文化素质不断提高。农民阶级队伍在改革发展中内部出现了深刻变化，整体素质有很大提高，其中一部分已经成为工人阶级的组成部分。知识分子已经成为工人阶级的一部分，数量增多，素质提高。在社会变革中出现的新的社会阶层，在党的路线方针政策指引下，通过诚实劳动和合法经营，为发展经济社会事业作出了重要贡献。他们与工人、农民、知识分子、干部和解放军指战员团结在一起，都是中国特色社会主义事业的建设者。

在建设中国特色社会主义的过程中，由中国共产党领导的统一战线是须臾不可离开的制胜法宝。新世纪新阶段在爱国主义和社会主义的旗帜下，最大限度地调动一切积极因素，促进政党关系、民族关系、宗教关系、阶层关系、海内外同胞关系的和谐，实现最广泛的团结，为推进中国特色社会主义的伟大事业服务。

14. 关于中国特色社会主义事业领导核心。指出办好中国的事情，关键在党。在中国，要团结凝聚十几亿人民集中力量把经济搞上去，关键在党；要深化改革开放，进行经济体制改革，关键在党；要保持社会政治稳定，实现国家长治久安，关键在党。强调党的先进性和党的执政地位都不是一劳永逸、一成不变的，过去先进不等于现在先进，现在先进不等于永远先进，过去拥有不等于现在拥有，现在拥有不等于永远拥有。强调世情、国情、党情的深刻变化对党的建设提出了新的要求，党面临的执政考验、改革开放考验、市场经济考验、外部环境考验是长期的、复杂的、严峻的，管党治党的任务比过去任何时候都更为繁重。

中国特色社会主义伟大事业和推进党的建设新的伟大工程是相互贯通、相互促进的。必须坚持以党的执政能力建设和先进性建设为主线，坚持党要管党、从严治党，贯彻为民、务实、清廉的要求，以坚定理想信念为重点加强思想建设，以造就高素质党员、干部队伍为重点加强组织建设，以保持党同人民群众的血肉联系为重点加强作风建设，以健全民主集中制为重点加强制度建设，以完善惩治和预防腐败体系为重点加强反腐倡廉建设，提高党的建设科学化水平，把党建设成为立党为公、执政为民，求真务实、改革创新，艰苦奋斗、清正廉洁，富有活力、团结和谐的马克思主义执政党。

第三节　中国特色社会主义理论体系的历史地位

中国特色社会主义理论体系，凝结了几代中国共产党人带领人民不懈探索实践的智慧和心血，坚持和发展了马克思列宁主义、毛泽东思想，是马克思主义中国化的最新成果，是全面建设小康社会的根本指针，是实现中华民族伟大复兴的精神支柱。

一、中国特色社会主义理论体系是马克思主义中国化最新成果

马克思主义是人们认识世界和改造世界的科学世界观和方法论。马克思主义的理论品质决定了其基本原理的运用，"随时随地都要以当时的历史条件为转移"。只有把马克思主义同各国实际和时代特征相结合，才能充分显示出它的真理力量和强大生命力。

马克思主义同中国实际相结合有两次历史性飞跃，产生了两大理论成果。第一次飞跃发生在新民主主义革命时期，形成了被实践证明了的关于中国革命和建设的正确理论原则和经验总结，这就是毛泽东思想。第二次飞跃发生在党的十一届三中全会以后，形成了被实践证明了的关于中国建设、巩固和发展社会主义的正确理论原则和经验总结，这就是中国特色社会主义理论体系。毛泽东思想和中国特色社会主义理论体系是马克思主义中国化的两大理论成果。

马克思主义中国化，就是把马克思主义基本原理同中国实际和时代特征结合起来，运用马克思主义立场、观点、方法研究和解决中国革命、建设、改革中的实际问题；就是运用中国人民喜闻乐见的民族语言来阐述马克思主义理论，揭示中国革命、建设、改革的规律，使之成为具有中国特色、中国风格、中国气派的马克思主义。

以毛泽东为主要代表的中国共产党人，从中国的历史状况和社会现实出发，运用马克思主义的立场观点方法，深刻研究中国革命的特点和规律，正确地回答了在中国这样落后的东方大国怎样进行新民主主义革命、怎样将新民主主义转变到社会主义等重大问题，创立了毛泽东思想。社会主义制度建立以后，毛泽东面对我国是经济文化落后的东方大国的实际，在思考如何走出一条适合中国情况的社会主义建设道路的基础上，提出了要进行马克思主义同中国实际的"第二次结合"这个重大命题，并在探索过程中形成了许多科学认识和宝贵思想成果。但是，由于后来党在指导思想上犯了"左"的错误，这些正确思想没有能够都得到贯彻落实，甚至发生了像"文化大革命"那样长时间全局性的错误，使我国社会主义事业遭遇严重挫折。

以党的十一届三中全会为历史转折点，以邓小平、江泽民、胡锦涛为主要代表的中国共产党人，继续推进马克思主义同中国实际的"第二次结合"。紧紧抓住在经济文化比较落后的中国如何建设、巩固和发展社会主义这个历史性课题，围绕回答什么是马克思主义、怎样对待马克思主义，什么是社会主义、怎样建设社会主义，建设什么样的党、怎样建设党，实现什么样的发展、怎样发展这四个基本问题，提出了一系列新思想新观点新论断，形成了邓小平理论、"三个代表"重要思想以及科学发展观等重大战略思想。党的十七大把新时期以来中国共产党在实现"第二次结合"过程中相继形成的这三大理论成果作为有机统一的整体，整合为"中国特色社会主义理论体系"。正是在这样的意义上，我们说中国特色社会主义理论体系是改革开放历史新时期，中国共产党继续推进马克思主义中国化的伟大历史性创造，是马克思主义中国化的最新成果。

二、中国特色社会主义理论体系是全面建设小康社会的根本指针

科学理论的地位和作用，归根到底是由实践决定的。30 多年来，在中国特色社会主义理论体系的指导下，我国"三步走"发展的战略目标已经完成了前两步，正在朝着第三步目标奋力前进。我国经济实力、综合国力不断增强，政治建设、文化建设、社会建设以及生态文明建设和党的建设也取得显著成就。中国的发展，不仅使中国人民稳定地走上了富裕安康的广阔道路，而且为世界的发展和人类的文明进步作出了重大贡献。事实证明，中国特色社会主义理论体系，是指引中国人民实现全面建设小康社会、胜利推进社会主义现代化的正确理论。

中国共产党人所坚持的目标是长远目标和现阶段目标的统一。长远目标是建设和发展中国特色社会主义，为实现共产主义奠定坚实基础；现阶段目标是到 2020 年实现全面建设小康社会奋斗目标的宏伟任务，进而到 21 世纪中叶把我国建设成为一个富强民主文明和谐的社会主义现代化国家，实现中华民族的伟大复兴。中国共产党提出建设和发展中国特色社会主义这个主题的立论基础是社会主义初级阶段，现实目标就是全面建设小康社会。中国特色社会主义理论体系既是在全面建设小康社会实践中形成和发展起来的，又是全党全国人民为全面建设小康社会而努力奋斗的行动指南。

21 世纪头 20 年，对我国来说，是一个必须紧紧抓住并且可以大有作为的重要战略机遇期。党的十六大提出了到 2020 年实现全面建设小康社会的奋斗目标。党的十七大对全面建设小康社会提出了新的要求。新世纪新阶段，我们既面临着重要的发展机遇，又面临着诸多矛盾和问题。机遇前所未有，挑战也前所未有，机遇大于挑战。我们既要全方位地对外开放，又要承受并化解西方国家在经济技术上长期占优势的压力；既要使经济持续较快增长，又要加快社会建设步伐；既要推动产业升级和技术进步，又要扩大就业；既要保持东部地区发展的势头，又要促使东中西部协调发展；既要推进城镇化，又要加大反哺农村的力度；既要重视公正、缩小差距，又要保持活力、提高效率；既要扩大吸引外资，又要优化引资结

构；既要以市场换技术，又要增强科技自主创新；既要深化各项改革，又要保持社会稳定；既要推进市场竞争，又要关心困难群众的生产生活问题；等等。

开创全面建设小康社会的新局面，离不开中国特色社会主义理论体系的指导。只有在这一理论体系的指导下，才能科学分析我国全面参与经济全球化的新机遇新挑战，全面认识工业化、信息化、城镇化、市场化、国际化深入发展的新形势新任务，深刻把握我国发展面临的新课题新矛盾，以新的思路、新的办法推进现代化建设，更加自觉地走科学发展之路。

三、中国特色社会主义理论体系是实现中华民族伟大复兴的精神支柱

近代以来，中华民族面临两大历史任务：一是求得民族独立和人民解放；二是实现国家繁荣富强和人民共同富裕。为了摆脱外敌凌辱和封建制度压迫，为了摆脱贫穷和落后，为了实现中华民族复兴并自立于世界民族之林的梦想，无数志士仁人奋起抗争。从太平天国起义到抗击列强的义和团运动，从戊戌变法到辛亥革命，救亡图存的斗争此起彼伏。但是，这些斗争都失败了。究其根本原因是没有科学理论的指导，没有用科学理论武装起来的先进政党的领导。经过反复比较和激烈斗争，直到选择了马克思主义，中国革命的面貌才为之一新，为民族独立和人民解放所进行的艰苦卓绝的探索才出现峰回路转、柳暗花明的局面。

在马克思主义中国化第一个理论成果毛泽东思想的指导下，中国共产党领导中国人民推翻了"三座大山"，建立了新中国，确立了社会主义制度，建立了独立的比较完整的国民经济体系，为中华民族的伟大复兴奠定了坚实基础。

在中国共产党领导中国人民进行改革开放和社会主义现代化建设实践过程中形成的中国特色社会主义理论体系，是马克思主义中国化最新成果，是指导我们继续推进党和国家事业发展的锐利思想武器，是我们应对各种困难、风险和挑战的强大精神支柱。

中国特色社会主义理论体系把社会主义发展与民族复兴的历史任务紧

密联系在一起，把实现社会主义现代化与人民共同富裕紧密联系在一起，把国家的兴盛和个人的幸福紧密联系在一起，是引领、激励全国各族人民的强大精神纽带。在这一理论体系指引下，当代中国共产党人和中国人民以一往无前的进取精神和波澜壮阔的创新实践，谱写了中华民族自强不息、顽强奋进的新的壮丽史诗。

改革开放以来，我国以世界上少有的速度持续快速健康发展，社会主义和马克思主义在中国大地上焕发出勃勃生机，给人民带来更多福祉，使中华民族大踏步赶上时代前进潮流、迎来伟大复兴的光明前景。我们之所以能够经受住 20 世纪 80 年代末 90 年代初国内严重政治风波以及国际上东欧剧变、苏联解体的严峻考验，之所以能够从容应对关系我国主权和安全的国际突发事件，战胜来自政治、经济、社会领域和自然界的各种困难和挑战，赢得世界的赞誉和尊重，其中一个极其重要的原因，就是有中国特色社会主义理论体系给予的信念力量和指导作用。

事实有力证明，中国特色社会主义理论体系是能够把全国各族人民紧密团结在一起的共同思想基础，是中国人民战胜一切风险和挑战的主心骨，是实现中华民族伟大复兴的精神支柱。在未来前进的道路上，无论遇到什么样的艰难险阻，都要始终坚持中国特色社会主义理论体系不动摇。

思考题：

1. 试析中国特色社会主义理论体系的理论渊源。
2. 中国特色社会主义的主题和基本问题是什么？
3. 如何理解中国特色社会主义理论体系的科学内涵？
4. 为什么说中国特色社会主义理论体系是马克思主义中国化的最新成果？

第十章　社会历史发展的总趋势

160多年前，马克思、恩格斯在《共产党宣言》中指出：资本主义必然灭亡，共产主义必然胜利。社会主义在20世纪头几十年经历了高歌猛进的发展，但却在八九十年代遭遇了东欧剧变、苏联解体那样的重大挫折。人们会问，这一切的原因是什么？人类社会历史到底朝着什么方向发展？这些疑问、困惑和忧虑，要求科学社会主义从理论和实践的结合上，作出正确的回答。

第一节　当代资本主义的新变化

当代资本主义，主要指第二次世界大战以后的资本主义，是以当今世界一些发达资本主义国家为代表的资本主义。第二次世界大战以后，世界经历了冷战和冷战格局解体等一系列重大历史性变动，以西方发达资本主义国家为代表的资本主义也出现了许多新变化。这些变化深刻地影响了资本主义发展的历史进程，也深刻地影响了社会主义发展的历史进程。

一、当代资本主义的自我调节及其新变化

资本主义的发展，从1640年英国的资产阶级革命算起，至今已有370多年的历史。在这个过程中，资本主义经历了几个发展阶段，几次快速发展和几次停滞，但却从来没有像20世纪所经历的那样跌宕起伏、风云变幻。

20世纪上半叶，由于社会化生产和资本主义私人占有这一资本主义基本矛盾的激化，资本主义国家危机不断，爆发了两次世界大战。特别是1929—1933年的世界资本主义经济危机，几乎造成资本主义的全面崩溃。但是，第二次世界大战后资本主义却在20世纪50—70年代经历了一个经济较快发展的"黄金时期"。在20世纪90年代初以后的近十年中，美国

借助于高新科技，推进了其高增长率、低通胀率和低失业率的"新经济"。

为什么当代资本主义会获得这些新的变化呢？从根本上说，并不是因为资本主义的本质已经改变，而是因为资本主义制度在私有制所允许的范围内，在生产力、生产关系和上层建筑各个领域内，对其具体制度进行了一系列的自我调节、改良和改善，对资本主义经济社会的运行管理机制做了不少的调整，促使当代资本主义出现了种种新的变化。其中，在相当程度上有一个推动着其他变化、具有决定作用的新变化，就是资本主义国家对经济生活的干预和调节。

发达资本主义国家对经济生活的大规模干预和调节，始于1929—1933年的经济危机。此前，在西方经济思想史中居于主导地位的自由放任主义认为，由于有市场机制这双"看不见的手"的"完善调节"，供给会自动创造需求，资本主义社会既不会产生普遍的生产过剩危机，也不会出现失业，会实现均衡发展。然而，1929—1933年爆发的世界资本主义经济危机却打破了这个神话：那场首先爆发在美国，以金融危机为先导、工农财贸相互交织的剧烈危机，使美国的工业生产下降46.3%，企业倒闭13万家以上，经济倒退到1905—1906年的水平；使美国名义上的国民生产总值（GNP）减少了44%，实际GNP减少40%；使美国的失业率由1929年的3.2%上升到1933年的25%，失业工人达1300万；美国农业生产者的货币收入减少58%，美国的国民收入由850亿美元下降到370亿美元。随后，危机迅速波及其他主要资本主义国家，使资本主义世界的工业生产下降了40%，失业工人达3000万，加上半失业者达4500万，世界贸易缩减了2/3，整个资本主义工业生产倒退到1908—1909年的水平，其中英国倒退到1897年的水平。面对山穷水尽的境地，英国经济学家凯恩斯提出要加强国家对经济生活干预的系统理论。美国新当选总统罗斯福则在实际中开始了国家对经济生活的干预和调节，展开了以"救济、复兴、改革"为基调的所谓"新政"。这一整套改善和拯救资本主义的思想理论和政策措施，对第二次世界大战后西方国家的宏观经济政策产生了深远影响，直到20世纪70年代后期西方经济出现"滞胀"危机，才逐渐改变。

促使资本主义进行一系列自我调节、改良和改善的具体原因主要有：一是发展着的社会化大生产对于狭隘的资本主义私有制日益增长的压力，迫使资产阶级不得不在资本主义生产关系可能的限度内，越来越把生产力当做社会生产力来看待。资本主义社会中此前已有的股份制、托拉斯、国有化等也是在这种背景下发展起来的。二是随着工人运动的发展，迫使资产阶级为保持自己的政权而作出一些让步，用社会改良来阻挡社会革命，以局部修缮资本主义制度来防止工人阶级用革命手段去推翻资产阶级政权。三是随着社会主义国家作为资本主义国家的对立面出现，并显示出巨大的优越性，迫使他们借鉴社会主义的一些做法，对资本主义的某些具体环节和运行管理机制进行一系列的自我调节、改良和改善。

发达资本主义国家对于经济生活的干预和调节，涉及生产、分配、交换和消费等许多方面，遍布生产力、生产关系和上层建筑等众多领域。

第一，在社会生产力领域，国家干预促进新科技革命的形成和发展。这种促进作用主要表现在：一是国家成为科研经费的主要提供者，对私人企业的科技研究和发展实行税收优惠，对新投资实行税收优惠；二是国家直接出面支持庞大的科研项目，如第二次世界大战期间美国科研与发展局直接主持制造原子弹的"曼哈顿计划"，第二次世界大战后转为民用核工业，又如20世纪60年代美国宇航局支持的"阿波罗登月计划"、80年代里根政府宣布实行的"星球大战计划"；三是根据经济战略目标，制定相应的科技政策，并投资建立新的生产部门、改造旧的生产部门；四是加强科技人才的培养。

第二，在生产资料所有制方面，国家通过实行所有权与经营管理权相分离，通过税收补贴政策以推行雇员持股计划等措施，逐步调整私有制的实现形式，推动资本主义企业由仅仅以股东为中心到兼顾利害相关者（经营管理者、雇员、债权人、供应商等）的转移。雇员持股计划，使人们在经济制度中具有个人的利害关系时，就好像变成了自己是其组成部分的社会、政治、财务、文化等方面的管家。而实际上，西方国家企业股权的这种日益分散化，并没有影响作为大股东的垄断资产阶级对它们的有效控股。

第三，在企业的组织机构和治理结构方面，为适应资本主义经济由大规模生产制向灵活生产制①、由福特主义②向后福特主义③的转变，发达资本主义国家的企业大多实行了多层次、多形式的雇员参与管理和决策制度，并实行了吸收工人参与安全、养老金、利润分享、假日和工作时间等问题决策的工厂委员会制度。

第四，在产品的分配和再分配方面，发达资本主义国家在从国内、海外获得高额利润的基础上，在产品分配方面，实行高工资、高消费政策；而在产品的再分配方面，实行名目繁多、其支出超过经济增长速度的社会保障制度和社会福利制度，其规模和费用一般占政府开支的 1/3 到 1/2，占国民生产总值的 1/5。

第五，在经济社会的运行机制上，发达资本主义国家纷纷把推行经济计划作为国家对经济进行宏观综合调节的一种手段，以减轻生产无政府状态所导致的严重后果。

第六，在国际经济关系方面，发达资本主义国家利用不合理的国际分工体系，凭借其在世界市场、贸易、金融、科技等领域的主导地位，用各

---

① 灵活生产制，是一种与大批量标准化生产制相反的、能够灵活适应不同市场需求的生产制度，它为迎合顾客的爱好，专门设计了经常发生变化的商品品种。

② 福特主义，由美国汽车大王福特在 1913 年首先采用、第二次世界大战以后在西方发达资本主义国家广泛流行起来的一种生产管理方法，它在 20 世纪 60 年代达到巅峰，在 70 年代中期的世界经济危机中趋于衰落。其主要特征是在生产自动化和产品标准化的基础上，利用高速传送装置，把生产过程组成流水作业线，连续不停地运转，强制工人快速操作，以提高劳动生产率，增加产品数量。

③ 后福特主义，是在福特主义衰落以后，西方发达资本主义国家采用的一种新的生产管理方法。其主要特征是，随着"微电子革命"等科学技术的发展，引进新的信息处理、计划和管理技术，改组劳动过程和劳动组织，确立人和机器之间新的、更加灵活的结合方法，把劳动过程中的一些功能和服务加以拆分和分包；在销售和设计上，根据人们的生活方式、口味和文化来确定消费者对象；在雇佣劳动者中间实行新的等级制度，削弱建立在标准化工作条件基础上的共同利益组织，而有计划、有步骤地使劳动关系个体化，使原来从事标准的批量生产的工人多样化，提高生产能力的利用率。

种经济手段去控制和剥削发展中国家，以获取巨额利润。尽管在 20 世纪 70 年代初，在联合国大会的倡议下，发达国家承诺向发展中国家提供官方发展援助，但到 20 世纪 80 年代，富国向穷国贷款 9270 亿美元，而穷国却向富国还债 1.34 万亿美元。到了 21 世纪初，发展中国家偿付给发达国家的债务本息更高达 2.5 万亿美元，占其总出口收入的 1/4。

第七，在上层建筑领域，美国在 20 世纪 30 年代就通过让工人组织工会、选派代表同雇主谈判和签订集体合同的形式，建构解决劳资之间争执的协商和妥协机制，竭力把工人阶级的斗争引入改良主义的轨道中；欧洲的发达资本主义国家则在第二次世界大战后把搞"中左政治"作为一种统治和管理方法，允许工人运动中的改良派、社会民主党组织内阁去管理资本主义社会。

第八，在与社会主义的关系方面，发达资本主义国家在同社会主义国家斗争的同时，又借鉴社会主义国家的一些做法。发达资本主义国家的政府推行了许多旨在提高工人生活水平的改革，实行劳动法、最低工资法、福利经济、公共卫生体制、遗产税、累进所得税等。一些西方学者本身也承认，要是没有这些改革，很难想象资本主义还会继续存在。

20 世纪 50—70 年代，通过一系列的自我调节、改良和改善，发达资本主义国家赢得了资本主义发展历史上的一个"黄金时期"。然而，1973—1975 年和 1979—1983 年两次较严重的经济危机，说明在资本主义制度下国家干预和调节经济的作用是有限的。凯恩斯主义虽在一定程度上缓解了资本主义矛盾，但没能从根本上解决资本主义社会的主要矛盾，而且还引发不断膨胀的政府开支、巨额的预算赤字和恶性的通货膨胀等严重后果。

20 世纪 80 年代以后，美、英等国家在治理增长停滞和通货膨胀并存的"滞胀"现象时，货币主义和供应学派的新自由主义取代了凯恩斯主义。虽然新自由主义力图解除国家对资本的管制，使资本追求利润的本性得到充分的发挥，以解决生产停滞的问题。但在实际生活中，货币主义和供应学派对凯恩斯主义的"取代"，并没有完全达到从国家干预主义回到自由放任主义的程度，而只是意味着在国家干预的范围、程度和形式方面，进行了一定的调整。20 世纪 90 年代为适应新自由主义挑战而崛起的由布莱尔、吉登斯等人所倡导的"第三条道路"，所鼓吹的也是要把国家干预主义模式和自由市场模式的积极方面结合起来，提高宏观经济的稳定性。这表明，对于当代资本主义的生存和发展来说，现代市场经济必须要有国家干预，国家干预也必须以市场经济为基础，国家的宏观调控已经不可逆转地成为市场经济正常运转不可或缺的内在机制之一。

二、新科技革命

科学技术是人类创造性劳动的产物，是人们认识和改造世界的智慧结晶。它一旦产生出来，就成为造福人类的巨大财富。马克思"把科学首先看成是历史的有力的杠杆，看成是最高意义上的革命力量"。在人类历史上，科学技术的每一次重大突破，都会引起生产力的深刻变革和人类社会的巨大进步。第二次世界大战以后，发达资本主义国家经济快速增长的主要原因是新科技革命的推动。科学技术对它们的经济增长贡献率不断提高，如美国由 1929—1947 年的 31% 提高到 1970—1980 年的 40%，日本由 1956—1964 年的 48.5% 提高到 80 年代的 60%。这种快速增长主要不是由于劳动人数或劳动时间的增加，而是劳动生产率提高的结果。

新科技革命，是继 18 世纪 60 年代开始的第一次工业革命、19 世纪 60 年代开始的第二次科技革命之后的第三次科技革命。这次科技革命，从 20 世纪 40 年代开始，以原子和电子技术的广泛发展和运用为主要标志，使人类进入了原子和电子时代、自动化和信息化时代。特别是 20 世纪 80 年代以来，电子信息技术以数字化和网络化为特征，在向传统产业广泛渗透的同时，催生了新的重要产业。生命科学和生物技术取得重大突破，新材料、新能源、航空航天、海洋等高新技术产业的发展方兴未艾。各种学科相互交叉、渗透、融合，新技术不断涌现。知识和科技的更新速度日益加快，科技成果商品化、产业化的周期大大缩短。与前两次科技革命的重要区别之一是，在这次科技革命中，科学技术与由生产力各要素相互联系构成的生产力系统已经融为一体，它广泛而深入地渗透到从微观到宏观的各个层次。科学技术作为第一生产力，已经成为经济发展和社会进步最具革命性的推动力量。

新科技革命对生产力发展的推动，主要体现在：首先是促使生产力本身的各要素发生变化，如在生产工具方面，出现了在机器原有组成部分之外，又增加了控制机，在一定程度上代替了人的脑力劳动，成为人的智能延伸；其次，在劳动对象方面，大量由人工合成的新材料层出不穷，人类可以创造劳动对象；再次，在人的方面，新科技革命对劳动者的科学素质、劳动技能、创造才能提出了高标准和高要求，这一切使生产力在质和量上都发生了巨大变化。

由于在新科技革命中，生产力各要素都得到重大的发展和提高，使发达资本主义国家的经济经过第二次世界大战后的经济恢复和调整迅猛地发展起来。最典型的是在1953—1972年的20年间，发达资本主义国家经济普遍、持续地快速发展。据世界经济合作与发展组织的统计材料，在1953—1962年和1963—1972年两个十年期间，发达资本主义国家年均经济增长率为5.5%，日本更达到8.7%和10.4%。第二次世界大战以后20年间世界资本主义工业的累积产量相当于1800—1953年一个半世纪的产量。发达资本主义国家的产业结构，也经历了极其深刻的变化，总的趋势是建立和迅速发展许多新的技术密集型产业和高科技产业，压缩和转移许多劳动密集型产业，对许多资本密集型产业、传统技术产业进行大规模的技术改造。高新技术产业特别是信息技术产业的迅速崛起，不仅代替工业部门成为经济的主导部门，而且渗入传统工业部门，改造它们并使之获得新的提高。

在新科技革命中，科学技术与生产的有机结合，使资本获得了最充分发展的机会。科学技术借助于资本成为巨大的生产力，资本主义则借助科学技术获得了巨大的扩张能力。但是，当代资本主义并非没有危机，如20世纪50年代中期的经济危机，70年代中期的经济滞胀，80年代初的经济衰退，90年代初美国的"新经济"泡沫破裂，日本和西欧陷入了持续的危机，等等。特别是2008年由美国次贷危机引发的国际金融危机，使全球经济陷入第二次世界大战以来最严重的衰退。

第二节　资本主义社会的自我调节没有解决其基本矛盾

资本主义的自我调节对于当代资本主义发展的推动，并不是无限的、万能的。第二次世界大战后，发达资本主义国家所采取的自我调节，并没有改变或取消在私有制基础上极少数人大量占有生产资料和社会财富的制度本性，也没有消除生产力的资本属性，从而没有、也不可能从根本上解决资本主义社会所固有的基本矛盾。

一、资本主义改良并没有解决其社会基本矛盾

当代资本主义通过一系列的自我调节和改良，在一定范围内适应了生产社会化的发展，一定程度上也缓解了私有制对生产力的束缚，使资本主义社会的阶级矛盾和其他社会矛盾得到暂时的缓和；同时，也在新的基础上不断地积累和加深着这个矛盾。

第一，当代资本主义虽然在生产资料所有制方面，通过所有权和经营权的分离、推行雇员持股计划等措施来调整资本主义私有制的实现形式，却并没有消灭私有制。相反地，在实际生活中，资本还在进一步集中，垄断程度在进一步加深。例如，美国资产在 10 亿美元以上的公司，1955 年为 22 家，1992 年为 316 家；其资产在工业生产中的比重，1960 年为 23%，1990 年为 71.2%；它们所获得的利润在美国企业的整个利润额中所占比重，1960 年为 38%，1990 年为 73.2%。资本即生产资料日益集中到少数资产阶级手里，必然积累和加深它同社会化大生产的矛盾。

第二，当代资本主义尽管用高工资、高福利政策来缓解劳资、贫富之间的悬殊差距，但实际上资本对劳动力的剥削程度还在加剧。例如，美国的剩余价值率在 1909 年为 10%，1950 年为 237%，1970 年为 289%，1987 年为 365%。与此同时，美国的收入分配差距也在不断拉大。如美国大公司经理和工人的平均收入差距，在 1940 年为 40 倍，1993 年为 149 倍，1997 年为 326 倍。这不仅没有消灭剥削、缩小贫富差距，而且进一步积累和加深了劳资之间的阶级矛盾和贫富矛盾。

第三，在第二次世界大战以后民族解放运动风起云涌的形势下，虽然帝国主义的殖民地制度退出了历史舞台，但以前的殖民主义者、今天的发达资本主义国家仍在利用不合理的国际分工体系，倚仗其在经济、科技等方面的优势，用各种经济手段去控制和剥削以前的殖民地半殖民地国家、今天的广大发展中国家，把国内各种社会矛盾和经济危机后果转嫁到广大发展中国家身上，加剧了发达资本主义国家同发展中国家的矛盾。例如，直到 21 世纪初，发展中国家还在用其国民收入的 25% 偿付着发达资本主义国家 2.5 万亿美元的债务本息。

二、当代资本主义面临一系列新矛盾

当代资本主义在不断积累和加深资本主义基本矛盾的同时，借助经济全球化把其基本矛盾推向全世界。这主要表现在以下几个方面。

一是南北之间贫富差距不断拉大。1980 年，发达国家的国内生产总值在世界国内生产总值中所占比重为 60.19%，发展中国家仅为 20.61%；而到了 2002 年，发达国家的国内生产总值在世界所占比重上升为 80.38%，而发展中国家所占比重则下降到 16.66%。世界上"最不发达国家"由 1989 年的 42 个增至 1994 年的 48 个，占发展中国家近 1/3。世界人口中 1/5 的富人和 1/5 的穷人，人均国民收入之比由 1980 年的 30∶1，扩大到 1997 年的 74∶1。在 1976 年，瑞士比莫桑比克富 52 倍，到 1997 年，增至 508 倍。世界上 30% 的人靠每天不到 1 美元过日子，世界贫困人口由 1993 年的 13 亿增至 1999 年的 15 亿左右。南北贫富差距不断扩大，不仅是一个道义问题，更是涉及当代资本主义世界体系内的深层次矛盾问题。

二是发达国家内部贫富悬殊不断扩大。以美国为例，在 1970—2000 年间，国内生产总值（GDP）由 10396.8 亿美元增长到 98246.5 亿美元，人均 GDP 由 5066.6 美元提高到 34796 美元。财富增长虽比较快，但分配极不均衡。处在社会上层 10% 的人，其人均收入增长 390%，控制了社会财富的 2/3，其中占人口 1% 的最富有的人控制了社会财富的 1/3。而另一方面，美国的贫困人口也在急剧增长。2000 年，美国有 3200 万人生活在

官方规定的贫困线以下，2003 年达到 3590 万人，2004 年达到 3700 万人，贫困率达到了 12.7%。据美国人口普查局 2010 年 9 月公布的《美国收入、贫困和医疗保险》报告显示，2009 年美国的贫困人口达到 4360 万，为 51 年来最高纪录；与此同时，美国贫困率升至 14.3%，即约每七个美国人中就有一人处于贫困线以下。[①] 美国贫困率已退回到 1965 年美国政府向贫困开战时的水平。与美国的问题相比，欧洲模式的特点是实行一种较稳定、较安全的经济秩序，失败者会受到照顾，但欧洲模式在高失业率问题上突出地表现了出来：欧共体的平均失业率 1973 年为 2.6%，由于就业者不适应严酷的竞争气氛，失业率不断上升，在 20 世纪 90 年代中后期达到 11%，大大高于美国和日本。在欧共体 12 国中，生活在贫困线以下的有 8000 万，无家可归者 270 万。发达国家内部贫富两极分化的存在，无疑是当代资本主义矛盾的重要体现。

　　三是经济全球化与反全球化的矛盾不断加剧。经济全球化，是社会生产发展的客观要求和必然结果，有利于生产要素在全球范围的优化配置，并带来了新的发展机遇。越来越多的发展中国家顺应经济全球化的发展趋势，从本国国情出发，已经或者正在走上具有自己特色的发展道路。但也应该看到，经济全球化是在不公正、不合理的国际经济旧秩序没有根本改变的情况下发生和发展的，发达资本主义国家不仅凭借其雄厚的经济科技实力，在经济全球化中获利最多，而且还掌握制定国际经济规则的主导权，在经济、科技、政治等各个方面侵占和损害广大发展中国家的利益。与此同时，世界上开始掀起一波又一波的反全球化运动。1999 年 12 月，世界贸易组织在美国西雅图召开"千年回合"会议，四万多名示威游行者聚集抗议，警方宣布紧急状态并实行宵禁。进入 21 世纪以后，反全球化的抗议示威运动发展成为同主张和推进经济全球化的"世界经济论坛"同步的"世界社会论坛"。

　　四是针对发达资本主义国家的恐怖主义活动不断增多。恐怖主义是指国际社会的特定组织或者个人，对无辜平民或者其他特定人员采用绑架、

---

① 参见《美国贫困人数创纪录》，新华社 2010 年 9 月 17 日电。

暗杀、爆炸、空中劫持、扣押人质等恐怖暴力或者暴力威胁手段，以实现其特定政治目标或者政治主张的行为和方式。近年来，在一些西方发达国家推行霸权主义的同时，世界上恐怖主义的危害也日益上升，给世界政治、经济、安全形势带来严重威胁。比如，在美国对阿富汗的塔利班政权进行最初打击以后，本·拉登及其"基地"组织随即发表声明，明确表示美国和以色列是其恐怖活动的打击目标，并在 2001 年 9 月 11 日对美国的象征性建筑——世界贸易中心大楼发动恐怖袭击。应该看到，国际恐怖主义的发展，有其深刻复杂的原因。从经济层面讲，南北贫富差距的拉大和矛盾的加深是一个深层次原因。在经济全球化条件下，有一系列因素促进了国际恐怖主义的发展，诸如贫富差距扩大、穷国向富国的移民潮、分离主义、毒品犯罪等为恐怖主义提供了必要条件。发达资本主义国家强行推行西方价值观、奉行双重标准，也激化了一些国家和地区的民族情绪和民族矛盾。

五是资本主义的生产方式、生活方式与生态环境之间的矛盾加剧。自从工业革命以来，资产阶级就在借助于生产技术改造自然、发展经济的过程中，不合理地开发利用自然资源，造成了全球性的环境污染和生态破坏，再加上没有节制的消费主义、享乐主义的恶性发展，终于酿成了原料、能源危机和环境生态危机，对人类的生存和发展构成了现实的威胁。现今，发达资本主义国家的人口占世界总人口的 15%，却消耗着 80% 的世界资源，其中，美国的人口不足世界总人口的 5%，却消耗着 25% 的世界资源。

三、资本主义社会并没有终结其周期性经济危机

周期性经济危机始终是折磨资本主义社会的一种痼疾。单就世界性经济危机来说，从 1825 年第一次爆发一直到第二次世界大战期间，就爆发了 10 多次。在第二次世界大战结束以后，尽管当代资本主义一再宣称，资本主义周期性经济危机已经被克服或被成功转移，但随之而来的，却总是一轮新的经济危机的降临。

周期性经济危机之所以如影随形的始终伴随着资本主义，其根本原因在于，在机器大工业基础上形成的社会化大生产和巨大生产能力，使以资本家追逐利润为动力的资本主义制度，具有一种不顾市场限制而无限扩大

生产的趋势，而在生产资料资本主义私有制基础上发生作用的剩余价值规律和资本积累规律把劳动群众有支付能力的需求限制在一个狭小的范围内。于是，社会化生产和生产资料的资本主义私人占有之间的矛盾，就造成了资本主义生产无限扩大和广大劳动群众有支付能力的需求相对狭小之间的矛盾，造成了相对意义上的生产过剩，再加上资本主义自由市场自发调节的运行方式与社会经济按比例发展要求之间的矛盾所引起的社会生产宏观上的比例失调，这些积累到一定程度就会爆发经济危机。

美国次贷危机在 2008 年引发了国际金融危机，它也是一种资本主义生产过剩危机。所谓次贷危机，是指没有购房能力而且信用程度又很低的人，在通过贷款买房以后无力偿还抵押贷款，而金融机构又把这种贷款通过一种称做"住宅抵押贷款支持证券"的金融衍生品拿到金融市场上去交易，把住宅抵押贷款证券化，由此形成了难以控制的金融交易，一旦在一个环节上出现问题就会引起连锁反应，造成金融链条断裂而酿成金融危机。这种金融问题之所以会酿成"次贷危机"，是因为以股票、债券和各种金融衍生品为主要载体的这种虚拟资本获得极大的发展。这种虚拟资本一方面与实体经济严重脱节，另一方面所造成的需求假象又诱导着实体经济盲目发展，而社会有支付能力的需求却远远跟不上实体经济的发展速度。当社会信用链条在某个环节发生断裂，就爆发作为经济危机先导的货币危机。从表面上看，美国次贷危机的表现并不是生产出来的房屋卖不掉，而是通过贷款买到房屋的穷人无力支付贷款，这就使实体经济领域中已经存在的生产过剩危机暴露了出来。

资本主义的周期性经济危机根源于资本主义社会基本矛盾，只要这个基本矛盾还存在和运转着，那么无论资产阶级奉行新自由主义，还是国家干预主义，都不可能终结或转移这种经济危机。第二次世界大战后当代资本主义的种种新变化都没能终结资本主义经济危机的事实，经济周期之于资本主义，犹如地震之于地球性质，是内在的。①

---

①　参见［美］莱斯特·瑟罗：《资本主义的未来》，中国社会科学出版社 1998 年版，第 207 页。

第三节　社会主义经历一个长期发展过程
必然取代资本主义

　　20 世纪 80 年代末 90 年代初发生的东欧剧变、苏联解体，使社会主义运动遭受严重挫折。一些西方学者迫不及待地宣告"历史的终结"，认为资本主义已经全面战胜了社会发展的其他模式，现在不是资本主义向社会主义转变的时代，而是资本主义在世界范围内扩张的时代。一些西方政客也宣称，人类处在资本主义已经无可替代的世界上，不应再把社会主义视为制度、目标，而应把社会主义视为对现存社会的不断调整，以实现平等和互助的价值，"告别社会主义"制度。如何认识社会主义运动遭受的严重曲折，是科学社会主义必须研究和回答的重大时代课题。

一、东欧剧变、苏联解体并没有逆转社会主义代替资本主义的历史必然性

　　社会主义作为人类历史上崭新的思想体系和社会制度，是在迎接各种各样的挑战过程中，求得生存和发展的。从科学社会主义诞生之日起，社会主义就在历经曲折和艰辛中逐步发展壮大起来，实现了从理论到实践的飞跃，取得了社会主义从一国到多国的胜利。应该说，在 160 多年的时间里，社会主义的理论和实践在探索、保证全体人民的政治平等和当家作主，消灭人剥削人的制度，消除两极分化、贫富悬殊，建设新型的思想道德文化等方面，取得了巨大的进步，也积累了丰富的经验。实践证明，社会主义是指引世界上处于剥削制度压迫之下的无产阶级和劳动人民改变自己命运、获得社会解放、建设幸福生活的正确道路。

　　东欧剧变、苏联解体，既有其历史原因也有其现实原因。这一历史剧变，仅仅表明苏联模式的失败，并不是社会主义制度的失败，也不是科学社会主义理论本身造成的。从历史长河来看，这只是社会主义在发展过程中遭受的一次严重挫折，没有也不可能逆转社会主义代替资本主义的历史必然性。资本主义发展到今天，它的社会制度无论怎样调整，都不可能从根本上解决资本主义社会的基本矛盾。导致资本主义必然要被社会主义所

取代的那些因素，如资本主义生产关系过于狭窄、容纳不下它所创造的财富，生产资料的集中和劳动的社会化同其资本主义私有制的外壳不能相容等问题，通过改良，虽然暂时能够得到一定缓解，但并不会消失。相反，这些调整和改良，某种意义上为资本主义向社会主义过渡奠定了更加坚实的基础，为这一过渡的来临创造了更加充分的前提。资本主义基本矛盾的存在和激化，决定了经济危机出现的必然性；当资本主义再也无法在既有社会制度框架内克服危机时，资本主义必然走向灭亡，社会主义必然取得胜利。从人类历史发展的大趋势而言，社会主义在全球取代资本主义，是最终彻底解决不管是一国还是世界范围经济危机的决定性条件。当然，这将是一个长期的历史过程。

二、中国特色社会主义彰显了社会主义的强大生命力

在遭遇东欧剧变、苏联解体那样的巨大挫折和曲折以后，世界上许多进步力量在总结教训和适应时代发展新要求的基础上，继续坚定地进行着迈向社会主义、建设社会主义新的探索。其中，以中国共产党带领中国人民建设中国特色社会主义尤为典型，创造出令世人惊叹的"中国奇迹"，彰显了社会主义制度独特的创造力和强大生命力。

首先，中国特色社会主义在遵循科学社会主义基本原则的基础上，彰显出社会主义具有不断变革和自我完善的强大生命力。坚持社会主义制度是进行社会主义现代化建设的根本前提和政治保证。然而，要真正坚持社会主义基本制度，还必须同时坚持改革不适应生产力发展的具体体制。中国特色社会主义强调要坚持社会主义，不是固守着已经被实践证明不适应时代、不符合国情的发展道路和发展模式，而是在制度层面上结合本国实际坚持社会主义的基本经济政治制度和马克思主义在意识形态领域的指导地位，同时又改革不适应生产力发展的具体体制，把这两者结合起来。邓小平说："社会主义制度并不等于建设社会主义的具体做法。"[①] 社会主义

---

① 邓小平：《目前的形势和任务》，《邓小平文选》第 2 卷，人民出版社 1994 年版，
　　第 250 页。

基本制度确立以后，还要从根本上改变束缚生产力发展的具体体制，建立起充满生机和活力的社会主义经济体制，促进生产力的发展。

其次，中国特色社会主义立足本国实际，彰显出社会主义具有同实践不断结合发展壮大的强大生命力。20世纪世界社会主义运动面对的一个重要问题，是社会主义没有像马克思主义经典作家设想的那样，首先在发达资本主义国家取得胜利，而是在经济文化比较落后的国家取得胜利。这样的国家能否在一定条件下跨越资本主义的充分发达阶段去建设社会主义，成了一个难题。中国特色社会主义始终立足于本国实际，强调必须要坚持马克思主义，坚持走社会主义道路。但是，马克思主义必须是同中国实际相结合的马克思主义，社会主义必须是切合中国实际的有中国特色的社会主义。① "离开自己国家的实际谈马克思主义，没有意义。"② 在这个问题上，最大的实际就是对我们所处的基本国情，要有一个准确的把握。社会主义初级阶段理论的提出，标志着中国共产党对在经济文化比较落后的基础上建设社会主义有了清醒认识。正是以这一理论为出发点，中国共产党人才制定了正确的路线方针和政策，使中国特色社会主义在实践中展现出勃勃生机，彰显出社会主义制度的优越性和生命力。

再次，中国特色社会主义坚持与时代发展同进步，彰显出社会主义具有能伴随时代和实践的发展而发展起来的强大生命力。时代主题与根本任务是紧密相连的。不同的时代具有不同的实践主题，也赋予了不同任务。当今时代的发展表现在诸多方面，其中最重要的一点就是时代主题的转换。20世纪前半个世纪的时代主题是战争与革命，后半个世纪至今的时代主题是和平与发展。在战争与革命的时代，建立社会主义制度是无产阶级一切工作的前提条件，开展阶级斗争、武装夺取政权是中心内容。在和平与发展的时代条件下，发展成为解决一切问题的关键，经济建设成为中

---

① 参见邓小平：《建设有中国特色的社会主义》，《邓小平文选》第3卷，人民出版社1993年版，第63页。

② 邓小平：《用坚定的信念把人民团结起来》，《邓小平文选》第3卷，人民出版社1993年版，第191页。

心，其余任务都要服从、服务于这个中心。如果不能及时实现这个转变，不能把工作重点转移到社会主义现代化建设上来，势必落后于时代。正如邓小平指出的："我们要赶上时代，这是改革要达到的目的。"① 尤其是20世纪后半期以来，世界范围内蓬勃兴起的新科技革命推动世界经济以更快的速度向前发展。伴随经济全球化和世界多极化趋势的加速发展，世界范围内兴起了一场以增强综合国力为目标的改革调整浪潮，这股浪潮涉及国家之广泛、影响程度之深刻、持续时间之长久，都是前所未有的。世界格局和国际形势发生的巨大变化，深深地影响着世界历史的进程，也深深地影响着社会主义的发展进程。中国特色社会主义充分利用经济全球化带来的各种有利条件和机遇，同时对此带来的风险始终保持清醒的认识，在防止全球化成为国家自身发展威胁的同时，取得了显著的发展成就，有力地驳斥了社会主义"过时论"、"终结论"，彰显了社会主义制度强大的说服力和感召力。

三、社会主义的发展前景和我们的责任

马克思主义运用历史唯物主义揭示了人类社会历史发展不可逆转的总趋势：封建社会代替奴隶社会，资本主义代替封建主义，社会主义经历一个长期发展过程后必然代替资本主义。这是从归根结底决定着世界社会主义发展前景的人类历史发展规律的角度来讲的。

从世界历史进程看，社会主义的历史还是短暂的，总的来说还处在探索和发展的初期。还要看到，十月革命以来先后诞生的社会主义国家，基本上都是经济、政治、文化比较落后的国家。在建立社会主义基本制度以后，要彻底改变这种落后面貌，需要经历一个漫长的发展过程，在前进途中也不可避免地会遇到许多难以预料和想象的困难和风险，不可能一帆风顺。邓小平曾经指出，巩固和发展社会主义制度，还需要一个很长的历史阶段，需要几代人、十几代人，甚至几十代人坚持不懈地努力奋斗。由于

---

① 邓小平：《改革的步子要加快》，《邓小平文选》第 3 卷，人民出版社 1993 年版，第 242 页。

社会主义是一种崭新的社会制度，没有现成的经验可以遵循，需要不断实践、认识、再实践、再认识，在这个过程中就可能发生这样那样的失误以至挫折。

实际上，任何新的社会制度的建立和巩固，都要经过艰难曲折和反复斗争，都有一个从不成熟到成熟的过程。封建制度代替奴隶制度是这样，资本主义制度代替封建制度也是这样。以欧洲为例，资产阶级革命较早发生的英国，1640 年革命推翻了国王，但 1660 年旧王朝便复辟了；直到 1688 年，资产阶级政党以政变的方式从荷兰迎来一个带着荷兰海陆军进入英国的国王，才使英国的资产阶级专政稳定下来。法国资产阶级革命从 1789 年爆发到 1875 年第三共和国成立，经过了 86 年。整个资本主义制度，大体经历了二三百年时间，才逐渐成熟起来。如果从资本主义生产关系在封建社会萌发到这种生产关系在世界上占统治地位而言，则时间长达五六百年。资产阶级革命，资本主义制度的成长和成熟，是用一种剥削关系和私有制度代替另一种剥削关系和私有制度，尚要经过曲折复杂的斗争和长期的过程。无产阶级建立社会主义制度，是要消灭一切剥削制度，并且只能在夺取政权后，才能建立社会主义的生产关系，因此社会主义制度的成长和成熟，更不可能一帆风顺，不可能一蹴而就。出现曲折和风波是完全正常的，社会主义只能在大风大浪中发展和臻于成熟、完善。正如列宁指出的："在这样崭新、艰难和伟大的事业中，缺点、错误和失误是不可避免的。谁害怕社会主义建设中的困难，谁被这些困难吓倒，谁见了这些困难就悲观失望或者张皇失措起来，谁就不是社会主义者。"①

社会主义作为一种运动，在其已历经的一个半多世纪风云中，充满了高潮、低潮、推进、反复、成功、挫折。但总趋势是越过一个又一个低潮不断走向高涨，社会主义原则也在这一过程中获得了更深刻的实现。社会主义制度尽管还比较年轻，但在经历了风风雨雨的磨难后，执政的共产党人已积累了丰富经验。人们对社会主义社会发展规律的认识，从来没有像

---

① 列宁：《从破坏历来的旧制度到创造新制度》，《列宁选集》第 4 卷，人民出版社 1995 年版，第 130 页。

今天这样清醒、深刻和正确。中国特色社会主义在充分展示社会主义优越性和强大生命力、促进资本主义国家人民改变观念、改变对社会主义的认识等方面提供了成功范例。"我们要用本世纪末期的 20 年，再加上下个世纪的前 50 年，共 70 年的时间，努力向世界证明社会主义优于资本主义。我们要用发展生产力和科学技术的实践，用精神文明、物质文明建设的实践，证明社会主义制度优于资本主义制度，让发达资本主义国家的人民认识到社会主义确实比资本主义好。"① 随着社会生产力的进一步发展，资本主义在解决人类面临的问题上越来越暴露出制度上的无能，世界各国人民求变革、求和平、求发展的愿望更加迫切，社会主义必将用自己的实践向世人强烈地表明社会主义优于资本主义、社会主义是必由之路，展示走向振兴的发展前景。

思考题：

1. 第二次世界大战以后，以发达资本主义国家为代表的当代资本主义出现了哪些新变化？出现这些新变化的根本原因是什么？如何认识这些新变化？

2. 为什么说第二次世界大战结束后，发达资本主义国家的自我调节并没有根本解决其基本矛盾，反而在新基础上积累和加深着资本主义基本矛盾？

3. 结合实际，谈谈对社会主义必将代替资本主义科学论断的认识。

---

① 中共中央文献研究室编：《邓小平年谱（1904—1974）》，中央文献出版社 2009 年版，第 1255 页。

阅 读 文 献

■ 马克思、恩格斯：《马克思恩格斯全集》第 3、16、18、38 卷，人民出版社 1960、1964、1972 年版。

■ 马克思、恩格斯：《马克思恩格斯文集》第 1、2、3、4、5、7、9、10 卷，人民出版社 2009 年版。

■ 列宁：《列宁全集》第 32、34、36、38、41、42，12、43、24、27、28、47、60 卷，人民出版社 1985、1986、1987、1990 年版。

■ 列宁：《列宁选集》1—4 卷，人民出版社 1995 年版。

■ 斯大林：《斯大林选集》上、下卷，人民出版社 1979 年版。

■ 毛泽东：《毛泽东选集》第 1—4 卷，人民出版社 1991 年版。

■ 毛泽东：《毛泽东文集》第 5、6、7、8 卷，人民出版社 1996、1999 年版。

■ 邓小平：《邓小平文选》第 2、3 卷，人民出版社 1994、1993 年版。

■ 江泽民：《江泽民文选》第 3 卷，人民出版社 2006 年版。

■ 胡锦涛：《在纪念党的十一届三中全会召开 30 周年大会上的讲话》，人民出版社 2008 年版。

■ 胡锦涛：《在纪念毛泽东同志诞辰一百一十周年座谈会上的讲话》，《十六大以来重要文献选编》（上），中央文献出版社 2005 年版。

■《三中全会以来重要文献选编》上、下册，人民出版社 1982、1991 年版。

■ 中共中央文献研究室编：《邓小平年谱（1904—1974）》，中央文献出版社 2009 年版。

人名译名对照表

[德]	马克思	Karl Marx
[德]	恩格斯	Friedrich Engels
[俄]	列宁	Владимир Ильич Ленин
[苏联]	斯大林	И. В. Сталин
[德]	康德	Immanuel Kant
[法]	拉普拉斯	Laplace
[德]	黑格尔	Georg Wilhelm Friedrich Hegel
[古希腊]	柏拉图	Plato
[英]	培根	Francis Bacon
[法]	孟德斯鸠	Charles de Secondat, de Montesquieu
[法]	伏尔泰	Voltaire
[法]	卢梭	Jean-Jacques Rousseau
[英]	莫尔	Thomas More
[意大利]	康帕内拉	Tommaso Companelle
[德]	闵采尔	Thomas Müntzer
[英]	温斯坦莱	Gerrard Winstanley
[法]	摩莱里	Morelly
[法]	马布利	Gabriel Bonnot de Mably
[法]	圣西门	Comte de Saint-Simon
[法]	傅立叶	Charles Fourier
[英]	欧文	Robert Owen
[俄]	查苏利奇	Вера Ивановна Засулич
[德]	魏德迈	Joseph Weydemeyer
[德]	考茨基	Karl Kautsky
[苏联]	托洛茨基	Лев Давидович Троцкий
[俄]	普列汉诺夫	Валентинович Георгий Плеханов
[苏联]	戈尔巴乔夫	Михаил Сергеевич Горбачёв
[苏联]	赫鲁晓夫	Никита Сергеевич Хрущёв

［苏联］	勃列日涅夫	Леонид Ильич Брежнев
［苏联］	安德罗波夫	Юрий Владимирович Андропов
［苏联］	契尔年科	Константин Устинович Черненко
［俄罗斯］	叶利钦	Борис Николаевич Ельцин

后　记

　　《科学社会主义概论》教材是马克思主义理论研究和建设工程重点教材。在编写过程中，得到了马克思主义理论研究和建设工程咨询委员会的指导，得到了中央有关部门和专家学者的帮助和支持。同时，广泛听取了高校科学社会主义课程教师和大学生的意见和建议。

　　本教材由首席专家李君如、赵曜、靳辉明和严书翰主持编写。课题组主要成员参加了本教材的讨论、撰写工作。参加教材撰写、修改的还有：龚学增、胡振良、青连斌、刘海涛、常欣欣、贾建芳、牛先锋、白平浩、冯书泉、郭强等。张磊主持了工程办公室组织的统稿和审改。王心富、邵文辉、宋凌云、田岩、李海青、冯宏良、王燕燕等参加统稿和审改。参加集中阅看并提出修改意见的有：杨金海、颜晓峰、秦宣、徐遥、辛向阳、韩久根、卫庶等。

2011 年 3 月